LES ARTS

ET

LES MÉTIERS

NOTIONS INTÉRESSANTES

SUR LES DIFFÉRENTS GENRES D'INDUSTRIE

MISES A LA PORTÉE DE LA JEUNESSE ;

PAR

E. HOCQUART,

auteur de *Trois semaines à Paris*, etc.

ORNÉ DE NOMBREUSES FIGURES.

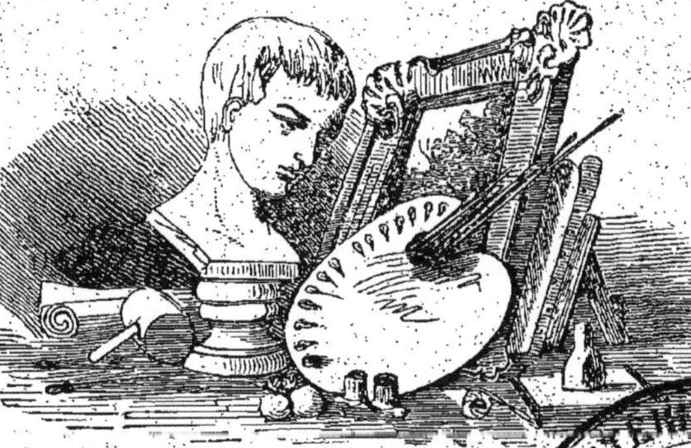

TOURNAI

TYPOGRAPHIE DE J. CASTERMAN ET FILS,

LIBRAIRES-ÉDITEURS.

LES ARTS

ET

LES MÉTIERS.

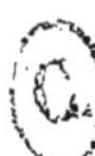

Tournai, typographie de H. Casterman, imprimeur de l'Évêché.

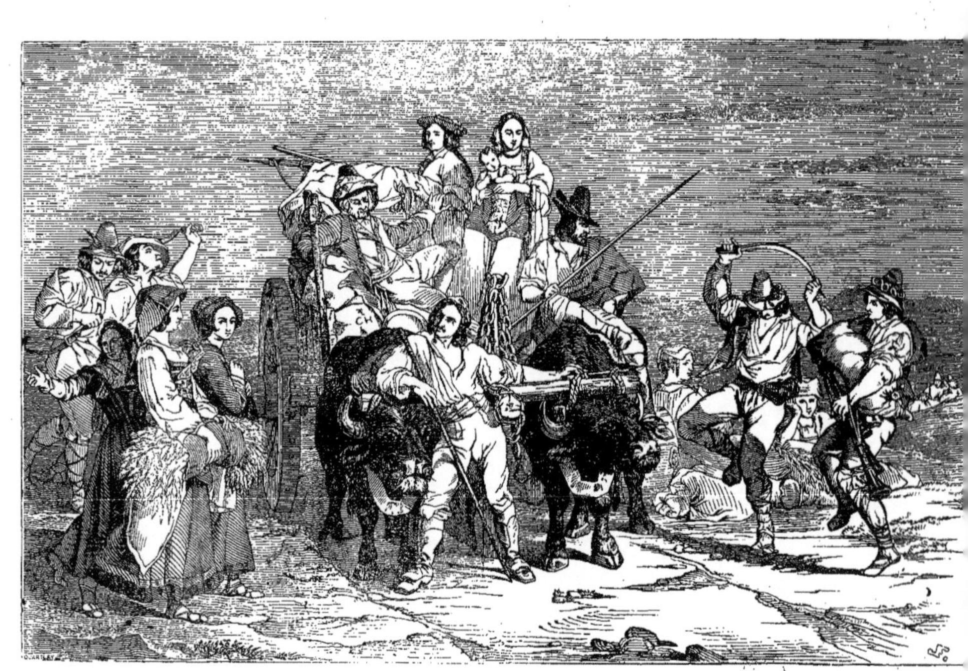

La fête des Moissonneurs, d'après le tableau de M. Léopold Robert, au musée du Louvre, à Paris.

LES ARTS
ET LES MÉTIERS

NOTIONS INTÉRESSANTES

SUR LES DIFFÉRENTS GENRES D'INDUSTRIE

MISES A LA PORTÉE DE LA JEUNESSE.

Par E. HOCQUART

Auteur de plusieurs ouvrages destinés à l'instruction de la jeunesse, etc.

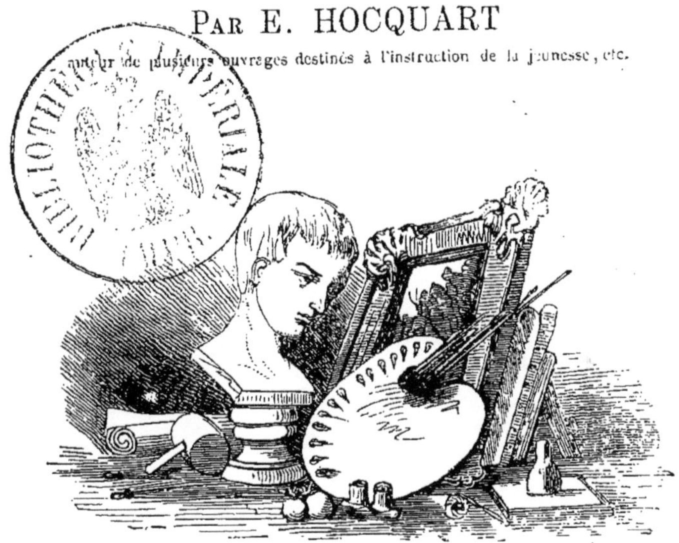

PARIS   TOURNAI

RUE DE TOURNON, 20.   RUE AUX RATS, 11.

H. CASTERMAN

ÉDITEUR.

1857

PROPRIÉTÉ.

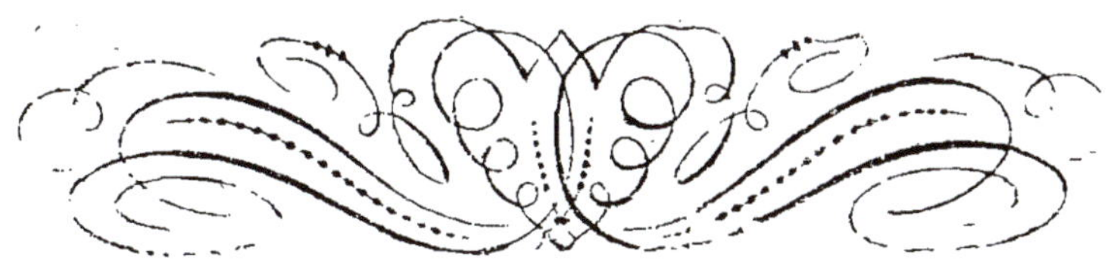

PETITE PRÉFACE.

A l'époque où nous sommes, l'industrie et les arts ont pris de si grands développements qu'ils font, pour ainsi dire, partie de la vie des nations.

La science a contribué pour beaucoup à ces résultats: Le tableau des merveilleux progrès auxquels elle a tant contribué doit nécessairement nous intéresser au plus haut degré.

Mais, dans cet ouvrage destiné à la jeunesse, nous nous bornerons à parler des arts usuels, à décrire les professions les plus utiles à l'homme, de manière à instruire et à amuser à la fois. Des faits curieux, des anecdotes qui se rattachent au sujet, varieront ce que la description de procédés industriels aurait de trop sérieux; d'ailleurs nous bornerons cette description à ce qui pourra frapper le plus fructueusement l'esprit de nos jeunes lecteurs.

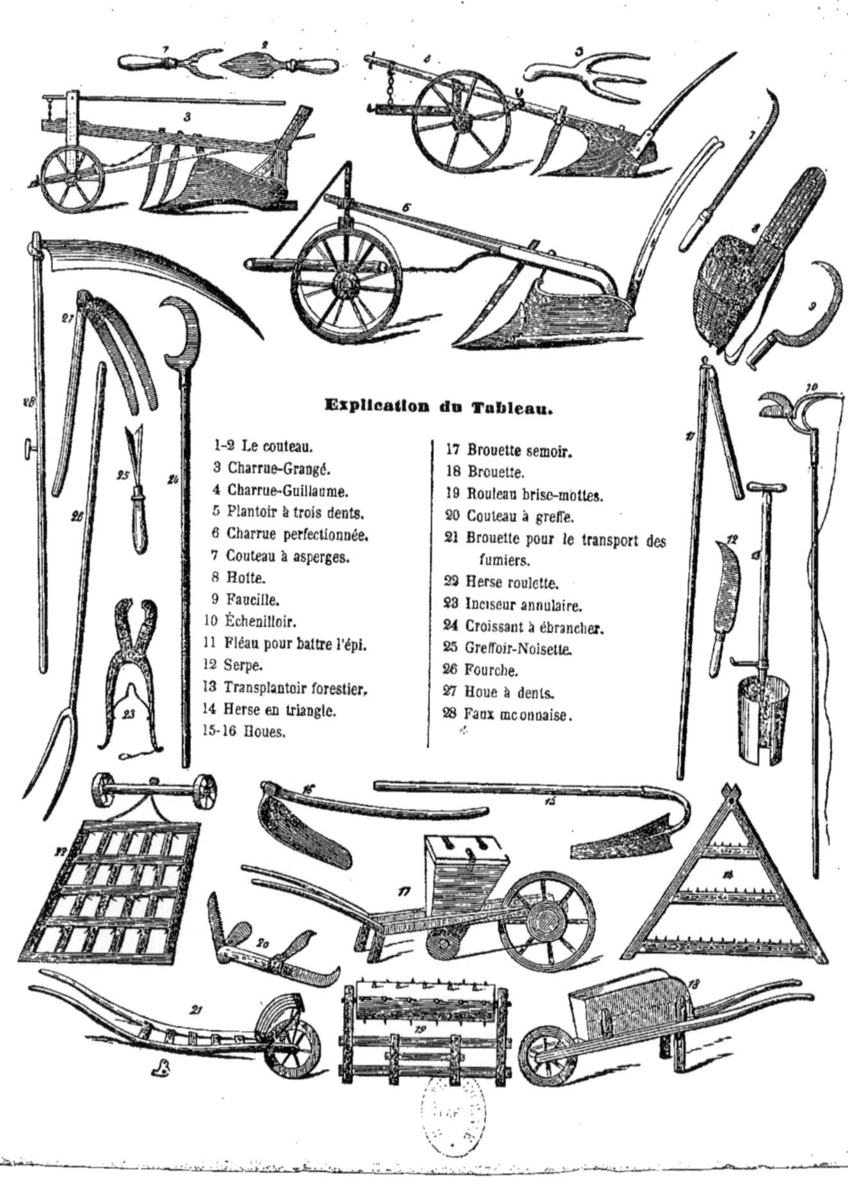

Explication du Tableau.

1-2 Le couteau.
3 Charrue-Grangé.
4 Charrue-Guillaume.
5 Plantoir à trois dents.
6 Charrue perfectionnée.
7 Couteau à asperges.
8 Hotte.
9 Faucille.
10 Échenilloir.
11 Fléau pour battre l'épi.
12 Serpe.
13 Transplantoir forestier.
14 Herse en triangle.
15-16 Houes.
17 Brouette semoir.
18 Brouette.
19 Rouleau brise-mottes.
20 Couteau à greffe.
21 Brouette pour le transport des fumiers.
22 Herse roulette.
23 Inciseur annulaire.
24 Croissant à ébrancher.
25 Greffoir-Noisette.
26 Fourche.
27 Houe à dents.
28 Faux mconnaise.

LES ARTS

ET

LES MÉTIERS.

L'AGRICULTEUR.

Le plus ancien de tous les arts est l'agriculture. L'importance de cet art est si grande, que c'est à son développement que les États civilisés doivent leur prospérité.

Parmi les nations sauvages, celles à qui l'agriculture est tout à fait inconnue sont livrées à la plus effrayante barbarie.

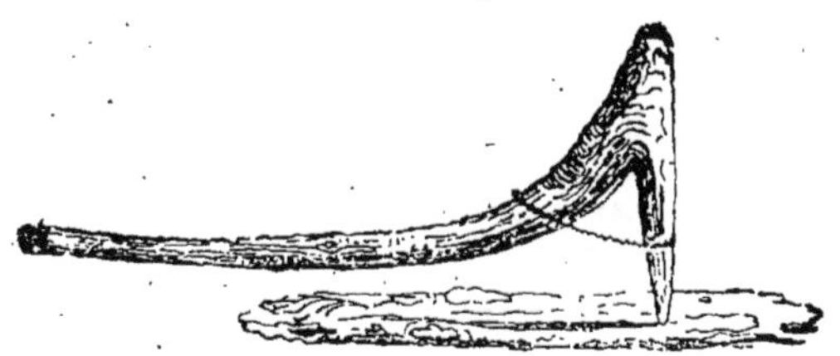

Charrue des Sauvages.

A mesure que les Grecs et les Romains avancèrent dans la civilisation, ils perfectionnèrent l'art de cultiver la terre et plusieurs de leurs poètes ont célébré ses bienfaits.

Les plus illustres d'entre les anciens Romains étaient pour la plupart des laboureurs. Tout le monde sait que

Cincinnatus retourna avec joie à sa charrue après avoir quitté le commandement de ses légions.

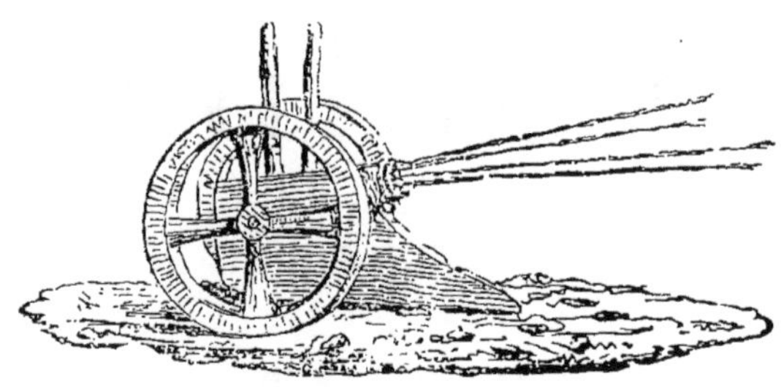

Charrue grecque.

En Chine, l'agriculture fut en grand honneur. Dès les temps les plus reculés , et de nos jours encore , a lieu, chaque année, à Pékin une fête solennelle pendant laquelle l'empereur, suivi de toute sa cour , trace de sa main un

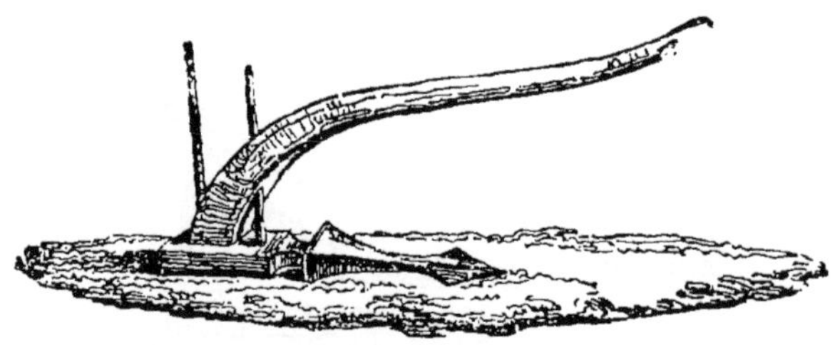

Charrue romaine.

sillon dans un champ préparé, afin de montrer au peuple que l'agriculture est le premier des arts. Au reste il faut le dire, les Chinois déploient une activité et une intelligence extraordinaires dans la culture des terres. Ils mettent à profit, pour enrichir le sol, tout ce qui peut servir d'engrais. C'est au point que, dans les rues des villes , circulent des cabinets roulants servant de latrines publiques, et ceux qui y entrent reçoivent une légère rétribution, soit en fruits ou en fleurs.

On voit, sur le grand fleuve de Canton, de vastes radeaux couverts de terre végétale, et formant des jardins flottants. Ces jardins, qui n'ont jamais besoin d'arrosement, fournissent les plus beaux légumes qu'il soit possible d'imaginer.

Revenons à notre Europe, et disons quelques mots de la charrue, qui joue un si grand rôle dans l'agriculture.

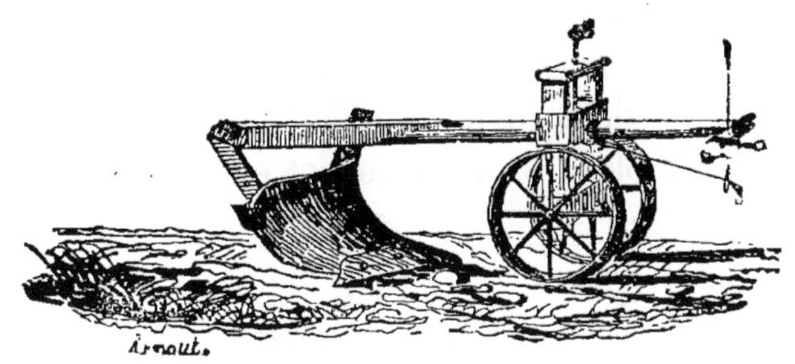

Charrue perfectionnée.

Voici une charrue moderne : examinons-en les diverses parties. Cette pièce de fer qui, semblable à une lame de sabre, s'avance en avant, c'est le *coutre*. A mesure que la charrue marche, il tranche verticalement, devant lui, une bande de terre ; le soc, qui vient après, prend cette bande en dessous et la soulève ; enfin le versoir, large pièce inclinée obliquement, la rejette sur le côté en la retournant à demi.

La charrue peut fonctionner avec ou sans avant-train. Lorsqu'elle est montée sur des roues, on règle le degré de profondeur où l'on veut faire entrer le soc dans la terre, au moyen d'une sellette sur laquelle repose la *haie* qu'on appelle aussi l'*âge* ou *flèche*, pièce en bois de hêtre au milieu de laquelle passe la poignée du coutre ; elle se lève ou s'abaisse par l'effet d'une vis verticale ; si, au contraire, on l'emploie sans avant-train, on donne le degré d'entrure convenable en faisant tourner une autre vis placée à l'extrémité antérieure de l'âge, et qui fait monter ou descendre une tringle en fer terminée en bas par un crochet auquel s'attache la corde d'attelage.

La charrue la plus simple est l'*araire* ; elle n'a point de roues et quelquefois point de versoir.

La profession des laboureurs est très-pénible, surtout lorsqu'ils ne sont point propriétaires des terres qu'ils cultivent ni de la maison qu'ils habitent. Livrés à des travaux pénibles, ils ne trouvent en rentrant chez eux

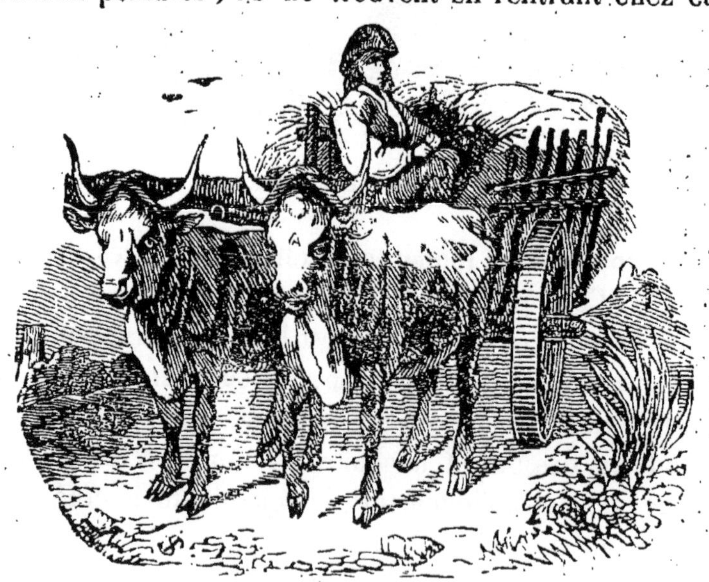

qu'une nourriture grossière et bien rarement de la viande ; malgré cela, ils jouissent d'une santé robuste que leur envient les gens de la ville ; ils doivent cette santé à l'exercice et à l'air pur qu'ils respirent dans les champs.

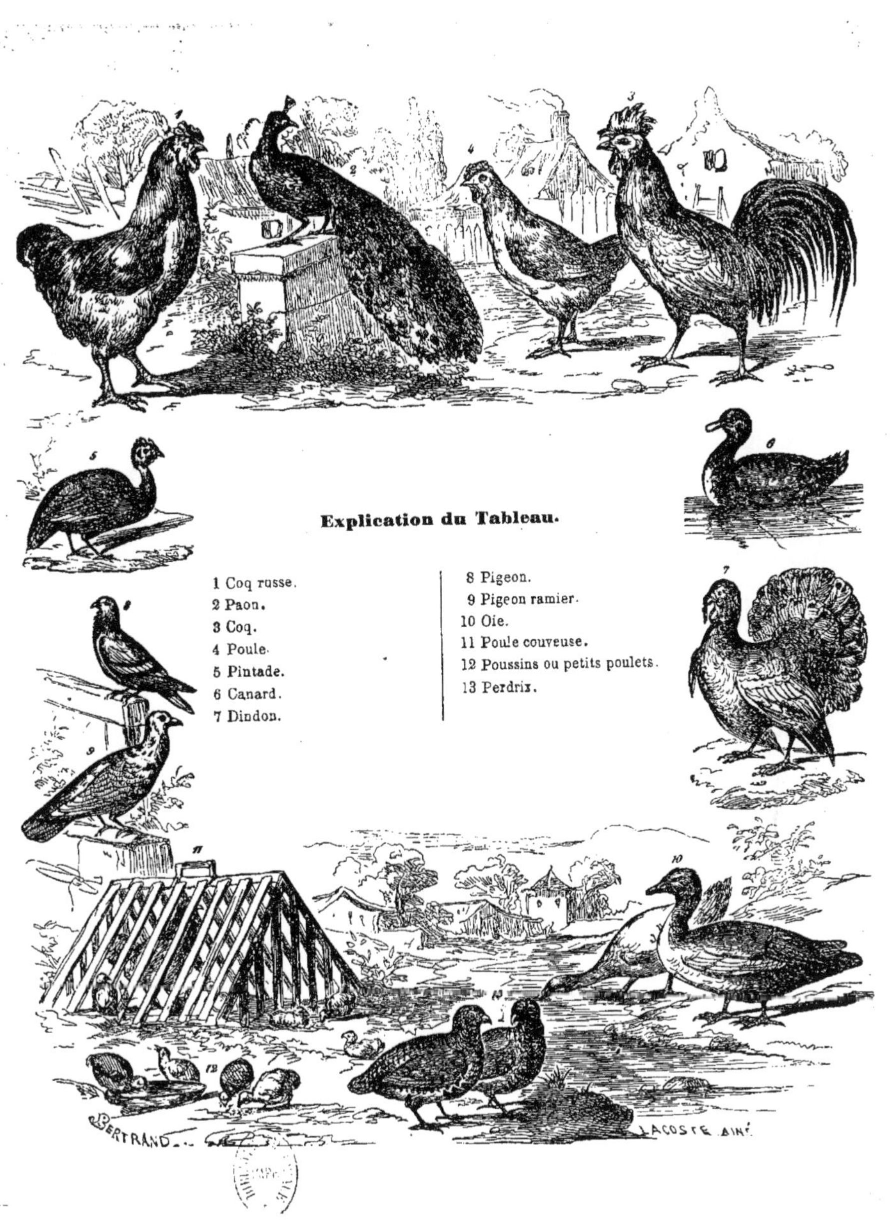

Explication du Tableau.

1 Coq russe.
2 Paon.
3 Coq.
4 Poule.
5 Pintade.
6 Canard.
7 Dindon.

8 Pigeon.
9 Pigeon ramier.
10 Oie.
11 Poule couveuse.
12 Poussins ou petits poulets.
13 Perdrix.

Mais aussi, que de soins, que de soucis ! La grêle, la sécheresse, des pluies continuelles suffisent pour anéantir l'espoir d'une récolte. Lorsque le blé coupé est encore sur terre, la moindre humidité peut le faire germer, et il est alors presque perdu ; ce moment est l'époque critique des travaux du cultivateur. Si le ciel se couvre de nuages menaçants, vite il faut rentrer les récoltes; il ne prendra aucun repos que tout ne soit en sûreté.

C'est vers octobre que le blé se sème ; il faut, avant

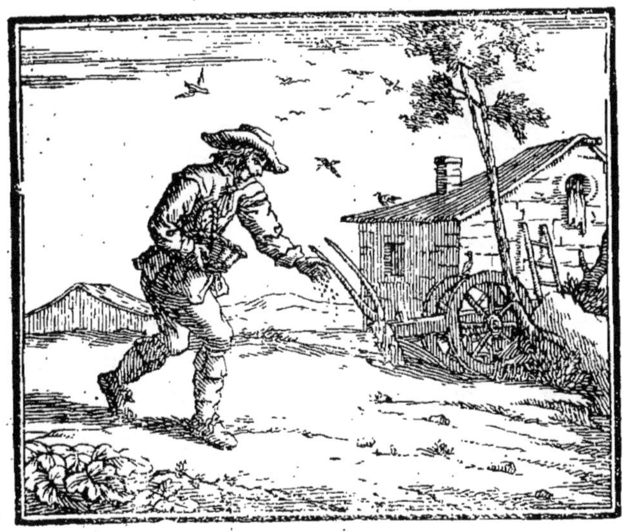

cette époque, donner quelquefois jusqu'à trois labours. Les charrues dont on se sert varient suivant les pays et la qualité des terres ; on y emploie des bœufs, mais plus souvent des chevaux.

L'élève des bestiaux joue un grand rôle dans l'agriculture ; c'est l'une des principales sources de la richesse d'une ferme. La vache se place au premier rang par son lait, ainsi que par le beurre et le fromage qu'on en fabri-

que. Viennent ensuite ces immenses troupeaux de moutons dont la laine filée et tissée sert à faire nos vêtements.
Il ne faut pas oublier le porc, si utile au campagnard

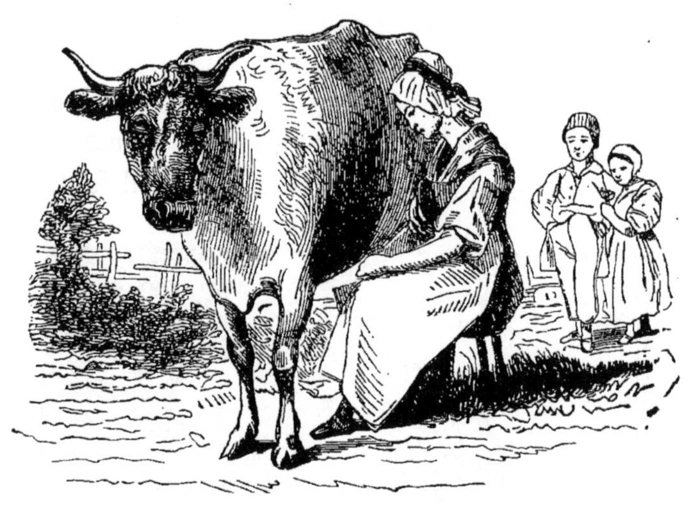

pauvre; il se nourrit de tout, aucun aliment ne lui répugne, et sa chair est presque la seule viande que l'on
mange à la campagne dans beaucoup de pays.

La basse-cour, quoique venant en dernière ligne,
n'est certes pas d'un produit à dédaigner. Toute cette
légion de poules, de dindons, de canards, etc., ne
demande pas de grands soins, et rapporte, d'abord par
les œufs et ensuite par la vente des volailles engraissées.

Rien n'est plus amusant que de voir leurs évolutions ;
le coq fier et intraitable soigne et protége ses poules et
chasse, à grands coups de bec, toute volaille assez hardie
pour venir se mêler avec elles. Plus loin c'est une poule
à qui l'on a fait couver des œufs de canards ; les petits
canetons, assez grands pour nager, viennent de se
jeter à l'eau, et la pauvre poule, inquiète et effarée,

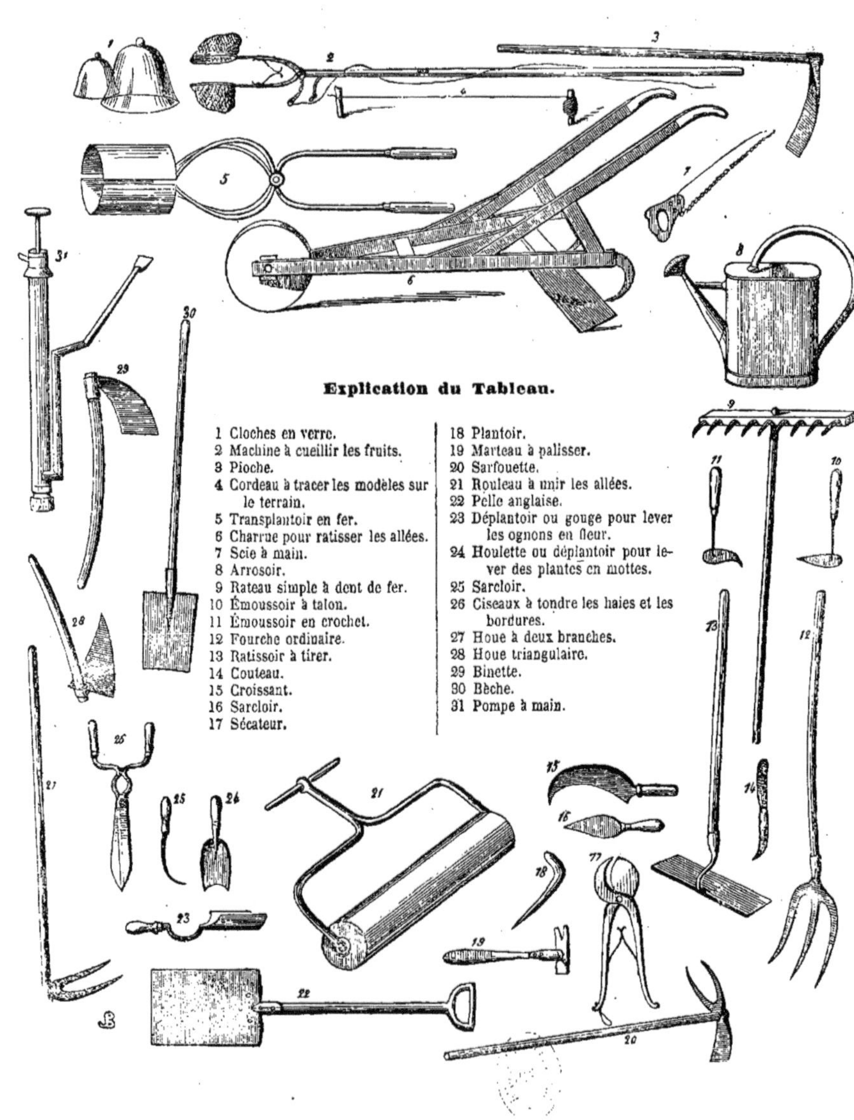

Explication du Tableau.

1 Cloches en verre.
2 Machine à cueillir les fruits.
3 Pioche.
4 Cordeau à tracer les modèles sur le terrain.
5 Transplantoir en fer.
6 Charrue pour ratisser les allées.
7 Scie à main.
8 Arrosoir.
9 Rateau simple à dent de fer.
10 Émoussoir à talon.
11 Émoussoir en crochet.
12 Fourche ordinaire.
13 Ratissoir à tirer.
14 Couteau.
15 Croissant.
16 Sarcloir.
17 Sécateur.
18 Plantoir.
19 Marteau à palisser.
20 Sarfouette.
21 Rouleau à unir les allées.
22 Pelle anglaise.
23 Déplantoir ou gouge pour lever les ognons en fleur.
24 Houlette ou déplantoir pour lever des plantes en mottes.
25 Sarcloir.
26 Ciseaux à tondre les haies et les bordures.
27 Houe à deux branches.
28 Houe triangulaire.
29 Binette.
30 Bêche.
31 Pompe à main.

n'ose les suivre , et les rappelle en vain. Toute cette troupe emplumée anime et égaie la demeure du fermier.

Parmi les agricultures de l'Europe, nous n'hésitons pas à placer en première ligne celle de la Belgique, soit pour l'excellence des procédés agricoles, soit pour le confort des cultivateurs.

« En traversant la Belgique de l'ouest à l'est, dit un
» agronome (1) nous ne trouverons , sur une longueur
» d'environ 25 myriamètres , de Verviers à Ostende ,
» pas une ferme, pas une simple chaumière qui n'ait son
» jardin d'une propreté coquette , entouré de haies
» vives d'aubépine ou de cornouillers, régulièrement
» taillées en forme de murs à angles vifs , à hauteur
» d'appui. »

On a vu à l'exposition universelle de Paris , des charrues d'un modèle que la Belgique y a envoyé et que de savants agronomes ont jugé, avec d'autres instruments aratoires, supérieur à ceux des autres pays.

LE JARDINIER.

Toutes ces fleurs charmantes , ces fruits délicieux , dont nos jardins sont ornés , et qui charment à la fois la vue et l'odorat , ne viennent pas d'elles-mêmes ; des soins constants et une profonde expérience sont nécessaires pour les amener à ce degré de perfection.

C'est du jardinier que dépend la beauté de nos parterres; il doit grouper agréablement les fleurs et mélanger leurs nuances de manière à flatter la vue.

(1) Maison rustique du XIXe siècle, tome V.

Il faut qu'il connaisse parfaitement la taille des arbres ; les soins particuliers à donner à telle ou telle plante rare ; les époques de plantation et de floraison. La

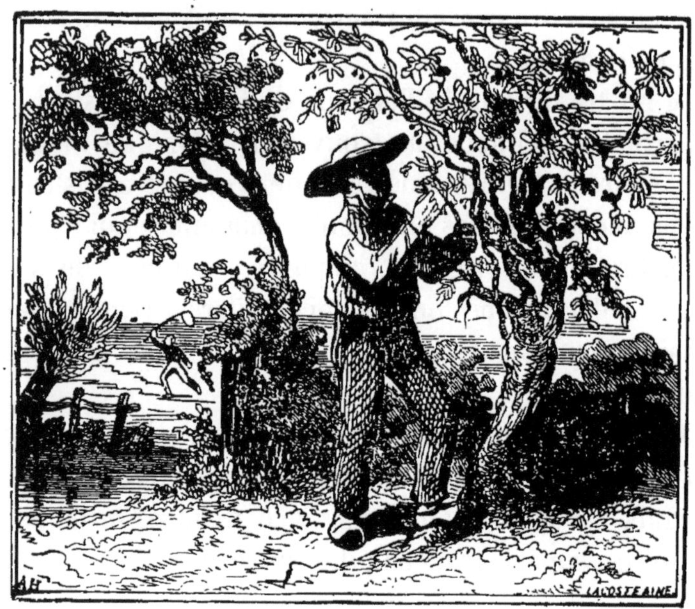

botanique ne doit pas lui être inconnue ; elle lui donnera la connaissance des familles des plantes et des variétés qu'elles peuvent former par certains procédés de culture.

Il est essentiel qu'il sache greffer. La greffe est le moyen par lequel on transforme les produits d'un arbre sauvage , ne portant que des fruits âpres et immangeables , en fruits succulents et parfumés ; ou bien , en forçant la nature , il obligera la tige d'un églantier ou rosier sauvage à changer sa fleur petite et simple contre une magnifique rose à cent feuilles , ou contre toute autre espèce de rose.

En outre le jardinier doit être un homme d'ordre, car

c'est surtout de l'ordre que dépendent l'harmonie et le coup d'œil de nos jardins.

Les jardiniers forment deux catégories bien distinctes.

Dans les jardins importants, les parcs, etc., ils sont employés toute l'année et font partie du personnel de la maison ; leur position est plus indépendante que celle des autres gens de service ; cette place est généralement occupée de père en fils. Le jardinier d'un château habite généralement une petite maison près des jardins qu'il soigne. Il est en général considéré de ses maîtres.

Le jardinier qui travaille à la journée manque rarement d'ouvrage, mais il a un goût tout particulier pour le repos et travaille le moins qu'il lui est possible. On le trouve plus souvent dans les cabarets que dans les jardins. Occupé tantôt pour l'un, tantôt pour l'autre, il ne met aucun amour-propre à ce qu'il fait et ne s'attache pas à son ouvrage, comme le ferait un jardinier à l'année. Tout son calcul se borne à se donner le moins de peine possible, et, pourvu qu'il soit payé, peu lui importe que les fleurs viennent bien ou mal.

Du reste tous les trafics lui sont bons ; s'il vend des plantes, gare à votre jardin ; il retournera tout et vous verrez languir, puis mourir vos pauvres plantes, de manière à laisser de grands espaces nus. Il vous offrira de les remplir, et vous serez bien forcé d'accepter ses offres, car si vous vous fournissez ailleurs, vos acquisitions, plantes ou arbres, tourneront à mal malgré les soins qu'il prétendra en avoir pris ; puis tous les ustensiles de jardinage, qui ne vous seront point procurés par lui, seront incommodes et de mauvaise qualité ; il s'arrangera de manière à ce qu'ils ne durent pas longtemps , et vous prouvera que les outils qu'il achète pour vous, vous coûtent moins cher , bien qu'il vous les fasse payer le double de leur valeur.

Cependant il faut ajouter ici que tous les jardiniers à la journée ne sont pas de même ; il en est d'honnêtes et de consciencieux. Il faut savoir les choisir.

Le jardinier ne borne pas ses soins à la culture des fleurs, des arbustes d'agrément et des arbres à fruits. Il soigne également le potager. C'est lui qui , à force de travail et d'arrosement , vous procure toutes sortes de légumes , des salades et des herbes potagères. Il cultive aussi des melons qu'il fait venir sous châssis. Ce genre de culture est souvent pratiqué par des jardiniers pour leur propre compte. Dans quelques pays et particulièrement autour de Paris, on les appelle *maraîchers,* parce qu'ils cultivent d'anciens marais que le travail a convertis à la longue en riches et fertiles potagers.

LE MARAICHER.

L'agriculture est en Belgique l'objet d'un soin tout particulier. Il est vrai que ses vastes plaines sont cou-pées , en tout sens , par des rivières et des canaux qui fertilisent encore un sol naturellement riche ; mais ce qui contribue le plus à sa prospérité , c'est l'activité, l'ordre et l'intelligence que déploie le cultivateur belge.

Si l'on veut se rendre compte de ce que l'homme peut faire produire à la terre , en forçant pour ainsi dire la nature , il faut aller visiter le jardin d'un maraîcher ; là, sous des châssis ou des cloches de verre , vous verrez déjà mûrs des fruits ou des légumes qui en plein air commencent à peine à pousser.

Il faut, pour obtenir ce résultat, que des soins constants et bien entendus soient prodigués à ces plantations : car il ne suffit pas d'obtenir de beaux produits, il faut encore les obtenir le premier, ce qui double leur valeur.

Le nom de maraîcher appliqué aux jardiniers qui cultivent les légumes provient de ce que généralement, ils placent préférablement leurs jardins dans des endroits bas et humides, tels que d'anciens marais. L'humidité du terrain leur est d'autant plus avantageuse qu'elle diminue les frais d'arrosage ; car toutes ces plantes, venues hâtivement, ne peuvent bien croître qu'à force d'eau et de fumier. Un puits creusé au milieu du jardin fournit l'eau nécessaire au moyen d'un manége. Cette eau se déverse dans un tonneau ; de là elle va remplir, au moyen de canaux souterrains, d'autres tonneaux disposés dans toutes les parties du jardin.

Rien n'est mieux ordonné que le jardin d'un maraîcher ; on n'y sacrifie rien aux plantes d'ornement ; mais les allées sont si propres, les carrés si bien tenus que la simplicité et l'ordre suppléent à l'élégance. Pas une mauvaise herbe parmi les plantes, tout est sarclé avec le plus grand soin. Les enfants du maraîcher sont ordinairement employés à ce travail.

La quantité d'engrais que le maraîcher emploie dans son petit coin de terre, serait suffisante pour fumer une étendue de terrain quatre fois plus considérable, livrée à une culture ordinaire ; mais aussi la terre produit ici sans cesse et sans se lasser.

Dans les plus importantes de ces cultures, il existe de véritables serres où viennent hâtivement la plupart des

fruits de notre pays et quelquefois des fruits exotiques,
tels que l'ananas, etc.; mais généralement, le maraîcher se
borne à la culture de ses légumes qui, par les soins minutieux qu'ils exigent pour la plupart, prennent tout son
temps.

A chaque changement de température, il faut couvrir
les plantes délicates. A chaque rayon de soleil ou à chaque goutte de pluie, il faut ouvrir ou fermer les couches
où viennent ces melons si estimés des amateurs.

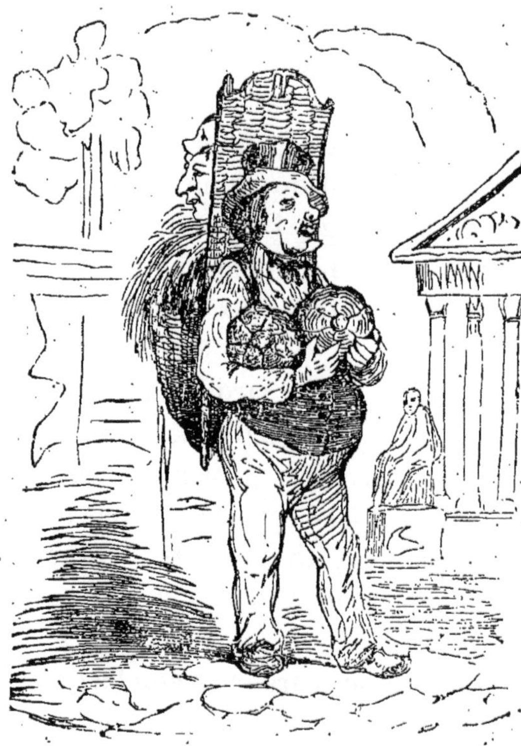

Le maraîcher
produisant à
grands frais ne
pourrait suppor-
ter la concur--
rence des gens
de la campagne
pour les légumes
ordinaires ; en
effet ceux-ci con-
sacrent au pota-
ger moins de
soins et de tra-
vail. Aussi le
maraîcher se ré-
serve-t-il la cul-
ture des pri-
meurs, et de tous
les légumes ou fruits qui exigent une terre bien nour-
rie et une attention de tous les instants. Son jardin tou--
jours situé à proximité des villes lui permet d'offrir à la
vente des produits d'une fraîcheur irréprochable.

« L'ordre, la régularité, l'absence de toutes mauvaises herbes, dit M. Emile Beauvais (1), et une succession non interrompue de légumes distinguent les potagers flamands.… Un volume de descriptions ne suffirait pas pour exposer toutes les richesses horticulturales de la Belgique; presque toutes les villes du premier et du second ordre ont des sociétés de Flore et des expositions périodiques des plus rares végétaux. La seule ville de Gand , centre de l'horticulture belge , possède au delà de quatre cents serres appartenant à des amateurs… Le climat et le sol du Hainaut font de cette province , mais principalement des environs de Tournai , le canton du nord de l'Europe où les fruits acquièrent le plus de valeur et de saveur. »

LE MEUNIER.

Les céréales , c'est-à-dire le blé ou froment , le seigle et l'orge, ont été connues de toute antiquité . D'abord on mangea le blé en nature ; on se contentait de le faire rôtir sur des pierres chauffées, ensuite on en fit de la farine en le pilant dans un mortier ; plus tard on imagina un moulin composé de deux pierres plates dont l'une était fixe , tandis que l'autre était mise en mouvement à force de bras; enfin les Arabes inventèrent le moulin à vent tel que nous le voyons.

Quoi de plus beau que de voir tourner, par un bon vent , les ailes d'un moulin ! c'est alors le cas d'admirer l'industrie de l'homme, qui a su employer un moteur aussi subtil que l'air.

(1) Maison rustique du xix siècle. Tome 2.

Le meunier désire ce que tout le monde craint; pourvu que le vent fasse mouvoir sa machine aérienne et que le grain lui arrive en abondance, il est content.

Le moulin à eau, quand il est alimenté par une rivière, est d'un rapport plus régulier; mais lorsqu'il n'a qu'une source pour moteur, il ne marche guère plus régulièrement que le moulin à vent.

Une troisième sorte de moulin n'a jamais de chômage à craindre; ce sont ceux dont les meules sont mises en mouvement par une machine à vapeur; mais cette dernière espèce de moulins constitue toujours un grand et vaste établissement bien différent par son importance du modeste moulin à vent.

L'âne est le serviteur habituel du petit meunier; c'est lui qui, chargé de sacs, porte la farine, apporte le grain et reçoit pour récompense une pitance souvent bien maigre et par contre, force coups de bâton.

C'est dans les Flandres que l'on voit les plus beaux moulins à vent. Une construction de cette espèce doit être parfaitement d'aplomb, et il faut que ses ailes soient sensibles à la moindre impulsion du vent. Une longue poutre sert à tourner le moulin de manière qu'il présente toujours les ailes au vent. La force de l'impulsion qu'elles reçoivent du vent est telle, qu'elles enlèveraient tout objet qu'elles rencontreraient dans leur passage.

J'ai connu un pauvre enfant qui, par jeu ou par bravade, avait parié se laisser enlever de terre à deux ou trois pieds de hauteur, en s'accrochant à l'une des ailes d'un moulin, se promettant de lâcher prise en temps utile, mais il comptait sans le vent; il laissa passer le moment favorable; et plus il montait, moins il osait lâcher. Cependant on lui criait de toutes parts de le faire, mais

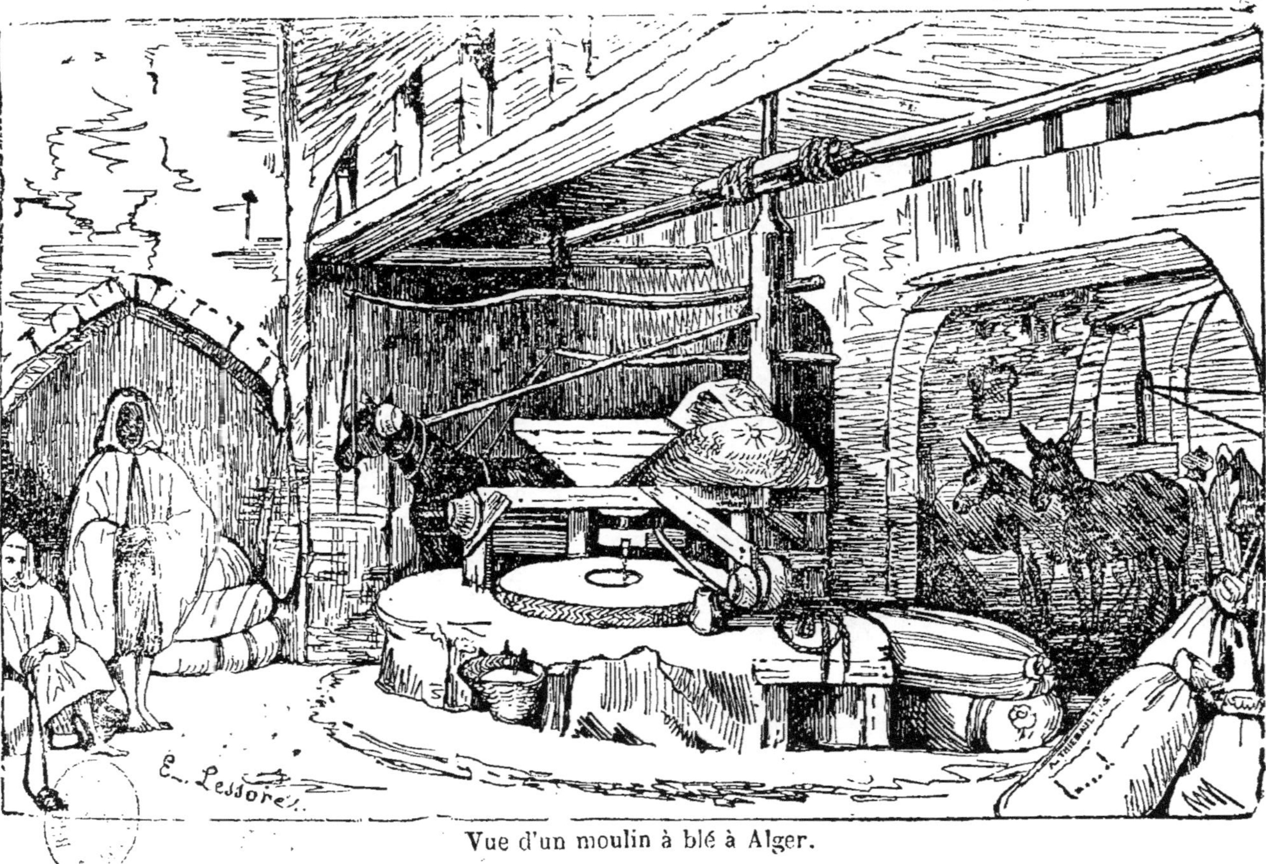

Vue d'un moulin à blé à Alger.

cela n'arriva que lorsque, parvenu à une grande hauteur, les forces lui manquèrent. Il tomba, et resta bossu des suites de sa chute.

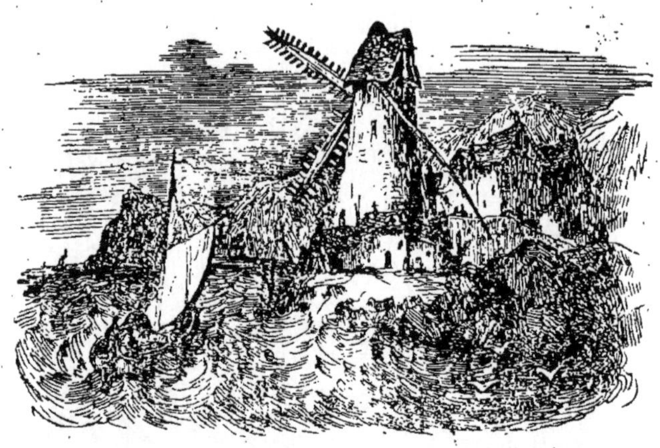

Les sacs, arrivant au moulin, sont enlevés par une corde mue par l'arbre-tournant qui reçoit le mouvement de la roue ou des ailes, si c'est un moulin à vent. On vide les sacs dans des espèces d'entonnoirs qui conduisent le grain entre les deux meules, où il est immédiatement écrasé et passe dans le blutoir. Le blutoir est une sorte de tamis vertical, continuellement en mouvement ; il est destiné à séparer le son de la farine. Le meunier doit porter toute son attention à ce que les meules ne tournent pas sans grain, car, de leur frottement à sec, il résulterait une telle masse d'étincelles que le feu pourrait prendre au moulin, si personne n'était là pour arrêter le mouvement.

Les moulins à eau sont généralement plus importants que les moulins à vent. Dans les plus considérables, il règne une activité extraordinaire ; des sacs montent, descendent, le blé ou le seigle sont moulus et blutés, et

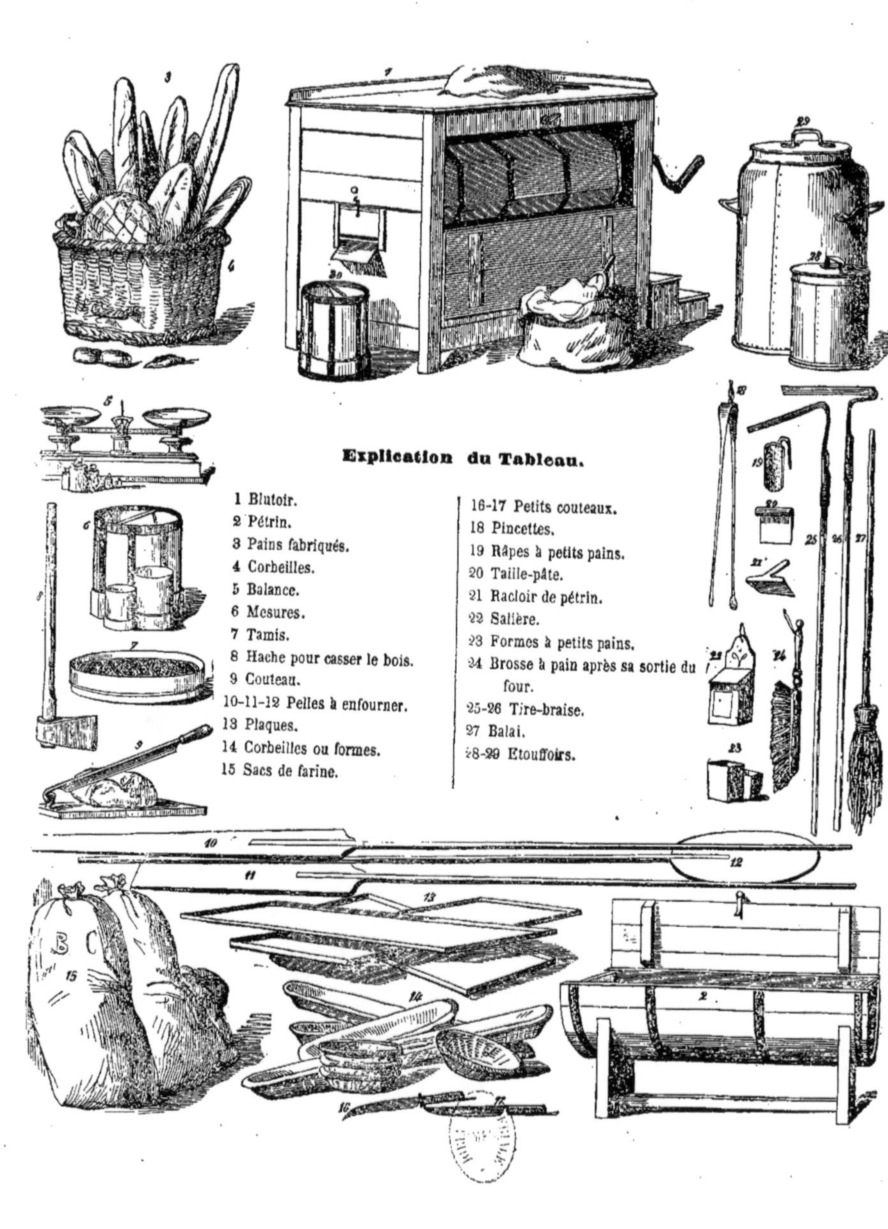

Explication du Tableau.

1 Blutoir.
2 Pétrin.
3 Pains fabriqués.
4 Corbeilles.
5 Balance.
6 Mesures.
7 Tamis.
8 Hache pour casser le bois.
9 Couteau.
10-11-12 Pelles à enfourner.
13 Plaques.
14 Corbeilles ou formes.
15 Sacs de farine.

16-17 Petits couteaux.
18 Pincettes.
19 Râpes à petits pains.
20 Taille-pâte.
21 Racloir de pétrin.
22 Salière.
23 Formes à petits pains.
24 Brosse à pain après sa sortie du four.
25-26 Tire-braise.
27 Balai.
28-29 Etouffoirs.

cela au moyen d'un courant qui fait tourner une grande roue à aubes. Quelquefois, au lieu d'un courant qui vient frapper contre les aubes ou palettes de la roue, c'est une étroite rigole qui amène l'eau au-dessus de cette roue. Cette eau tombant dans les augets qui garnissent son pourtour l'oblige à tourner par l'effet de sa chute et de son poids.

Lorsque le moulin à eau est situé au bord d'une rivière ou sur la rivière même, il a à craindre les inondations et les crues subites. Bien souvent on a vu des moulins emportés par les grosses eaux.

LE BOULANGER.

Quel est donc ce bruit étrange qui sort du soupirail de cette espèce de cave située au-dessous de la boutique d'un boulanger; on croirait que ce sont les plaintes d'une personne souffrante. Entrons et descendons dans le laboratoire où se fait le pain. Voyez-vous sous cette voûte noire et enfumée, qu'éclaire à peine une lampe sépulcrale, ces hommes à demi-nus, vis-à-vis la gueule béante d'un four d'où sort une flamme rougeâtre ? que font-ils devant cette fournaise ? ne croirait-on pas, à voir leur maigreur et la pâleur de leur teint, que ce sont des habitants de l'enfer ? Point du tout, ce sont de braves ouvriers boulangers ; ils attendent que le four soit assez chaud pour y enfourner le pain qui vient d'être pétri.

Mais tournons-nous du côté opposé, d'où partent les cris singuliers qui nous ont attirés. Remarquez avec quel effort cet homme soulève de dessus le pétrin cette masse énorme de pâte ; il la tourne, la retourne, la divise et la réunit pour en former de nouveau une masse que plus tard il coupera par morceaux et qu'il pèsera pour former des pains. A chaque effort qu'il fait, il laisse échapper de sa poitrine un cri particulier, une sorte de gémissement. Ces hommes prétendent que ce cri les soulage dans les efforts que demande le pétrissage de la pâte. C'est pourquoi on les appelle *geindres* (qui *geint,* ou *gémit*).

Outre la farine et l'eau qui composent cette pâte, on y ajoute du levain ; sans cela le pain qui en proviendrait serait lourd, mat et indigeste. On y met également un peu de sel afin d'en relever la saveur.

Lorsque les pains ont reçu la forme convenable, on les place sur une longue pelle et on les range successivement sur l'âtre du four que vous venez de voir. Tout le bois s'est consumé, les parois de ce four sont tellement échauffées que la fournée de pain sera cuite dans l'espace d'une heure à une heure et demie ; alors on la retirera du four pour être livrée à la vente.

En temps de disette, les boulangers ne sont pas heureux. On a vu, comme s'ils en pouvaient, leurs boutiques assiégées comme des places fortes par des hommes affamés ou en jouant le rôle.

Vous venez de voir combien est pénible le travail de la boulangerie. Les boulangers ne s'y livrent que la nuit, afin de nous préparer pour chaque jour le pain qui doit servir à notre nourriture. Ce travail de nuit, joint à une occupation très-fatigante, influe en général d'une manière fâcheuse sur leur santé.

LE BERGER.

S'il est un homme qui vive isolé de ses semblables et toujours en face de la nature, c'est assurément le berger. Excepté pendant l'hiver , où il reste à la ferme, il passe sa vie aux champs et y couche même pendant une partie de l'année. Cette solitude donne au berger un caractère différent de celui des autres habitants de la campagne. Très-ignorant sur bien des choses, le berger, qui souvent ne sait ni lire ni écrire , vous indique toutes les plantes , bonnes ou mauvaises , qui croissent dans le pays et, sans connaître leur nom scientifique, il pourra, peut-être mieux que beaucoup de nos savants , vous enseigner leurs usages. Rien qu'à la seule inspection du ciel, il sait prévoir le temps avec certitude, et possède pour soigner ses moutons, une foule de secrets qui réussissent presque toujours. Ces qualités sont bien connues des campagnards ; aussi le berger est-il toujours bien considéré , et on a souvent recours à son expérience quand une bête est malade , ou que l'on a besoin de connaître la vertu d'une plante.

Le chien est le compagnon indispensable du berger, on peut même dire son ami. Ne vivant qu'avec leur maître , ces animaux n'obéissent qu'à sa voix et font généralement mauvais accueil aux figures inconnues. Un chien de berger bien dressé est d'une grande valeur, car son éducation est longue et difficile ; mais lorsque le berger en possède un suffisamment instruit , les jeunes chiens apprennent tout seuls à suivre l'exemple de leurs aînés. C'est toujours un spectacle intéressant que de voir défiler ces longs troupeaux de moutons; le berger sem-

ble n'avoir à s'occuper de rien ; ses chiens font du reste
toute la besogne ; il faut les voir , affairés , courant sans

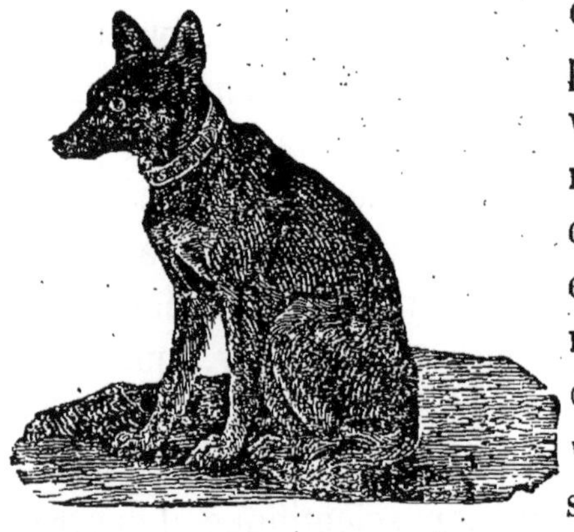

cesse d'un bout du trou-
peau à l'autre, poursui-
vant les traînards ou
ramenant au troupeau
quelques moutons pris
en flagrant délit de ma-
raude. Attentifs au moin-
dre signal de leur maître,
vous les voyez remplir
ses commandements avec
une surprenante sagacité. Dans cette quantité de moutons, jamais un seul ne s'égare ; les chiens sont partout,
ils voient tout, et rien n'échappe à leur infatigable surveillance.

Lorsque les moissons sont coupées , le berger campe
définitivement dans les champs , où il fait parquer ses
moutons. Là, il n'a pour demeure qu'une cabane roulante,
qu'il habitera plusieurs mois de suite. Un matelas en
occupe presque tout l'intérieur ; son mobilier se compose de quelques vêtements de rechange et d'un fusil
pour défendre son troupeau contre les loups. Deux fois
par jour sa femme , car il est ordinairement marié , lui
porte son modeste repas. Le dessous de la cabane , où
l'on a jeté un peu de paille , sert de niche aux chiens ,
qui, de ce poste , surveillent le troupeau conjointement
avec le berger.

Le parcage se compose d'une enceinte en claies légères;
les moutons broutent le chaume et en même temps
fument la terre de leurs excréments ; chaque jour le parc
est démonté et changé de place.

Mais lorsque le berger habite quelque contrée où les loups sont nombreux , alors plus de repos ; il lui faut une attention continuelle pour empêcher le féroce animal d'enlever quelques moutons ; car, si le berger est attentif et si les chiens font bonne garde , d'un autre côté les loups sont pleins de ruses et souvent ils se mettent à plusieurs pour faire leur coup. Un fait dont M. Dupont de Nemours fut témoin , le prouve suffisamment. Traversant un jour une plaine de la Bourgogne, située sur la lisière d'un bois , il vit un troupeau dont le berger et même les chiens avaient un air d'inquiétude qui l'étonna ; il en eut bientôt l'explication en apercevant à peu de distance un loup à demi caché dans les buissons , et qui avait l'air de guetter quelque mouton du troupeau ; cependant le berger avait deux chiens d'une taille assez respectable pour mettre à mal le guetteur. M. Dupont surpris demanda au berger pourquoi il ne les lançait pas dessus. Oh ! monsieur, dit-il, je m'en garderai bien ; ce loup que vous voyez se montre trop pour que cela ne soit pas un piége; je suis sûr que pendant que mes chiens le poursuivraient et qu'il les emmènerait au diable , un autre loup , trop bien caché pour que nous puissions le voir, sortirait du taillis et viendrait enlever un mouton , mais ce n'est pas moi qui me laisserai prendre à cette ruse. Ce fait parut tellement incroyable à M. Dupont de Nemours qu'il résolut de le vérifier , fût-ce même à ses dépens. Je serais curieux de voir cela, dit-il au berger. Lancez vos chiens à la poursuite de ce loup ; et si un autre loup vient vous enlever un mouton je le paierai. Le berger accepta la proposition avec d'autant plus de plaisir qu'il était enchanté de faire payer au bourgeois son incrédulité ; il lança donc ses deux chiens qui, ne se firent pas prier pour se mettre à la poursuite de leur ennemi mortel , et tous disparurent bientôt dans l'épaisseur du bois. Deux minutes s'étaient à peine écoulées que le second larron sortit d'un buisson , se jeta sur la brebis la plus à sa portée et disparut avec elle dans le bois.

Dans les contrées montagneuses , telles que les Alpes ou les Pyrénées , les bergers ou pâtres font paître leurs troupeaux durant l'été sur le penchant des plus hautes montagnes et passent toute cette saison dans une solitude complète. A mesure que l'hiver approche, ils descendent de ces régions élevées et se rapprochent des lieux habités où leurs troupeaux trouveront un abri durant les froids de l'hiver.

On fait généralement l'éloge des mœurs hospitalières et patriarcales de ces pasteurs.

LE BOUCHER.

Le boucher est généralement un gaillard solide, au teint coloré et fortement membré ; on le reconnaît à son tablier blanc ; il est presque toujours en bras de chemise.

La plus grande propreté règne dans sa boutique et fait partie de son métier ; en effet , personne n'irait acheter de la viande chez un boucher malpropre.

Le boucher déteste l'été ; les mouches qui viennent par milliers s'abattre sur sa viande, y déposeraient leurs œufs s'il ne leur faisait continuellement la chasse. D'ailleurs, dans cette saison, la viande ne se conserve pas longtemps ; aussi la police fait-elle de fréquentes visites chez eux pour s'assurer qu'elle est bien saine.

Il donne des étrennes aux cuisinières qui se fournissent chez lui. Les médisants prétendent que c'est afin de les rendre moins difficiles sur le poids et la qualité de la viande qu'il leur fournit. Le boucher sait tirer parti de tout : il vend sa viande désossée beaucoup plus cher que l'autre, et cependant il trouve le moyen de passer les os qu'il fait payer comme de la viande aux autres consommateurs.

A Paris les bouchers donnent, sans doute par une sorte de dérision, le nom de *réjouissance* à ces os qu'ils se croyaient en droit d'ajouter à chaque pesée. Mais une récente ordonnance leur a interdit cet abus.

Le boucher achète sa viande sur pied, c'est-à-dire les bestiaux vivants. Le jour du marché, il va faire son choix ; c'est là qu'il a besoin d'être doué d'un coup d'œil exercé. Il faut, à première vue, se rendre compte du poids d'un bœuf ou d'un veau, acheter des moutons en masse et reconnaître de prime abord tout le parti que l'on peut tirer de ces animaux. L'expérience que les bouchers ont acquise dans ces sortes de transactions est telle qu'ils estiment le poids des bœufs les plus gros à un ou deux kilogrammes près. Le boucher voit ensuite si l'état de santé de la bête est satisfaisant et surtout si elle n'est pas trop vieille, ce qui est un point très-important.

Une fois achetés et payés, les bestiaux sont amenés à l'abattoir et logés dans les étables qui en dépendent. On nomme garçons d'échaudoir ceux qui sont chargés de les abattre. Toujours dans le sang, ils ont un aspect véritablement repoussant.

Lorsque le maître garçon a reçu de son bourgeois l'ordre de *faire un bœuf* (telle est l'expression employée dans le métier), il se rend à la bouverie, palpe les bœufs de son patron et choisit celui qui lui paraît le mieux disposé à être FAIT. L'animal aussitôt coiffé du CHABLE fatal (trait à bœuf), est conduit à l'échaudoir par le second garçon ; le premier, armé d'un gros bâton, suit le bœuf et hâte sa marche par quelques coups appliqués sur les jambes de derrière. Quelquefois l'animal, effarouché par l'odeur du sang, fait résistance, mais cette résistance est toujours vaincue par l'adresse et le courage des garçons bouchers. A l'aide du châble, doublement entrelacé dans ses cornes, on le fixe d'une manière inébranlable à l'anneau d'abattage scellé dans le sol, au centre de l'échaudoir. Le maître garçon saisit alors une masse en fer et en frappe violemment le bœuf entre les cornes ; le pauvre animal tombe étourdi avec un épouvantable fracas, et les coups de masse se succèdent avec rapidité jusqu'à ce qu'il ait rendu le dernier soupir.

Il est certains bœufs qui, par la conformation de leur tête, résistent au terrible choc répété plus de cent fois. On abrége alors leur lente agonie, en introduisant dans la moelle épinière, à l'origine du cou, un stylet étroit et effilé. A peine cet instrument est-il plongé, que le bœuf tombe avec une rapidité et une violence qui feraient croire que la foudre vient de l'écraser.

Nous ne suivrons pas plus longtemps les opérations des garçons d'échaudoir; il suffit de dire qu'après l'abattage du bœuf, on le saigne, on le souffle, avec un gros soufflet pour donner une belle apparence à la viande ; on l'écorche, on le dépèce, et toutes ces opérations dont le détail serait fort compliqué, ne demandent pas plus de 20 à 25 minutes à des garçons habiles.

On égorge les veaux et les moutons sans les assommer préalablement, mais ces derniers, quoique faibles et dépourvus de défense , donnent quelquefois beaucoup d'embarras aux garçons. Si le mouton qui marche en tête , s'effraie à la vue du sang et refuse d'entrer , voilà la panique mise dans le troupeau , les moutons s'enfuient à droite à gauche et se vengent de leurs égorgeurs par le mal qu'ils leur donnent pour les ramener à l'échaudoir.

La viande est portée avant le jour chez le boucher; là, le garçon étalier, qui est chargé de la vente , la découpe et la dispose avec art. Mais c'est surtout aux approches du carnaval que le boucher se distingue ; les plus belles pièces sont ornées de fleurs et de rubans , il découpe artistement les membranes des moutons , y dessine des arabesques, des fleurs, et expose avec orgueil à sa porte ces cadavres illustrés.

Le boucher n'a jamais un jour de libre , si l'on en excepte le vendredi-saint où toutes les boutiques , sans exception , restent fermées.

Depuis un temps immémorial, les bouchers et surtout ceux de Paris ont l'habitude de célébrer les fêtes du carnaval. Au jour de marché qui précède le dimanche gras, ces derniers se rendent à Poissy, où un concours est ouvert. L'éleveur qui présente le bœuf le plus gros remporte le prix ; c'est d'habitude de la Normandie que vient le vainqueur. Le boucher assez heureux pour en devenir l'acquéreur , quelquefois à un prix énorme, orne richement sa boutique. Le monstrueux animal pèse quelquefois jusqu'à 2,000 kilog., et est tellement gras , que pouvant à peine marcher, on est quelquefois obligé de le mettre sur un char , pour le promener dans tous les quartiers de Paris ; il est orné de fleurs , de rubans et entouré d'un cortége imposant, composé des garçons bouchers à cheval , revêtus de costumes brillants empruntés à l'orient ou aux temps de la chevalerie ; d'autres , vêtus en sauvages , et la tête ornée de plumes , ou d'une couronne de feuillage , et portant une énorme massue en carton, marchent à droite et à gauche du bœuf qu'ils tiennent en lesse ; enfin un joli enfant vêtu en Cupidon avec un arc, un carquois et des ailes, occupe un trône placé sur le char.

Les résultats des travaux de la boucherie fécondent une foule d'industrie ; la viande sert de nourriture ; les peaux occupent les fabriques des tanneurs , corroyeurs et mégissiers, qui à leur tour alimentent les industries des cordonniers, carrossiers, selliers , relieurs , chapeliers , gantiers , etc. etc. Les suifs sont transformés en chandelles, en bougies imitant la cire à y être trompé , même en pommades. Le commerce important de la triperie s'empare à son tour des abats , tels que têtes , pieds, mous, rognons, foies, etc. Croirait-on, par exemple, que la boucherie de Paris fournit par an, seulement pour la nourriture des chats , pour 325,000 francs de mous , cœurs de bœuf et de vache ? Il faut pour satisfaire l'appétit de ces animaux chéris des parisiens, non-seulement les 100,000 cœurs et mous qui proviennent des abattoirs de la ville, mais encore 12,000 mous et cœurs auxiliaires que les tripiers vont acheter dans la banlieue.

LA LAITIÈRE.

Ce n'est assurément pas à Paris qu'il faut venir pour boire de bon lait, mais il est curieux d'étudier la manière dont se fait cette espèce de commerce dans la grande ville.

Transportons-nous en idée dans les communes qui entourent Paris, dans un rayon de 40, 50 et même 60 kilomètres. Voyez-vous cette espèce de construction basse en planches et semblable à une barraque ; l'eau qu'on y amène, par une rigole, y forme une petite mare. Dans cette eau fraîche, mais peu profonde, sont plongés des vases de fer blanc remplis de lait. Le couvercle du vase, creux en dessus, est rempli d'eau, en sorte que le lait se conserve frais dans cet entrepôt.

Mais la nuit s'avance, les pots de lait sont transportés sur une sorte d'estrade, élevée d'un mètre, sur le bord de la grande route. Bientôt passe rapide comme le vent, un chariot suspendu tiré par de vigoureux coursiers ; les boîtes apportées par divers nourrisseurs sont enlevées à la hâte et mises sur cette voiture. C'est celle d'un spéculateur qui fait en grand le commerce de lait. Il continue ainsi à recueillir tout le long de la route le lait déposé sur les estrades, jusqu'au chemin de fer qui doit les transporter à Paris.

Le voici arrivé dans la gare du chemin de fer ; le sifflet du mécanicien annonce l'arrivée du train qui se dirige sur Paris. Le spéculateur se tient prêt : en un clin d'œil, les cinquante ou soixante pots, contenant chacun 20 litres de laits, sont chargés sur un waggon. Notre homme remplit sa voiture avec les pots à lait qu'un convoi précédent a rapportés vides. En retournant il déposera ces pots sur les estrades, et chacun viendra y reprendre son bien.

Une ou deux heures après, le lait est arrivé dans la grande ville ; une voiture du même genre que la précédente, et conduite en poste, reçoit les vases et les porte chez les dépositaires placés en divers quartiers de la ville, en sorte que, dès six heures du matin en été et sept heures en hiver, la vente commence.

Ce genre d'industrie est pratiqué sur toutes les routes qui mènent à Paris, et chaque jour les chemins de fer y amènent d'énormes quantités de lait.

Il est difficile que le petit fermier qui apporte son lait sur les grandes routes, au rendez-vous des pots à lait, résiste à la tentation de les rafraîchir intérieurement par une petite quantité de l'eau avec laquelle il les rafraîchit à l'extérieur ; mais il doit le faire avec prudence, car le spéculateur se fâcherait, s'il s'apercevait qu'on va sur ses brisées.

Au dépôt de Paris, qui prend ordinairement sur l'enseigne le titre ambitieux de *Crémerie*, il est à présumer qu'une nouvelle addition d'eau a lieu, vu que le lait qu'on y débite ressemble peu à celui qu'on boit dans les campagnes ; mais il faut encore y mettre de la mesure, car voici l'inspecteur de police qui arrive avec le lactomètre, petit instrument de verre, ressemblant à un pèse-liqueur, et avec lequel il pèsera le lait, pour voir s'il a la densité convenable.

Outre ce commerce de lait en grand, d'autres laitières apportent, dans une voiture que traîne un cheval poussif ou un âne, deux ou trois boîtes de lait qu'elles ont recueillies chez les nourrisseurs des alentours. Celles-ci se placent dans une allée près de l'épicier et du boulanger et débitent leur marchandise, assaisonnée de mille cancans, aux voisines qui, se pressant autour d'elles, viennent chercher le lait, ou la prétendue crême, qui doit servir à faire leur café ou plutôt leur infusion de chicorée.

Il y a également dans Paris des nourrisseurs qui vendent eux-mêmes du lait, mais ce lait est certainement le moins bon pour ne pas dire le plus mauvais de tous ; car il est reconnu que la plupart des vaches nourries dans les étables de Paris où elles manquent d'air et d'une bonne nourriture, sont attaquées de la poitrine.

Lorsqu'une de ces vaches meurt de la maladie, on la transporte à la boucherie du jardin des Plantes ; là, elle est dépecée et sert aux repas des hôtes de la ménagerie.

LE RAFFINEUR.

Les anciens ne connaissaient point l'art de faire cristalliser le sucre. Ils se servaient du jus sucré qui découle d'une sorte de roseau croissant dans les Indes, et qui n'est autre chose que la canne à sucre que l'on cultive aujourd'hui dans les colonies d'Amérique. Ce jus s'échappait par les nœuds de la plante ; épaissi par le soleil, il ressemblait alors à de la manne. Ce n'est quo dans les temps modernes qu'on est parvenu à extraire, au moyen d'un moulin, tout le jus que renferment les cannes à sucre, à le purifier, à l'épaissir et à le faire cristalliser pour en former des pains de sucre.

En voyant un pain de sucre d'un blanc de neige, on

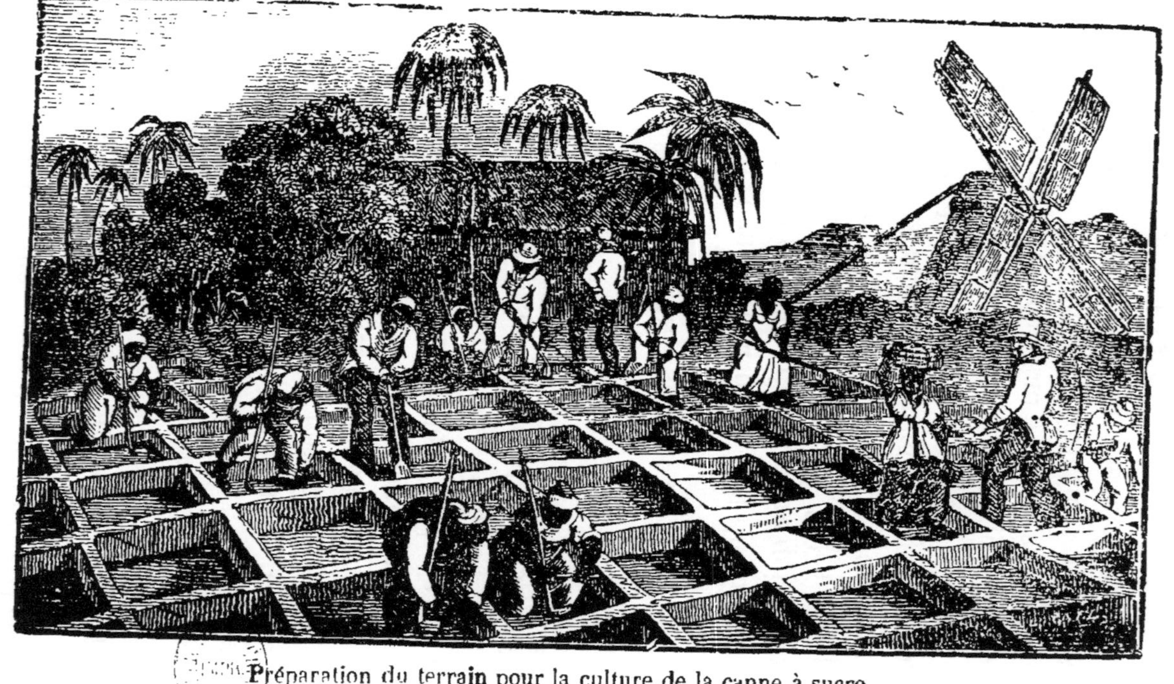

Préparation du terrain pour la culture de la canne à sucre.

doit naturellement croire que sa fabrication doit être en
rapport avec sa pureté et sa blancheur ; eh bien ! rien
n'est plus dégoûtant , rien ne répugne plus à la vue
et à l'odorat , qu'une raffinerie ; ici des tas de terre
glaise, du sang de bœuf souvent à demi-corrompu et du

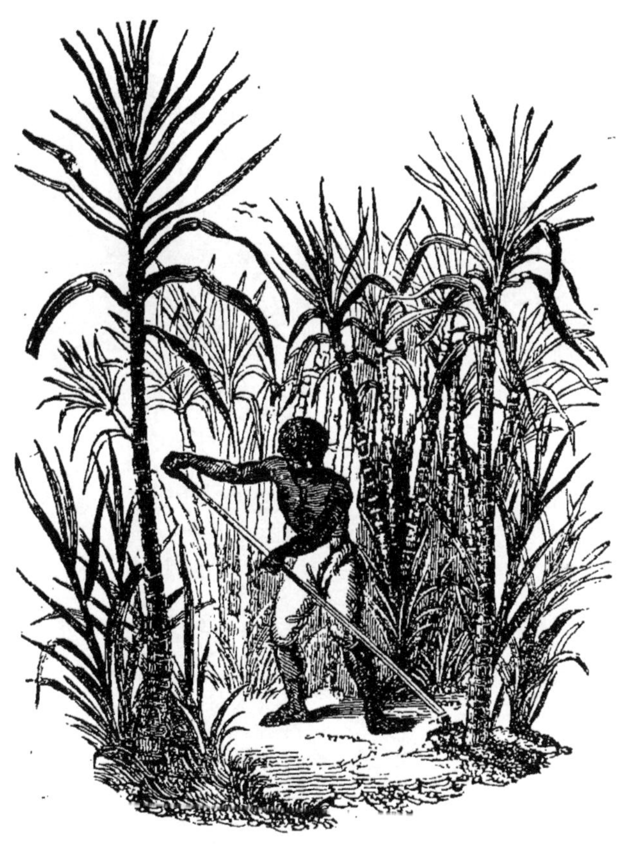

Cannes à sucre

noir animal produit par toute espèce d'ossements ; là
des baquets tout poissés par un liquide épais et bour-
beux , c'est à faire soulever le cœur ; et pour le peu
qu'on soit facile à dégoûter , on fera bien de ne pas

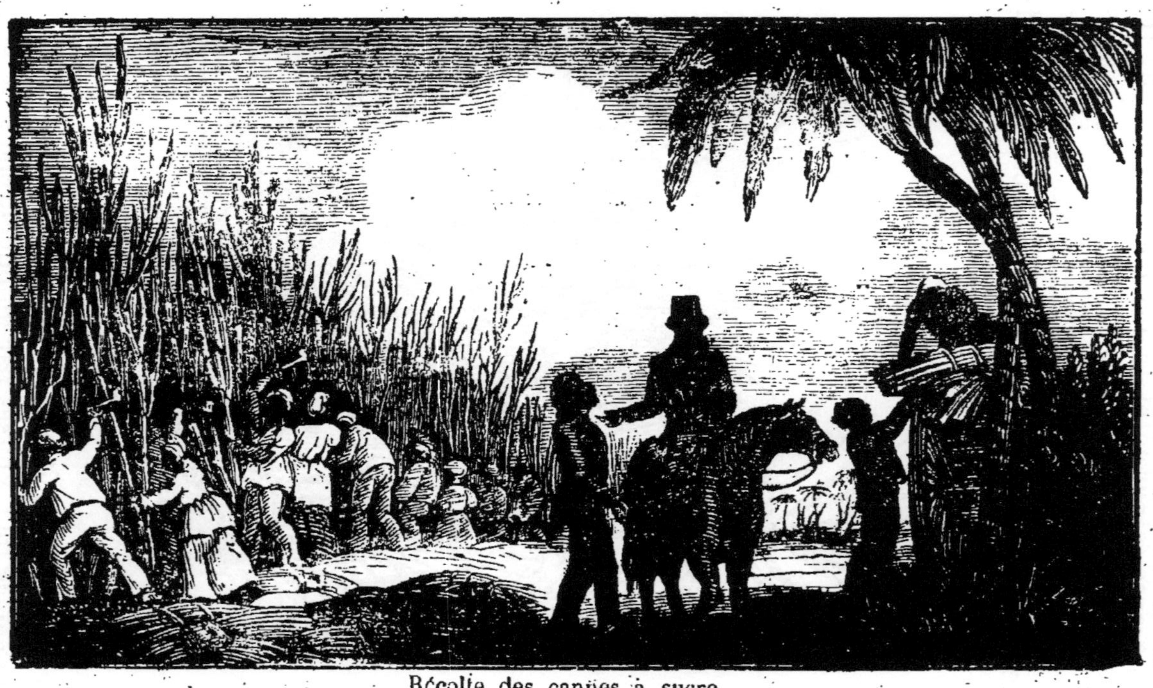

Récolte des cannes à sucre.

visiter une raffinerie, car les charmants bonbons qui garnissent les boutiques des confiseurs vous paraîtraient moins appétissants. Mais rassurez-vous, le sang de bœuf ne sert qu'à éclaircir le sucre liquide, le noir animal à lui enlever sa couleur rousse, la terre glaise posée au-dessus des formes est employée pour le purifier complétement, car l'eau qu'elle laisse échapper, filtrant lentement à travers les pores du pain de sucre, entraîne la mélasse. Rien de tout cela n'entre donc dans un pain de sucre.

Le sucre est très-électrique ; frottez-en, par un temps sec, deux morceaux l'un contre l'autre dans l'obscurité, il en sortira une lueur assez vive.

SUCRES DE BETTERAVE ET D'ÉRABLE.

Il n'y a pas deux siècles que le sucre cristallisé se vendait dix fois le prix actuel. Cependant cette substance se trouve dans tous les végétaux ; la betterave en contient assez pour faire concurrence à la canne à sucre. Aussi l'usage en est-il bien plus répandu qu'autrefois.

Il fut une époque, au commencement de ce siècle, où, par suite du blocus continental, le sucre valait six francs le demi-kilogramme. Achard, chimiste prussien, mort en 1821, appliqua la découverte du sucre de betterave, faite, en 1747, par un autre chimiste nommé Margraff. Les premiers essais ne furent satisfaisants qu'à demi, mais, peu à peu, les procédés se perfectionnèrent, tellement qu'aujourd'hui le sucre de betterave, bien raffiné, ne présente aucune différence avec le sucre de canne.

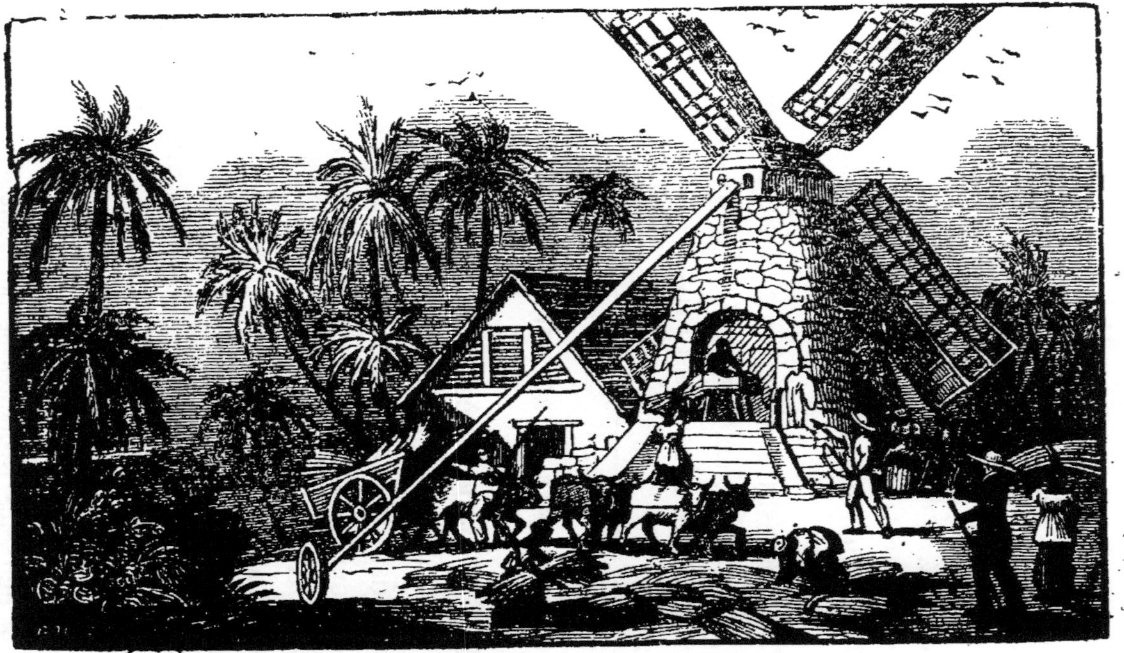

Moulin à broyer la canne à sucre.

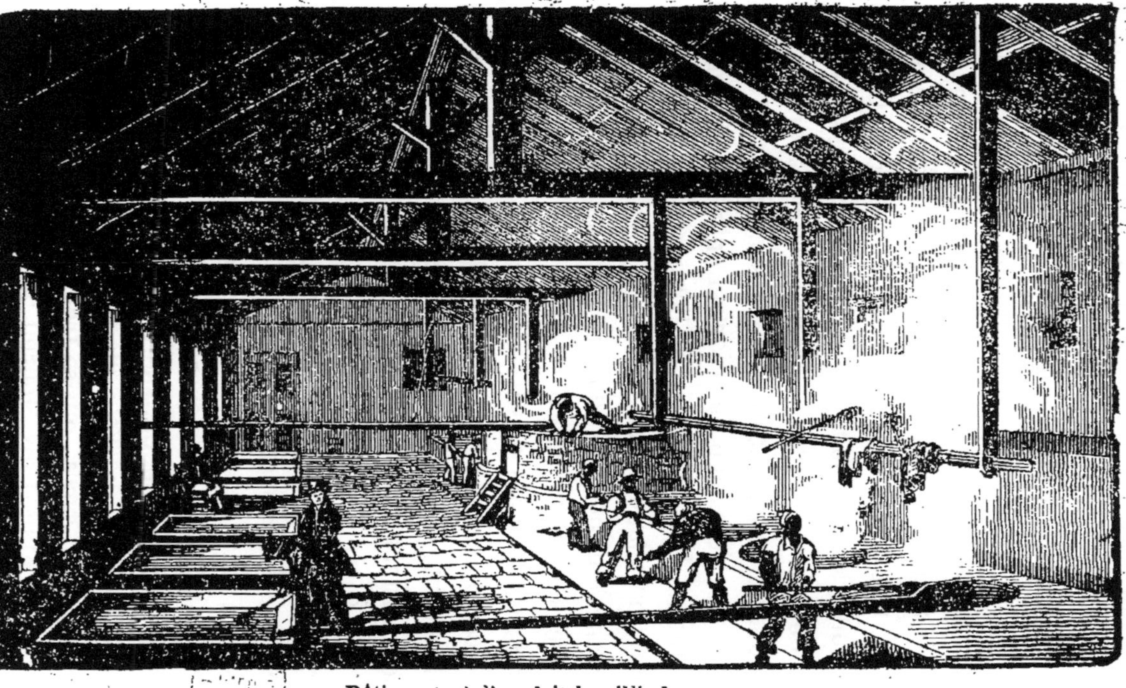

Bâtiment où l'on fait bouillir le sucre.

Voici un aperçu de la manière dont on le fabrique. Les betteraves ayant été semées en avril et récoltées en automne, on les nettoie, on les lave, puis on les soumet à une machine à râper qui les réduit en pulpe.

Cette pulpe, renfermée dans des sacs de gros canevas, est mise sous une forte presse qui en extrait tout le jus. Ce jus est versé dans une grande chaudière, où on le clarifie, une première fois , avec de la chaux. On le filtre ensuite, et on le fait couler dans des chaudières évaporatoires à larges surfaces. Après cette évaporation, a lieu une seconde clarification par le sang de bœuf. Vient ensuite une deuxième filtration, et enfin une dernière évaporation. Lorsque le suc de betterave a subi cette préparation à laquelle on donne le nom de *cuite*, il se trouve amené à un point tel qu'il peut cristalliser par le refroidissement. Pour cela on le place dans des vases de terre en forme de pain de sucre. La pointe placée au bas est percée d'une ouverture que l'on débouche après le refroidissement, et par laquelle s'écoule la mélasse ou sirop non cristallisable.

Le sucre en cet état porte le nom de sucre brut ou cassonnade. On le raffine par les procédés indiqués pour le sucre de canne.

Cent kilogrammes de betteraves donnent de cinq à neuf kilogrammes de sucre cristallisé.

La fabrication du sucre de betterave est devenue très-florissante en Belgique.

L'*érable à sucre*, qui se trouve au Canada et dans le nord des Etats-Unis , fournit une liqueur sucrée qu'on fait épaissir et que l'on convertit en sucre. Au moyen d'une tarrière de deux centimètres de diamètre , on fait, à chaque arbre, deux trous, à huit ou dix centimètres l'un de l'autre, et à un demi-mètre au-dessus du sol.

Ces trous, un peu inclinés, pour faciliter l'écoulement, pénètrent de deux centimètres dans l'arbre. A chaque trou on adapte une canelle en sureau, de manière à conduire la liqueur dans une auge.

Lorsque la liqueur est en quantité suffisante, on la retire pour être soumise à l'ébullition. On la clarifie, et on la filtre ; puis on la soumet à une seconde ébullition , et on la verse dans des formes pour la faire cristalliser.

Le sucre d'érable ainsi obtenu a le goût du sucre de canne, et se raffine de la même manière.

Une sucrerie d'érable se compose de trois à quatre cents piéds d'arbres. Le produit de ces arbres est très-variable, mais la moyenne est de trois kilogrammes de sucre cristallisé par an et par pied d'érable.

LE CONFISEUR.

Voici une profession chérie des enfants ; en effet, c'est de la boutique du confiseur que sortent les sucres d'orge, les bonbons et les dragées de toutes les couleurs , les caramels, les pâtes d'abricots et de pommes, les marrons glacés, les pastilles et mille autres friandises.

Le confiseur vend aussi des sirops, des fruits glacés et des confitures de toutes les espèces ; aussi se réjouit-il, lorsque la saison est favorable à la maturité des fruits : ses confitures seront meilleures et demanderont moins de sucre.

Le 1er janvier, époque des étrennes, la Saint-Nicolas,

les baptêmes, les jours de grandes fêtes, voilà les occasions où le confiseur fait une abondante récolte.

Il s'ingénie surtout à créer des surprises pour les
enfants. C'est une poignée de verges simulée dont le
manche est une boite à bonbons, c'est un chou en carton peint qui s'ouvre et renferme des trésors de douceurs;
c'est une pomme de terre en sucre, une carotte remplie
de pastilles. Il fabrique aussi des hannetons en chocolat
dont les pattes sont parfaitement imitées avec des petits
morceaux de rafles de raisin sec. La ressemblance est si
parfaite que j'ai vu une personne tirant de sa poche de ces
hannetons, que tout le monde prit pour des hannetons véritables et qu'il paria de manger, défiant un individu de la
société d'en faire autant ; celle-ci accepta par bravade
et croqua un hanneton vivant pendant que son adver-
saire dégustait avec délices ses hannetons en chocolat
vanillé. Il faut ajouter que la malheureuse victime de
cette mystification fut malade des suites de son impru-
dente bravade.

Revenons au confiseur. Il confectionne aussi des œufs
de Pâques en sucre ; ces œufs , de toutes les grandeurs
et de toutes les couleurs, sont creux. Les uns renferment
de jolis petits livres de prières; d'autres une petite croix
ou quelque menu bijou. C'est aux approches du saint
jour de Pâques que la vente de ces objets prend de
l'activité.

Mais disons tout : le confiseur fabrique aussi des bonbons et particulièrement des dragées de bas aloi et dans
lesquelles il entre plus de farine que de sucre ; mais il les
vend à prix fort bas aux enfants qui n'ont guère d'argent, et aux gens de la campagne qui n'y regardent pas
de si près.

LE BRASSEUR.

La bière est très-anciennement connue, puisqu'on fait remonter son origine à des temps fabuleux. On la désigna longtemps sous le nom de *cervoise*, et ceux qui la préparaient sous le nom de *cervoisiers*. On prétend que cette dénomination avait pour étymologie le nom de Cérès, déesse des moissons ; et, en effet, ce sont les céréales qui nous fournissent la base de la bière.

Les peuples du Nord , privés du vin que fournit la vigne, essayèrent de le remplacer par une préparation spiritueuse fabriquée avec du grain qu'on faisait bouillir et fermenter. Plus tard , on y ajouta le houblon, plante aromatique et amère, qui donne un goût agréable à la bière , et la rend infiniment plus salubre et durable.

La Belgique, l'Allemagne et l'Angleterre sont les pays où l'on fabrique le mieux la bière. Là , les houblonnières sont abondantes, tandis que la France en possède peu. On n'y trouve point de bière que l'on puisse comparer pour la force et la vinosité au porter anglais et au faro de Bruxelles, aux bières de Bruges, de Gand, d'Audenarde , ni pour la douceur aux bières de Louvain et de Diest , et surtout à l'excellente bière de Liége.

A Lille, à Strasbourg et à Lyon, on fabrique cependant des bières assez estimées.

On a fait bien des tentatives en France pour contrefaire les bières belges , mais elles n'ont jamais réussi. On a échoué en Belgique même pour imiter dans une province la bière d'une autre province. En voici un exemple curieux qui date d'une vingtaine d'années. Certain brasseur jaloux des succès de la bière de Louvain attira à Bruxelles quelques-uns des meilleurs ouvriers des brasseries de cette ville. Il se procura les mêmes matières premières que l'on y emploie pour la fabrication de la bière, et poussa même la précaution jusqu'à faire venir à grands frais l'eau qui servait à sa confection. Enfin il ne négligea aucune précaution, et néanmoins il ne réussit point à faire de la bière de Louvain. D'où il conclut, à son grand regret, que l'air entrait pour quelque chose dans la fabrication, et que, pour faire de la bonne bière de Louvain, il fallait aller la fabriquer à Louvain même.

La bière de Paris, comme celle de Louvain, présente, l'été, un grand inconvénient ; on est altéré, on entre dans un café et l'on demande une bouteille de bière ; le bouchon n'est pas plus tôt enlevé que la mousse jaillit avec force, vous couvre d'écume, et inonde votre table ; vous essayez en vain de fuir ce déluge qui recommence chaque fois que vous voulez déboucher de nouveau la bouteille ; enfin, de guerre lasse, vous abandonnez la partie et laissez la bouteille vide sans avoir bu une seule goutte. D'autres fois, la bière est plus paisible, mais il arrive souvent que son calme provient de sa vieillesse ; elle est alors aigre ou passée.

Beaucoup de consommateurs parisiens demandent aujourd'hui de la bière de Strasbourg qui se comporte mieux ; mais elle est autant de Strasbourg que la bière de Louvain faite à Bruxelles, dont nous venons de parler.

La profession de brasseur exige des capitaux considérables et un vaste emplacement comprenant un grand nombre d'ateliers, tels que ceux consacrés à la germination de l'orge, à sa dessiccation sur la *touraille*, appareil formé de plaques de tôles percées comme une écumoire,

à la séparation des radicules ou petites racines poussées
par le grain germé à la mouture de ce grain ; au bras-
sage ou démêlage de la farine d'orge dans de l'eau
chaude , à l'infusion du houblon qui doit aromatiser la
bière et lui donner un goût agréable , à sa cuisson , à
son refroidissement dans les rafraîchissoirs , à sa fermentation, enfin à sa classification et à son collage. Il faut,
de plus, de grands magasins et de vastes caves.

LE DISTILLATEUR.

Il y a, dans quelques grandes villes et particulièrement
à Paris , des boutiques longues et étroites , garnies de
bouteilles de cuivre parfaitement écurées , et de tonneaux rangés ou empilés. Une forte odeur d'alcool vous
apprend , sans que vous ayez besoin de regarder l'enseigne , que c'est la boutique d'un distillateur. Des
bocaux , remplis de liqueurs , dont les noms vous sont
inconnus pour la plupart , garnissent les rayons et la
devanture.

Les distillateurs ont trouvé le moyen de fabriquer
avec de l'eau , du sucre , de l'alcool et quelques graines
aromatiques , cent composés auxquels ils ont donné des
noms en faveur , et qu'ils vendent comme des liqueurs
servies sur la table des rois , ou venues des pays loin-
tains.

Au comptoir , vous voyez les garçons occupés à servir. Le premier venu ne peut pas être garçon distillateur, quoique ce ne soit pas une chose bien difficile que
de remplir des verres ou de falsifier des liqueurs ; il faut
encore avoir des bras robustes et des épaules solides.

Souvent des rixes ont lieu entre les ivrognes qui remplissent quelquefois la boutique , et ce sont les garçons qui sont chargés de jeter à la porte les plus turbulents.

Les malheureux qui hantent les maisons où l'on débite des spiritueux ne se doutent pas de la force du poison qu'ils boivent. Leur goût usé par les excès , auxquels ils se sont livrés de bonne heure , les porte à avoir recours à l'alcool pour réveiller la sensibilité de leur palais blasé. Ils s'abrutissent et finissent par perdre complètement les facultés les plus précieuses dont le Créateur nous a doués.

L'abus du genièvre, dont on fait beaucoup d'usage en Belgique, n'est guères moins nuisible à la santé que les liqueurs dont nous parlons. On peut sous ce rapport le comparer à l'absinthe , dont beaucoup de personnes abusent en France.

LE VIGNERON.

La vigne ne vient point dans tous les pays : comme c'est l'un des derniers fruits de la saison , il faut que la température de la fin du mois de septembre , et même quelquefois celle du commencement d'octobre , soient assez élevées pour achever de le mûrir. La Belgique produit un peu de raisin, mais seulement du raisin de table, c'est-à-dire qu'on le cultive en treille contre des mûrs exposés au midi. C'est pourquoi on ne fait guères de vin dans ce pays, ni dans les contrées du Nord , car les raisins qui servent à le faire sont partout cultivés dans des vignobles en pleine campagne.

Les travaux du vigneron sont nombreux. La vigne étant plantée, il faut, chaque année, la tailler pour la faire croître, et supprimer, en même temps, les branches gourmandes, c'est-à-dire celles qui ne donneraient point de fruit. On donne ensuite trois labours successifs, puis on enfonce au pied de la vigne un échalas qui doit servir de tuteur et auquel on attache ses branches avec des liens d'osier.

Mais tout n'est pas fini pour le vigneron ; car, après bien des peines et des inquiétudes, de mauvais vents, trop de pluies peuvent faire avorter la fleur de la vigne, la grêle ou des insectes nuisibles la ruiner, et plus tard la maladie appelée *oïdium* pourra attaquer à la fois la grappe et le bois qui la porte, et détruire tout espoir de vendange.

Enfin la vigne a bien fleuri, elle a échappé à la grêle, aux insectes destructeurs et à l'oïdium ; les grappes sont abondantes ; le raisin a mûri sous l'influence du soleil de septembre ; alors commencent les vendanges, travail égayé par les chants des vendangeurs et des vendangeuses ; le raisin est porté au pressoir et jeté dans une immense cuve.

Autrefois, lorsque la cuve était pleine, on y faisait descendre deux ou trois hommes nus qui foulaient les grains avec les pieds et écrasaient avec les mains ceux qui surnageaient. Aujourd'hui ce dégoûtant procédé est presque abandonné ; on jette la vendange dans une caisse carrée, supportée par deux pièces de bois, reposant elles-mêmes sur les bords de la cuve. Le fond de cette caisse est percé de nombreux trous ; un vigneron ayant de gros sabots aux pieds écrase et foule le raisin, à mesure qu'on le jette dans la caisse.

Le jus de raisin s'appelle *moût*. Au bout de quelques jours, il fermente dans la cuve et se convertit en vin. Alors on le soutire et on le met dans des tonneaux. On enlève ensuite le marc qui reste au fond de la cuve, on le met sous une forte presse pour tirer tout ce qu'il renferme de jus de raisin.

Il est très-dangereux de descendre sans précaution dans les cuves, car elles renferment ordinairement un gaz que l'on nomme *gaz carbonique*. Cette espèce d'air, qui n'est pas respirable, asphyxie et tue en un moment ceux qui ont le malheur de le respirer. On s'assure que la cuve ne renferme plus de gaz carbonique en y descendant une lumière : si elle s'éteint, il y a danger ; dans le cas contraire, on peut y entrer sans crainte.

La France est un des pays qui produit le plus de vin. On y cultivait la vigne dans les temps anciens. Domitien, l'un des plus méchants empereurs que Rome ait eus, fit arracher toutes les vignes de la France qu'on nommait alors la *Gaule*, afin que le vin qu'elle produisait n'attirât pas dans ce pays les barbares, c'est-à-dire, les peuples du Nord, chez qui la vigne ne croissait point. Heureusement pour la France, un autre empereur romain, nommé *Probus*, permit, 186 ans après, qu'on la replantât, ce que les Gaulois s'empressèrent de faire.

Les vins, à leur entrée en Belgique, sont soumis à un droit de douane assez considérable, mais les droits d'octroi qu'ils paient à l'entrée des grandes villes de France, et surtout à Paris, sont encore plus onéreux, puisque chaque litre de vin, ne fût-il que de la piquette, paie 20 centimes, c'est-à-dire tout autant que des vins fins à 5 ou 6 fr. la bouteille.

L'exagération de cet impôt, qui, dans les années

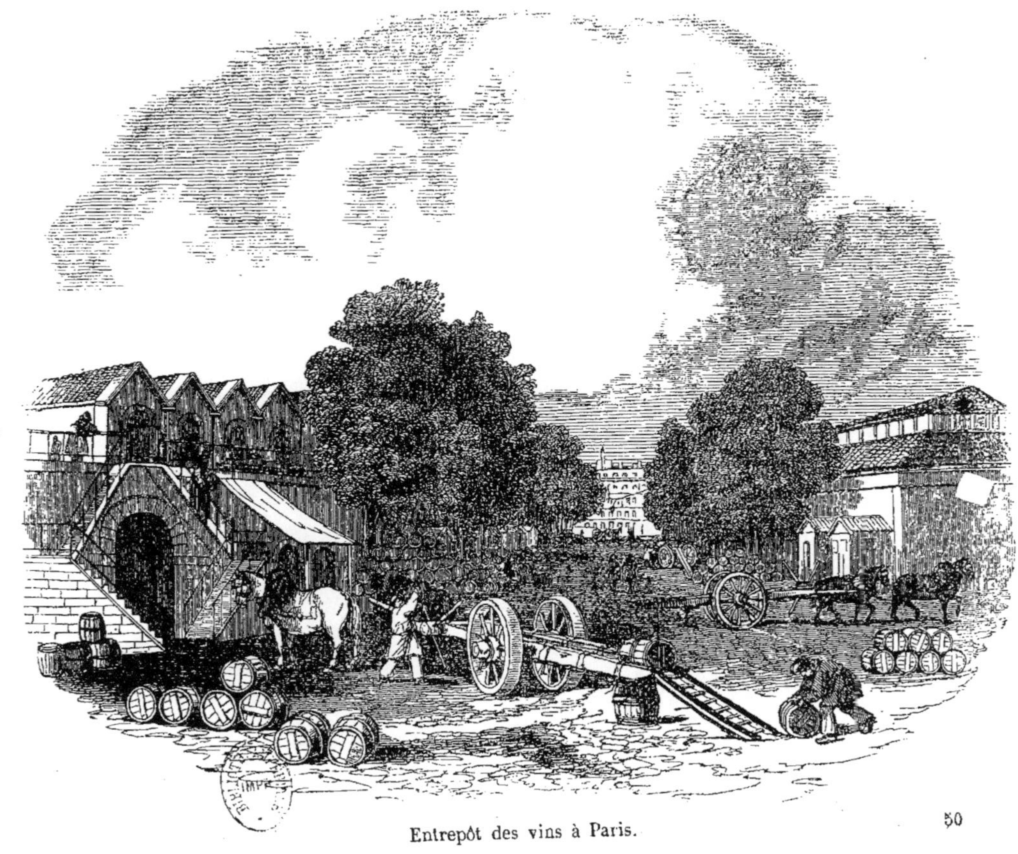

Entrepôt des vins à Paris.

ordinaires, double presque le prix des petits vins que boit le peuple, est fâcheuse et donne lieu, de la part de certains marchands de vin, à de nombreuses fraudes. Avec de l'eau, du vinaigre, un peu d'alcool et du bois de campêche, bois de teinture qui donne une couleur rouge, ils fabriquent un vin de contrebande aussi nuisible à la santé de ceux qui ont le malheur d'en boire, qu'il est favorable aux intérêts des marchands de vin ; car ils le vendent trois fois le prix coûtant. Toutefois il faut être juste, la police poursuit les voleurs ; et quand on saisit une pièce de vin falsifiée, on la répand sur la voie publique, et un large ruisseau rouge qui court dans tout le quartier annonce au peuple que justice vient d'être faite.

Vous croyez peut-être que pendant ce temps le marchand de vin s'arrache les cheveux de désespoir. — Eh bien, non ; il ne chiffonne pas seulement sa calotte grecque, et, assis tranquillement à son comptoir, il prend son crayon et calcule ce que lui coûtait la pièce de *Bourgogne* dont on le prive en ce moment. Comme, tout compte fait, il trouve qu'elle lui revient à 27 francs 50 centimes et qu'on n'en saisit guère qu'une pièce sur cinquante falsifiées, lesquelles, l'une dans l'autre, se vendent 120 francs, il trouve le commerce supportable et espère le continuer encore une dizaine d'années, — tout juste ce qu'il lui faut pour achever de faire fortune et devenir électeur et juré.

Il arrive très-souvent que, le jour même où le marchand de vin reçoit la terrible punition détaillée ci-dessus (perte de 27 francs 50 centimes), la vente de cette journée s'en ressent très-favorablement ; — les voisins du victimé se disent : — Tiens, tiens, v'là qu'on répand le mauvais vin du père Loffard..., il ne doit plus en rester que du bon dans sa cave : allons lui en acheter tout de suite !

Et le père Loffard, qui a un caveau secret où se trouve enfoui du vin encore plus falsifié si c'est possible, en écoule cinq ou six pièces immédiatement, — et il bénit les sergents de ville !

LE PORTEUR D'EAU.

C'est à Paris surtout qu'il faut étudier le porteur d'eau. Regardez ce pauvre vieil homme chargé de deux sceaux pleins d'eau qu'il a été puiser à une fontaine publique, et qu'il porte à l'aide d'une bretelle: ses habits rapiécés, son air souffreteux annoncent sa misère. Il crie tout le long de la rue : *à l'eau-au-au.* Voici qu'on l'appelle d'une fenêtre du quatrième étage, il va monter, jusqu'en haut de la maison le pesant fardeau qu'il a été chercher au loin, et cela pour dix centimes. Ce pauvre homme est le dernier des porteurs d'eau à bretelles. C'est, comme les autres, un enfant de l'Auvergne, mais il n'a pas su faire fortune.

Sa femme non moins vieille, et dont l'aspect est aussi misérable, porte également de l'eau. Le vieux feutre qui couvre sa tête est la coiffure traditionnelle des au—vergnates.

Plus heureux, ses confrères ont pu, au moyen de l'économie poussée au dernier degré, se créer ce qu'ils appellent un fonds de commerce, c'est-à-dire acheter un cheval et une voiture à tonneau. Il y a tel établissement

de ce genre qui se vend trente mille francs. Un porteur
d'eau à tonneau se regarde vraiment comme une nota-
bilité commerciale, et cependant il continue à vivre avec
la même parcimonie que par le passé ; il prend ses repas
dans les gargotes où , pour trente-cinq centimes , on a
soupe , bœuf et plat de pommes de terre.

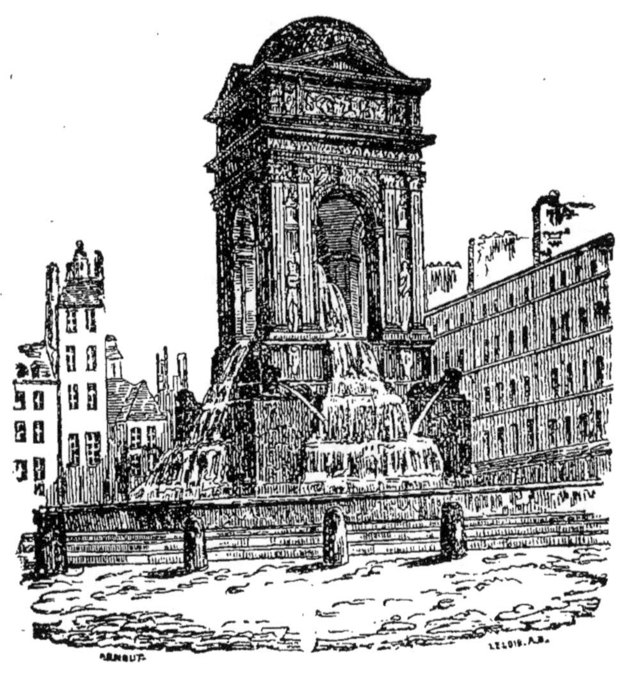

Fontaine des Innocents.

Cela rappelle cette caricature où l'on représente un
gros auvergnat , montrant à la gargotière , un soulier
d'enfant qu'il a trouvé dans la jatte de soupe, et lui disant
du plus grand sang-froid : « madame, cha n'est pas qué
cha mé dégoûte, mais chet qué cha tient dé la place. »

Au reste, l'esprit d'économie et l'amour de l'argent

caractérisent en général l'auvergnat ; beaucoup d'entre eux se sont élevés à de grandes fortunes. Ce qu'on appelait en France la *bande noire* était composé en grande partie d'auvergnats. Après la révolution, ils achetèrent à vil prix des châteaux et des propriétés princières; ils les démolissaient, en vendaient les matériaux, abattaient les bois et divisaient les terres par lots qu'ils vendaient également , tirant du tout une somme triple du prix d'acquisition.

Rien ne trouvait grâce auprès de la bande noire ; dans un chef-d'œuvre d'architecture elle ne voyait que du fer, du bois , des pierres et surtout le plomb des conduites d'eau et de la couverture; et lorsqu'elle avait fait table rase, elle vendait le terrain et il ne restait plus que le souvenir d'un monument historique digne d'être conservé à la France.

LE PÊCHEUR.

On distingue la pêche d'eau douce de la pêche maritime. La première se fait à l'aide de la ligne ou de filets. Il faut beaucoup de patience et d'adresse pour être bon pêcheur à la ligne. Cette ligne se compose d'un fil de crin ou de soie terminé par un ou plusieurs hameçons qui plongent dans l'eau , et qui sont amorcés avec des vers ou d'autres insectes.

Un corps léger, tel qu'un morceau de liége que traverse la ligne , tient, en flottant, les hameçons suspendus dans l'eau. Dès qu'un poisson, mordant à l'appât , se trouve pris , il se débat. le bouchon qu'on appelle la *flotte* s'agite et s'enfonce. Alors le pêcheur averti , tire à lui sa

ligne, fixée au bout de la canne longue et flexible qu'il
tient à la main. Lorsque le poisson est gros et que le
pêcheur dans la joie que lui procure une riche capture
agit trop brusquement, sa ligne se rompt et le poisson
fuit en emportant l'hameçon enfoncé dans sa bouche.
Mais le pêcheur expérimenté sait s'y prendre avec plus
de prudence, et parvient ordinairement à se rendre maître
de sa proie.

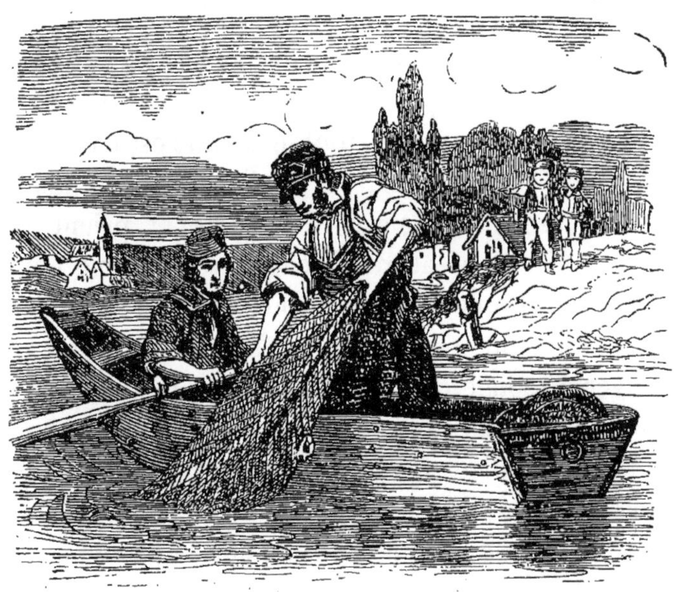

La pêche au filet est plus productive ; d'un autre côté
elle exige plus d'attirail et de dépense.

Mais parlons de la pêche maritime. Ici l'homme souvent aux prises avec les éléments court de grands dangers. Que de fois il quitte sa demeure, y laissant sa femme
et ses enfants, sans savoir s'il les reverra jamais ! Est-il
en mer ? sa famille est dans les transes à chaque coup de
vent. C'est alors que le pêcheur sent les bienfaits de la

religion ; c'est elle qui lui donne l'espoir et le courage,
car on retrouve chez lui la croyance pure et la foi, malheureusement si affaiblies dans les villes.

Sa barque a été bénite avant d'être confiée au terrible
élément ; au moment du danger, il prie et fait un vœu à
Notre-Dame sa patrone et sa protectrice, vœu toujours
religieusement accompli au retour.

Une tempête vient d'éclater. Tous les habitants de la
côte sont sur le rivage. Ce sont des mères éplorées, des
vieillards inquiets. Alors de hardis pêcheurs vont secou-
rir leurs frères, au péril de leur propre vie. Des cordes
de sauvetage sont jetées, tout le monde est en action.
Les femmes, les enfants, les vieillards qui ne peuvent
être utiles, sont là malgré la tempête et prient Dieu
d'avoir pitié de sa créature. Quelle joie ! voici une femme
qui craignait de ne jamais revoir son mari, elle l'embrasse et lui tend ses enfants. Mais le pêcheur échappé
au danger ne songe qu'à y courir de nouveau pour sau-
ver ses camarades. Puis, lorsque la tempête sera apai-
sée, c'est à Dieu qu'appartiendront ses premières
actions de grâce ; il se rendra à la chapelle pour remercier Notre-Dame qu'il a choisie pour sa protectrice au
Ciel. C'est quelque chose de touchant que de voir ces
hommes bronzés par le soleil, vieillis par les fatigues,
s'agenouiller pieusement devant l'autel et remercier
Dieu avec effusion.

Le lendemain l'Océan a repris son calme, mais quel
spectacle ! des malheureux gémissent autour des corps
que la mer a rejetés sur ses bords, et parmi lesquels
une mère vient de reconnaître son fils.

Un navire a péri dans la tempête. De nombreux débris

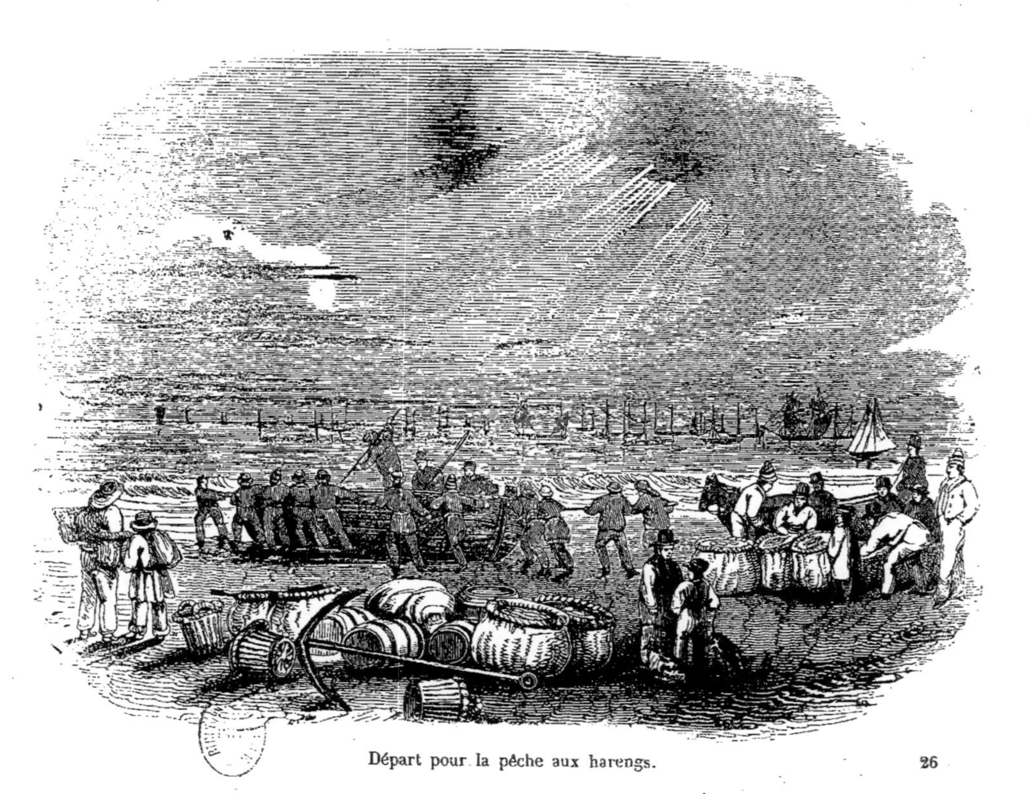

Départ pour la pêche aux harengs.

couvrent la grève, mais pas un seul ne sera dérobé par le pêcheur; il réunira tout pour le rendre à qui de droit.

Ces dangers et le peu de lucre que présente son métier ne suffisent pas pour dégoûter le pêcheur. Le péril, c'est sa vie ; ses rochers , sa famille et sa barque, c'est le monde pour lui. Du reste une chose digne de remarque , c'est que les hommes nés au bord de la mer ne peuvent vivre autre part. Il en est de même de l'habitant des montagnes ; il ne les quitte qu'à regret et y retourne dès que cela lui est possible.

LA PÊCHE DU HARENG.

Il est un poisson qui , par son abondance et la facilité que présente sa pêche, est devenu une source de richesse pour divers pays, et pour tous un aliment général et presque de première nécessité dans quelques provinces.

Ce poisson est le hareng, dont les apparitions sur les rivages d'Europe , en bancs serrés de plusieurs lieues de longueur , ont lieu chaque année en été et en automne. D'autres bancs paraissent, vers la même époque, sur les côtes septentrionales de l'Asie et en Amérique.

Les savants n'ont pu expliquer d'où viennent ces poissons , ni quelle est la cause de leur migration. Ce qui semble le plus probable , c'est que le hareng peuple la profondeur des mers polaires, d'où il sort pour venir déposer son frai sur les côtes d'Europe , d'Asie et d'Amérique ; aussi lorsque l'époque du frai est passée , on ne pêche que des harengs vides , c'est-à-dire sans frai et sans œufs.

Mais que deviennent les petits poissons qui doivent éclore le long de ces rivages, car on ne pêche jamais de très-petits harengs ? Il est à présumer qu'ils s'enfoncent dans la profondeur de la mer dès qu'ils sont éclos , et que, dirigés par l'instinct, ils vont retrouver la patrie de leurs mères au fond des abîmes de l'océan, sous les glaces du pôle, jusqu'au moment où, ayant acquis toute leur grandeur , ils émigrent à leur tour.

Ces colonies de harengs se divisent en deux grandes troupes ; l'une se presse autour des côtes de l'Islande , puis remontant le long du banc de Terre-Neuve, se répand dans les golfes et les baies de l'Amérique du nord. L'autre troupe suit les côtes de la Norwège et entre dans la mer Baltique. Une branche de cette dernière colonne fait le tour des îles orcades , traverse la mer d'Irlande , qui sépare cette île de l'Angleterre , et se dirige vers l'Espagne en longeant les côtes de France.

Lorsque les harengs quittent leur séjour d'hiver , ils forment, comme nous l'avons dit, des troupes innombrables , couvrant à plusieurs lieues de distance la surface de la mer. Un détachement formé par les harengs les plus gros et les plus hardis, précède ces troupes, parmi lesquelles les baleines , les requins et les autres poissons voraces exercent de grands ravages , ainsi que les oiseaux de proie.

Mais l'homme est pour le hareng un ennemi encore plus dangereux que les habitants des mers. La Suède , à elle seule, en pêche au delà de sept cents millions par année , la Norwège 400 millions, la Hollande huit cents millions , les autres pays de l'Europe et les Etats-Unis d'Amérique plusieurs milliards , et cependant les bancs

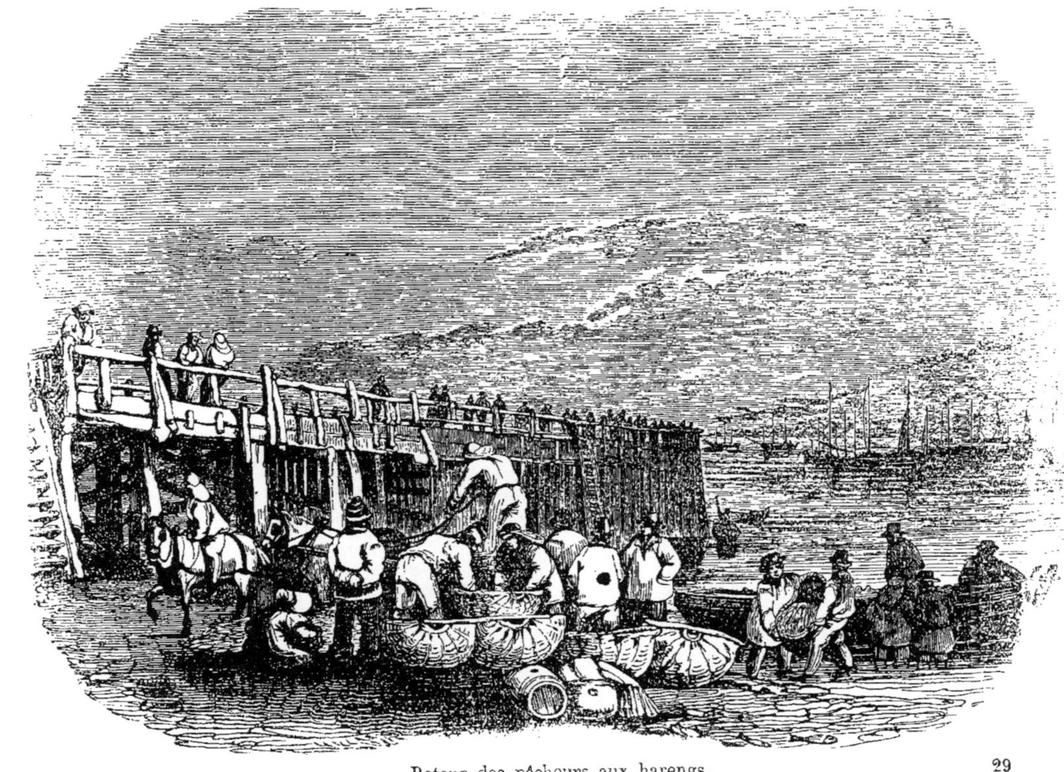

Retour des pêcheurs aux harengs.

de harengs ne diminuent pas, et la mine flottante passe toujours et paraît inépuisable.

Dès le XIII⁰ siècle, la pêche du hareng a exercé une grande influence sur la prospérité de la Hollande. Elle fit subsister le quart de sa population, et procura au gouvernement les ressources nécessaires pour construire une flotte nombreuse et former de riches établissements en Asie, en Afrique et en Amérique. Il y a un proverbe hollandais qui dit, qu'*Amsterdam est bâti sur des arètes de poissons.* D'abord on commença par pêcher sur les côtes, mais bientôt, on équipa des flottes pour aller au devant de cette facile conquête. Il y a des années où les Hollandais ont mis en mer jusqu'à trois mille navires, montés par quatre cent cinquante mille hommes, et tous ces navires revenaient chargés d'une pêche abondante.

Les filets employés pour la pêche du hareng ont jusqu'à trois cents mètres de longueur, et la grandeur des mailles est telle que le poisson peut y passer sa tête, mais qu'il y soit retenu par les ouïes. On reconnaît la présence des harengs pendant le jour à une certaine agitation de l'eau, et la nuit à une lueur phosphorescente que projette le banc de poissons. On jette le filet lorsque l'obscurité commence, et l'on allume des torches sur les navires pour attirer le poisson. Malheureusement la pêche est troublée de temps en temps par quelque requin qui se jette à travers le filet qu'il déchire ou bien dont l'arrivée détourne la colonne de sa route.

Ce fut un simple pêcheur flamand, Guillaume Beuckels, qui inventa l'art de saler et d'encaquer les harengs. Cette découverte a été pour son pays une source d'immenses richesses. Le tombeau de cet homme utile, qui mourut en 1447 , existe au village de Biervliet. Ce monument national fut visité en 1536 par Charles-Quint.

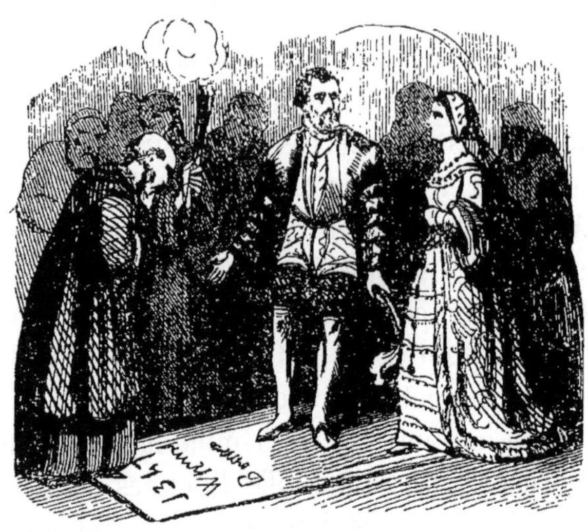

Un autre procédé employé pour la conservation des harengs est celui de les fumer. Les harengs-saurs sont d'une conservation et d'un transport plus facile que les harengs salés.

LA PÊCHE AU SAUMON.

EN NORWÈGE.

Il était nuit , mais la lune jetait une vive clarté sur le lac : à quelque distance de notre barque, j'aperçus plusieurs petits barils flottants à la surface de l'eau ; ils étaient attachés à des cordes qui s'élevaient et aboutissaient à une sorte de longue échelle en bois , dont une extrémité était fixée sur le rivage, près d'une petite ca-

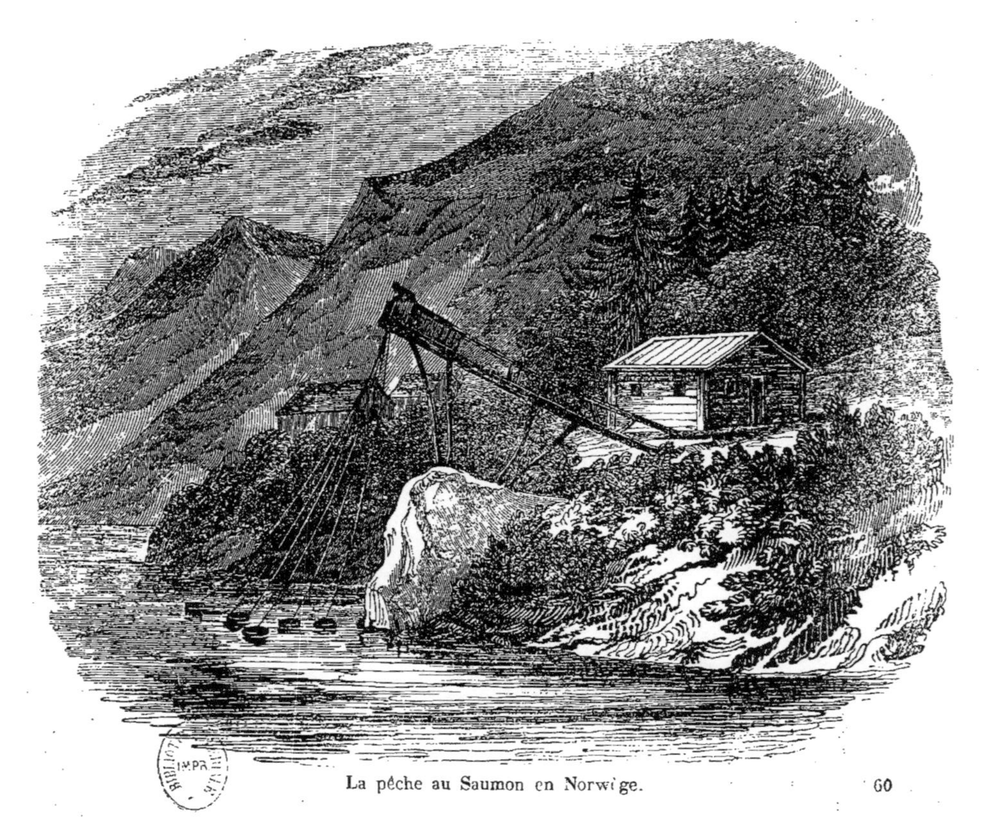

La pêche au Saumon en Norwège.

bane. En approchant et en regardant plus attentivement, il me sembla entrevoir quelque mouvement à l'extrémité de l'échelle qui était suspendue au-dessus du lac et couverte de planches. En effet, un homme y était perché. Nos bateliers me dirent que c'était un pêcheur de saumon, et ils m'expliquèrent cette manière de pêcher, qui paraît être très-répandue en Norwège. Un filet est étendu horizontalement au fond de l'eau ; il est attaché aux barils. La transparence de l'eau est telle que le pêcheur voit facilement briller et se jouer les poissons. Lorsque, par bonheur, une bande de saumons vient à passer, il tire à lui rapidement les cordes ; les barils se rapprochent les uns des autres, le filet est fermé et les saumons sont pris. Cette pêche a lieu le plus ordinairement dans le jour. Un coup de filet heureux récompense largement l'ennui de plusieurs heures d'attente. Une grande partie des saumons est salée et exportée : dans le pays même, une livre de saumon frais ne se vend pas plus de deux sous de notre monnaie.

LE MAÇON.

C'est aux travaux pénibles de cet ouvrier que nous devons nos habitations. Ce n'est pas le tout que de faire le plan d'une maison, d'amener les pierres de la carrière et de les tailler ; il faut qu'elles soient posées, il faut lier la charpente à la pierre, élever les murs bien d'aplomb, y encastrer les gros fers servant à la solidité du bâtiment, construire les cheminées, crépir les plafonds, pousser les corniches en plâtre ; en un mot, faire convenablement tout ce qui est compris sous le nom de maçonnerie.

La lenteur et même la paresse qu'on reproche aux maçons dépend beaucoup de la manière dont les travaux sont conduits ou surveillés.

Le maçon est naturellement sobre et économe. La plupart de ceux qui travaillent à Paris appartiennent au Limousin , département de la Creuse et de la Haute-Vienne. Dès que l'hiver a fait cesser les travaux du bâtiment, ils retournent dans leur campagne munis d'un petit pécule, et ils achètent un lopin de terre qui vient s'ajouter à celles qu'ils possèdent déjà et que fait valoir leur ménagère. Au printemps ils reviennent à Paris reprendre leurs pénibles travaux.

Depuis un certain nombre d'années, l'art de bâtir a fait d'immenses progrès en Belgique et en France ; la mécanique lui a enseigné à décupler les forces de l'homme par d'ingénieuses machines , la chimie lui a fait connaître des ciments nouveaux ; dans beaucoup de parties du bâtiment, le fer a été avantageusement substitué au bois ; enfin , des briques creuses permettent de donner aux cloisons une grande légèreté , sans nuire à la solidité. Aussi la célérité avec laquelle s'élèvent aujourd'hui les plus vastes maisons est vraiment étonnante.

C'est une chose curieuse que de voir avec quelle adresse et quelle rapidité les maçons espacés sur de longues échelles se passent de main en main les moellons jusqu'au faîte du bâtiment. On frémit en pensant qu'un moellon , s'échappant d'une main maladroite , pourrait fracasser la tête , ou blesser grièvement les maçons placés sur les échelons inférieurs. Au reste , cette manière de monter les moellons est presque abandonnée pour les grandes constructions.

Quelquefois le maçon gourmande son manœuvre, espèce de souffre-douleur condamné à la partie la plus pénible des travaux jusqu'à ce qu'il devienne compagnon à son tour. Il lui donne quelque nom original, tel que la rose, la tulipe, etc.

Une truellée au sas, s'écrie-t-il, *gâché serrée,* ce qui veut dire, en style de maçon, «monte une auge de plâtre fin gâché épais», et le manœuvre se hâte de verser de l'eau dans l'auge et d'y projeter suffisamment de plâtre ; puis, chargé de ce lourd fardeau, qu'il porte sur la tête, il gravit les échelles, enjambe des solives au-dessous desquelles est un abîme, et arrive à l'échafaud fragile sur lequel travaille le maçon.

Le maçon est exposé à maint accident ; tantôt ce sont des boulins ou traverses mal assujettis aux montants de l'échafaudage ; tantôt ce sont des planches qui se rompent ou qui basculent, parce qu'elles portent à faux ; ce sont des matériaux qui tombent sur les ouvriers, parce que le câble, qui sert à les élever, s'est rompu ; enfin on n'en finirait pas, si l'on énumérait tous les accidents auxquels les ouvriers du bâtiment sont sujets, quand on pense que dans les constructions immenses du Louvre à Paris, il est arrivé plus de 2,000 accidents.

J'ai visité la cathédrale d'Anvers, dans le moment où l'on faisait des réparations à la tour ; je suis sorti sur un échafaudage extérieur et je n'ai pu m'empêcher de frissonner en sentant sous mes pieds de frêles planches et en apercevant au-dessous de moi à travers les intervalles qui les séparent un abîme de profondeur. Les maçons qui travaillaient à la tour paraissaient néanmoins fort tranquilles sur cet échafaudage qui me paraissait peu solide. On me raconta à cette occasion que les 28 petits morceaux de cuivre épars et de forme irrégulière que l'on voit incrustés dans l'une des dalles du parvis y ont été placés en mémoire de l'accident arrivé à un ouvrier tombé du sommet de la tour dans cet endroit même et dont le corps se divisa en autant de parties.

On emploie des matériaux très-variés dans la construction d'une maison. La pierre de taille est mise au premier rang, celle du Hainaut jouit d'une réputation particulière de solidité persistante ; celles de Soignies, de Maffles et de Tournai passent pour les meilleures du pays.

Le moellon, la brique et la chaux sont également des éléments importants de la construction. La *chaux de Tournai* sert à la composition d'une poudre formée par les débris à moitié calcinés d'une pierre bleue qui se trouve dans les environs de cette ville et dont la chaux est excellente. Ces débris mêlés avec de la cendre de charbon de terre forment avec la chaux un mortier excellent, une *cendrée* qui a la propriété de durcir sous l'eau.

La brique est d'un grand usage dans la bâtisse, surtout en Belgique. On l'emploie, non-seulement dans la construction des gros murs, mais encore pour les ouvrages légers, tels que des cloisons et des cheminées. C'est dans la construction de celles-ci que l'architecte et le maçon doivent apporter tous leurs soins, car ce n'est pas une petite affaire que de les construire de manière à les empêcher de fumer ; on a bien étudié et écrit bien des livres sur cette partie. Après force démonstrations,

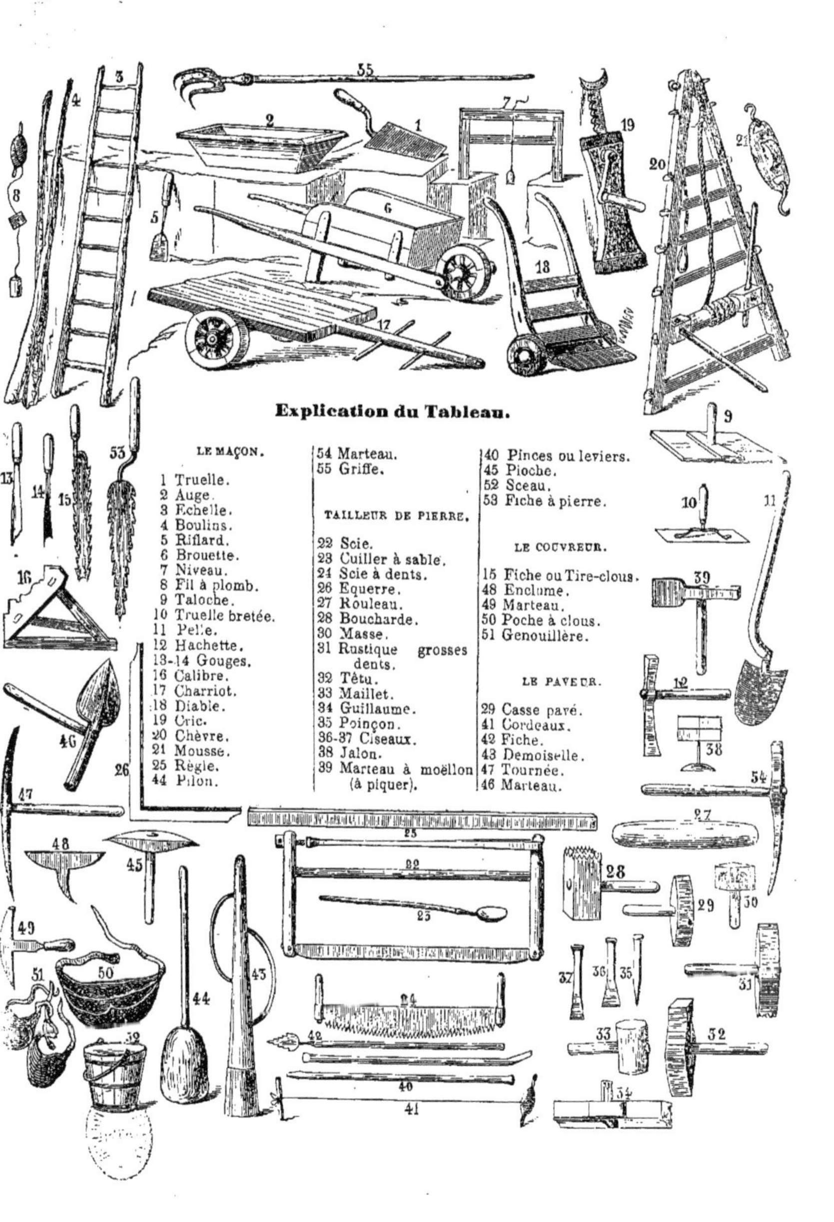

Explication du Tableau.

LE MAÇON.		
1 Truelle.	54 Marteau.	40 Pinces ou leviers.
2 Auge.	55 Griffe.	45 Pioche.
3 Echelle.		52 Sceau.
4 Boulins.	**TAILLEUR DE PIERRE.**	53 Fiche à pierre.
5 Riflard.	22 Scie.	
6 Brouette.	23 Cuiller à sable.	**LE COUVREUR.**
7 Niveau.	24 Scie à dents.	15 Fiche ou Tire-clous.
8 Fil à plomb.	26 Equerre.	48 Enclume.
9 Taloche.	27 Rouleau.	49 Marteau.
10 Truelle bretée.	28 Boucharde.	50 Poche à clous.
11 Pelle.	30 Masse.	51 Genouillère.
12 Hachette.	31 Rustique grosses dents.	
13-14 Gouges.	32 Têtu.	**LE PAVEUR.**
16 Calibre.	33 Maillet.	29 Casse pavé.
17 Charriot.	34 Guillaume.	41 Cordeaux.
18 Diable.	35 Poinçon.	42 Fiche.
19 Cric.	36-37 Ciseaux.	43 Demoiselle.
20 Chèvre.	38 Jalon.	47 Tournée.
21 Mousse.	39 Marteau à moëllon (à piquer).	46 Marteau.
25 Règle.		
44 Pilon.		

force chapitres sur l'*Art d'empêcher les cheminées de fumer*, l'auteur termine par cette curieuse mais infaillible recette : Un des plus surs moyens d'empêcher les cheminées de fumer, c'est de n'y point faire de feu.

C'est d'ailleurs la plus grande des petites misères de la vie que d'avoir une cheminée qui fume ; — or, quiconque possède une cheminée se trouve dans ce cas au mois de novembre.

A peine, transi par une petite pluie fine et glaciale, êtes-vous rentré chez vous pour endosser votre robe de chambre et goûter les délices du foyer domestique ; — à peine avez-vous promené l'allumette chimique allemande sous le papier destiné à embraser votre petit fagot, qu'une rafale impétueuse ramène la flamme sur votre moustache et vous fait sentir le roussi comme un damné ; — ce qui fait que vous pestez comme un diable.

Il est vrai que cette flamme s'éteint immédiatement, et vous ne jouissez plus que d'une fumée qui en moins d'une demi-heure rendrait un jambon exquis. — Comme votre condition sociale ne vous fait pas rechercher ce genre d'agrément, pour éviter d'être complètement enfumé vous courez ouvrir la fenêtre, et alors ce vieux drôle de Borée pénètre chez vous tout à la fois par la fenêtre et par la cheminée, et fait voltiger tous les papiers qui se trouvent sur votre bureau.

Bien qu'au milieu d'un courant d'air capable de faire revenir un asphyxié, vous restez dans le premier moment suffoqué par la colère ; — et pour échapper au feu et à l'air, vous avez recours au troisième élément contenu dans votre pot à l'eau, que vous lancez avec impétuosité sur les tisons de malheur ; — mais comme la colère est très-maladroite, au lieu d'éteindre le feu complétement, vous triplez seulement la fumée , et presque toute l'eau vient former un lac au milieu de votre parquet.

A la vue de cette nouvelle calamité, vous perdez complètement la tête , et, les pieds mouillés et les yeux aveuglés , vous lancez les pincettes de toute la force de votre bras dans n'importe quelle direction ; — or, cette direction est presque toujours celle de votre glace... Ma foi , alors, vous ne connaissez plus rien et vous tapez partout.

Une heure après, quand vous avez repris vos esprits, et que soufflant dans vos doigts vous prenez la plume pour faire vos petits calculs , vous reconnaissez qu'il vous en coûte cent dix-sept francs cinquante centimes , pour n'avoir pas pu allumer votre feu ; — non compris l'achat forcé d'un faux toupet , pour peu que vous ayez encore eu l'imprudence de vous en prendre à vos cheveux.

Le lecteur nous passera cette petite drôlerie ; revenons au sérieux du récit et surtout au récit lui-même : nous parlions de pierres.

Nous avons parlé de la pierre bleue qu'on trouve en Belgique ; tout le monde a vu avec autant de surprise que d'admiration à l'Exposition universelle des produits de l'industrie, à Paris, en 1855, un monolithe de cette même pierre ayant 8 mètres de hauteur sur 2 mètres 53 centimètres de largeur. Les dessins compliqués taillés en relief qui la couvrent prouvent que, malgré sa dureté , elle se taille facilement. Ce monolithe a été extrait des carrières de M. Wincqz , à Soignies. Cette belle exploitation occupe 400 ouvriers et emploie une machine à vapeur de la force de 150 chevaux.

Cette pierre inaltérable à l'air serait bien préférable à toutes celles de France pour l'empierrement des routes de ce pays.

LE CARRIER.

Vous êtes-vous quelquefois rendu compte de ce qu'il faut de travail, pour arracher du sein de la terre ces énormes blocs de pierre, dont l'homme a su construire des monuments si solides et si durables? Si vous descendez dans une carrière, vous verrez des galeries étroites s'enfonçant, sur toutes les directions, dans les profondeurs de la terre. De grossiers piliers de pierre que l'on a ménagés de distance en distance, supportent le ciel de la carrière. N'avancez qu'avec précaution, car le sol est inégal, mais ne craignez rien ; ces masses énormes, suspendues sur votre tête, et dont les nombreuses crevasses vous effraient, sont plus solides qu'elles ne paraissent au premier aspect. Quelquefois cependant des éboulements ont lieu, mais ordinairement dans des carrières déjà anciennes, ou lorsque le carrier imprudent creusait toujours, sans laisser le nombre de piliers nécessaires pour supporter le poids énorme d'une croûte de terre d'environ trente mètres d'épaisseur. Voyez cette galerie remplie d'eau : il a fallu construire une espèce de digue pour empêcher l'inondation de gagner toute la carrière ; cet accident causé par des sources que l'on rencontre n'est pas toujours sans danger. Le travail pour l'extraction des pierres se divise en plusieurs parties. Voici le trancheur qui commence à la détacher.

Souvent , lorsque les blocs sont considérables , on est obligé d'employer la mine , c'est-à-dire , de creuser dans la pierre un trou étroit et profond qu'on charge de poudre et qu'on bouche avec du plâtre , en ménageant un conduit pour la mêche qui doit enflammer la poudre. Cet ouvrier qui achève de détacher la pierre et lui donne une première forme est le *soucheur;* son travail est très-pénible , il est souvent obligé de se coucher de son long et de travailler dans cette position.

Tenez, on va enlever un bloc ; voyez avec quels énormes leviers on fait avancer la pierre posée sur des rouleaux. Il s'agit actuellement de la faire sortir de la carrière , et son enlevage présente souvent de grands dangers , tant pour ceux qui font mouvoir le treuil que pour les carriers qui sont en dessous. Vous avez remarqué , avant de descendre , cette grande roue placée verticalement sur l'orifice du puits ; des échelons sont disposés de distance en distance sur toute sa circonférence. Cinq ou six hommes grimpent sur ces échelons et font tourner la roue , absolument comme des écureuils font tourner leur cage mobile. Le mouvement de la roue se communique à un arbre sur lequel s'enroule le câble qui enlève la pierre. La grandeur de la roue , qui a au moins dix mètres de diamètre , donne la force nécessaire pour enlever ces masses pesantes. Quelquefois le câble, malgré sa grosseur, rompt sous le poids ; alors les malheureux ouvriers montés sur la roue sont lancés en l'air à des distances considérables , et malheur à l'imprudent qui se trouverait au fond du puits au moment de la chute de la pierre , sa mort serait certaine.

L'état de carrier est des plus périlleux , les accidents

arrivent fréquemment soit par des éboulements soit par des mines mal dirigées.

Remontons à présent, j'ai hâte de voir la lumière; un séjour de quelques minutes dans ces sombres galeries, semble pénible, et cependant ces carriers y passent une grande partie de leur vie. Cet isolement dans des galeries obscures, et le travail à la fois pénible et dangereux des carrières, leur donnent un caractère de brutalité remarquable. Lorsqu'ils ont la tête échauffée par la boisson, ils deviennent querelleurs, et l'on voit naître entre eux des rixes trop souvent ensanglantées; doués en général d'une force herculéenne, ils se font craindre partout.

Sous Paris s'étendent d'innombrables galeries formant une véritable ville souterraine, presque aussi vaste que la cité vivante. Elles sont formées d'anciennes carrières abandonnées depuis des siècles et qui fournirent la pierre des premières constructions. Leurs galeries s'étendent jusqu'à dix kilomètres dans les plaines; mais c'est principalement sous la ville que les galeries sont plus nombreuses; à chaque pas se présentent des carrefours d'où les voies rayonnent dans toutes les directions. Quelquefois des curieux imprudents ou des ouvriers occupés à réparer les carrières se sont perdus dans ce sombre labyrinthe, d'autres fois un éboulement leur a fermé l'issue. Alors la faim et la fatigue leur ménagent une longue et terrible agonie, car, à moins d'avoir des guides expérimentés, il est impossible de retrouver son chemin. Heureux, quand on s'est aperçu de leur disparition; on se répand alors dans les galeries avec des flambeaux, un ouvrier remarque qu'une galerie ouverte jadis ne l'est plus ; on précipite vers cet endroit, on appelle, l'on crie et on entend avec joie une voix sourde répondre de l'autre côté. On s'arme de pioches, de pelles, on travaille avec un zèle admirable non sans craindre de nouveaux éboulements ; la voix devient de plus en plus distincte, enfin on parvient à délivrer celui qui s'était cru voué à une mort terrible.

Vers 1793, on a déposé dans une partie de ces carrières à laquelle on a donné le nom de catacombes, les ossements provenant de la destruction des cimetières situés dans la ville ; là sont rangés symétriquement, le long des murs, les ossements d'au moins six millions d'individus.

LE TAILLEUR DE PIERRES.

La pierre étant sortie de la carrière, il faut qu'elle soit taillée suivant l'usage que l'on veut en faire. Après l'avoir laissée pendant quelque temps se durcir à l'air, on la dégrossit, à la carrière même, puis elle est transportée au chantier. Là, le contre-maître, nommé *appareilleur*, dessine, à l'aide d'un patron formé de lattes clouées, la pierre telle qu'elle doit être taillée, et la livre soit au scieur soit au tailleur. Il faut, pour être bon appareilleur, posséder quelques connaissances géométriques, et une grande expérience pour se rendre facilement compte de ce qu'on peut tirer d'une pierre, sans trop de perte. Les pierres sont taillées sur les dessins de l'architecte, avec tant de précision que, toutes celles qui entrent dans la construction sont quelquefois prêtes à être posées avant l'achèvement des fondations, et cependant elles s'ajustent parfaitement entre elles lorsqu'on les met en place.

Quand l'appareilleur a tracé sur la pierre, les lignes qui en déterminent la forme, l'ouvrier commence à entailler les bords avec le maillet et le ciseau en suivant ces lignes. Puis il dégrossit, avec une espèce de marteau pointu des deux bouts, le milieu de la pierre, et il la termine avec le marteau brételé dont le bout est carré et garni de petites pointes acérées. Voilà avec un levier et un cric pour soulever les blocs, à peu près tout l'outillage du tailleur de pierres.

Il est prudent, quand il travaille, de se tenir à distance; car les éclats de pierres sont lancés avec beaucoup de force et peuvent blesser les curieux trop rapprochés.

Si la pierre est trop grosse, le scieur est chargé de la diviser. Assis sous un auvent portatif, cet ouvrier fait mouvoir méthodiquement une immense scie. Rien n'est plus monotone que ce travail. De temps en temps il arrose la voie que forme sa scie avec de l'eau et du grés pilé, pour aider l'acier à user la pierre. On ne peut faire usage pour les pierres dures que de scies sans dents, car elles seraient vite émoussées. Quand il s'agit de pierres tendres, on se sert de scies à larges dents, que deux hommes font mouvoir à sec ; cette opération est beaucoup plus prompte que l'autre, mais elle produit un bruit aigre et désagréable, tout à fait agaçant pour l'oreille.

LE SCIEUR DE LONG.

Lorsque de grands arbres ont été abattus, et qu'il s'agit de les débiter en planches ou en solives, en chevrons, etc., on les hisse sur deux chevalets ; les scieurs de long commencent alors leur besogne. L'un d'eux monte sur le bout du tronc d'arbre, solidement fixé sur les chevalets, le second reste au-dessous ; ils font alors agir une grande scie, d'après les lignes qu'ils ont tracées d'avance au cordeau frotté de blanc ou de noir, sur la pièce de bois, afin de la diviser en un nombre plus ou moins grand de planches.

Le plus ordinairement la pièce de bois a été équarrie d'avance à la cognée par le charpentier.

Ce métier est très-pénible, surtout pour le pauvre scieur placé en dessous, car la sciure qui tombe en plein sur lui est souvent chassée dans ses yeux par le vent, d'autres fois elle s'introduira sous ses vêtements et deviendra fort incommode.

Le scieur d'en haut, plus heureux, n'éprouve pas ces inconvénients, mais celui-ci est un maître ouvrier et l'autre seulement un manœuvre.

La mécanique s'est en partie emparée de ce métier, tout en le perfectionnant. Ici des pièces de bois sont débitées en planches, soit par une scie circulaire, grande feuille d'acier ronde et dentée comme une scie, soit par une ou plusieurs scies droites, marchant simultanément et divisant une pièce de bois en un certain nombre de planches ; là des bois précieux employés au placage sont sciés en feuilles d'un ou plusieurs millimètres d'épaisseur sur un mètre et demi de longueur et soixante ou quatre-vingts centimètres de large. Ces scies droites ou circulaires sont généralement mises en mouvement par l'eau, par une machine à vapeur ou par un manége.

LE CHARPENTIER.

C'est le charpentier qui taille et pose tous les ouvrages en gros bois qui entrent dans la construction d'un édifice. Son art demande beaucoup d'étude et d'intelligence, c'est lui qui détermine la forme, la dimension et l'enchevêtrement de toutes les pièces de bois qui forment les toits et les planches ; il dessine les escaliers qu'il sait contourner en spirale, ou disposer en rampes droites ; enfin il doit savoir construire les parties en bois des grosses mécaniques, ainsi que les engins dont on se sert pour enlever les fardeaux.

La science du trait est indispensable au charpentier ; elle consiste à faire, sur le tronc de l'arbre équarri, le tracé exact de la pièce qu'il doit produire.

De nos jours, l'art du charpentier joue un rôle moins grand dans la construction des édifices, car on fait des combles, des planchers, et même des escaliers en fer ; c'est plus coûteux que la charpente, mais l'incendie est moins à craindre.

En Russie, où la plupart des maisons villageoises sont en bois, le paysan russe n'ayant pour outil qu'une simple hache, les construit sans aucun aide avec les troncs des sapins qu'il a abattus dans la forêt voisine. Les chalets suisses sont également édifiés avec des troncs de sapins, mais il règne plus de soin et plus d'art dans leur construction.

Le métier de charpentier devient fort dangereux, lorsqu'il s'agit d'assembler les pièces de charpente au faîte d'un bâtiment. Ces ouvriers sont souvent obligés de se tenir en équilibre sur des solives ou de traverser un espace n'ayant qu'une étroite poutre pour chemin et un abîme au-dessous d'eux ; aussi leur arrive-t-il souvent des accidents.

La cognée et la besaiguë sont les principaux outils du charpentier.

LE COUVREUR.

Lorsque le maçon a élevé les murs et que le charpentier a posé les arbalétriers, les faîtages, les chevrons et autres pièces de bois qui entrent dans la composition d'un toit, le couvreur arrive à son tour pour le recouvrir de tuiles ou d'ardoises.

Les tuiles se posent sur des lattes convenablement espacées et clouées sur les chevrons, les ardoises se fixent sur une toiture en planches légères nommées voliges.

Le métier de couvreur est fort pénible ; grimpé sur les toits, il est exposé, tantôt à l'ardeur du soleil, d'autres fois au froid, à la pluie et au vent, qu'il reçoit là de la première main. De plus, il est pour le moins autant exposé aux accidents que le charpentier : un faux pas sur un toît incliné et humide, un éblouissement peuvent le précipiter sur le sol d'une hauteur de dix, quinze, vingt mètres, et il faut à ces ouvriers beaucoup de courage, d'adresse et de sang-froid dans leur profession.

Ceci me rappelle un défi qui eut lieu à Bruxelles, il n'y a pas moins d'un siècle, entre un charpentier et un couvreur. C'était à qui accomplirait l'acte le plus hardi, chacun dans sa profession. La corporation des couvreurs et celle des charpentiers attachaient une grande importance à ce défi qui donna lieu à de nombreux paris. Dès le matin, la grande place, où la tour Saint-Michel s'élève majestueusement à une hauteur de 122 mètres au-dessus du sol, était remplie d'une foule compacte ; bientôt, de la galerie la plus élevée de la tour on vit sortir une longue pièce de bois tellement étroite qu'elle ne présentait que la largeur du pied. Elle fut solidement fixée à l'intérieur et faisait saillie de trois mètres en dehors. On ne tarda pas à voir paraître le couvreur ; d'une main il tenait une ardoise et de l'autre un marteau. Arrivé au bout de la solive, il s'agenouille, applique l'ardoise sur son extrémité et la fixe avec son marteau au moyen d'un clou qu'il tire de sa poche, puis il se relève, se retourne et rentre dans la tour. La multitude qui, rassemblée sur la place, gardait un silence plein d'anxiété, la fit retentir d'acclamations. Chacun se disait que les couvreurs l'emporteraient sur les charpentiers, car il semblait impossible d'égaler tant d'audace et de sang-froid.

Quelques moments après, l'on vit paraître le charpentier tenant une scie à la main ; il marcha jusqu'au bout de la solive et se mit à la scier.

L'opération dura assez longtemps, car la solive était en cœur de chêne ; enfin, arrivé au moment où le bout de bois ne tenait plus que par quelques fibres, il y appliqua un grand coup de pied et le fit tomber dans la

grande place avec l'ardoise que le couvreur y avait attachés. Se retournant ensuite de même que son rival, il rentra dans la tour. Un tonnerre d'applaudissements éclata
alors. On discuta longtemps pour décider lequel des
deux ouvriers méritait la palme. Je crois que la tradition
l'adjuge au charpentier.

Les vieux habitants de Bruxelles se rappellent encore
avoir entendu raconter à leurs pères ce spectacle plein
d'émotions, spectacle que l'autorité municipale ne per-
mettrait plus de nos jours.

LE SERRURIER.

Cet artisan, dont les travaux occupent une place importante dans le bâtiment, est chargé de tout ce qui se
confectionne en menu fer, car pour les grosses pièces,
telles que les charpentes et les colonnes, on les tire directement des forges. C'est donc le serrurier qui pose les
ferrures, telles que gonds, fiches ou charnières, espagno-
lettes, crémones, verrous, serrures, etc., aux portes, aux
fenêtres, aux volets et aux persiennes ; c'est également
lui qui confectionne les rampes d'escaliers, les appuis de
croisées. On le charge aussi de la pose des sonnettes et
des réparations de toute espèce d'objets en fer ; enfin,
on n'en finirait pas, si l'on voulait énumérer les choses
sur lesquelles peut s'exercer l'art de la serrurerie.

Le serrurier doit son nom aux serrures qu'il fabriquait jadis, mais aujourd'hui il ne fait plus de serrures ;
il les tire toutes confectionnées de certaines manufactures où on les fabrique en grand, et d'où il en sort des

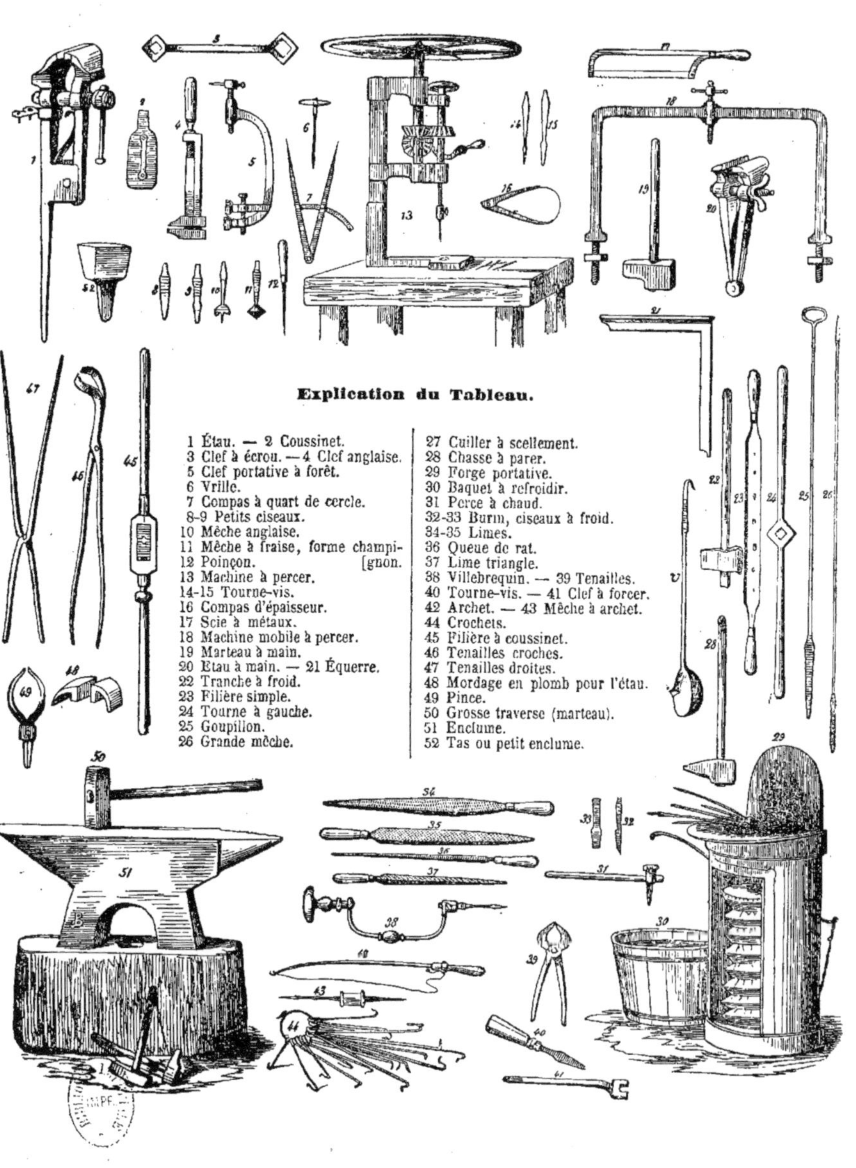

Explication du Tableau.

1 Étau. — 2 Coussinet.
3 Clef à écrou. — 4 Clef anglaise.
5 Clef portative à forêt.
6 Vrille.
7 Compas à quart de cercle.
8-9 Petits ciseaux.
10 Mèche anglaise.
11 Mèche à fraise, forme champi-
12 Poinçon.   [gnon.
13 Machine à percer.
14-15 Tourne-vis.
16 Compas d'épaisseur.
17 Scie à métaux.
18 Machine mobile à percer.
19 Marteau à main.
20 Étau à main. — 21 Équerre.
22 Tranche à froid.
23 Filière simple.
24 Tourne à gauche.
25 Goupillon.
26 Grande mèche.

27 Cuiller à scellement.
28 Chasse à parer.
29 Forge portative.
30 Baquet à refroidir.
31 Perce à chaud.
32-33 Burin, ciseaux à froid.
34-35 Limes.
36 Queue de rat.
37 Lime triangle.
38 Villebrequin. — 39 Tenailles.
40 Tourne-vis. — 41 Clef à forcer.
42 Archet. — 43 Mèche à archet.
44 Crochets.
45 Filière à coussinet.
46 Tenailles croches.
47 Tenailles droites.
48 Mordage en plomb pour l'étau.
49 Pince.
50 Grosse traverse (marteau).
51 Enclume.
52 Tas ou petit enclume.

milliers chaque année. Le serrurier se charge seulement
de les ajuster et de les poser. Toutefois, il faut ajouter
que parmi les serruriers il y a de véritables artistes pour
la confection des coffres-forts et des serrures de sûreté ;
on les distingue par le nom de serrurier-mécanicien. Il y
a des coffres-forts qui coûtent jusqu'à quatre mille francs
et qui renferment de dangereux piéges pour le voleur
qui tente de les ouvrir avec de fausses clefs. En voici
un, poli et brillant comme un miroir ; des ornements du
genre le plus gracieux l'embellissent de toutes parts ;
mais qu'on essaie de l'ouvrir avec une fausse clef, un
pistolet part à l'instant et tue ou blesse le larron. Cet
autre coffre-fort est moins meurtrier ; au moment où
l'on tente de l'ouvrir, sans avoir pris certaines précautions, deux bras d'acier sortent à droite et à gauche de
la caisse et saisissent avec une force invincible le voleur
par le milieu du corps ; il aura beau se débattre et tor-
tiller son corps, il ne pourra se débarrasser de l'étreinte
fatale. Nous venons de parler de précautions à prendre,
cela nous rappelle que certain usurier fort avare étant
descendu au milieu de la nuit pour vérifier sa caisse, ou
peut-être pour contempler son or, oublia de pousser un
bouton à demi caché dans les ornements et fut saisi par
les deux bras d'acier. Cet usurier fort gros, se trouvant
serré outre mesure, poussa des cris lamentables. On
accourut ; mais pour le délivrer, il fallut aller chercher
le serrurier mécanicien qui avait fabriqué la redoutable
machine, des bras de laquelle on retira notre homme à
demi-mort.

C'est aussi le serrurier qui fabrique les cadenas à
combinaisons composées d'un certain nombre de rondelles de cuivre, enfilées sur une broche intérieure.

Chacune de ces rondelles, portant les vingt-quatre lettres de l'alphabet, peut tourner isolément ; en les combinant de manière à former certain mot, le cadenas s'ouvre.

Les serrures des anciens étaient beaucoup plus grossières et moins compliquées que les nôtres. Beaucoup de chaumières loin des villes n'ont encore pour fermeture que des serrures de bois. Il est vrai qu'elles ne renferment en général rien qui puisse tenter la cupidité des voleurs, connus seulement de nom dans ces localités écartées.

Non-seulement de grandes améliorations ont été apportées dans les travaux des serruriers, mais leurs instruments ont considérablement gagné à l'étude qu'en ont faite les hommes de génie, qui n'ont pas dédaigné d'y consacrer leurs talents. — Nous rapportons à ce sujet une anecdote que tous nos lecteurs ne connaissent pas.

Napoléon, n'étant encore que premier consul, entendit parler avec le plus grand éloge de M. Raoul, qui, par un nouveau procédé de fabrication pour les limes, avait affranchi la France d'un impôt qu'elle avait jusqu'alors payé à l'industrie anglaise, et avait même rendu l'Angleterre tributaire de la sienne. Voulant constater par lui-même le mérite de l'inventeur et de l'invention, Napoléon mit dans sa poche la meilleure lime anglaise qu'il put trouver, et se rendit incognito chez M. Raoul.

Après quelques paroles fort brèves, le premier consul pria M. Raoul de lui montrer quelques-unes de ses limes. Il les examina fort attentivement et, à plusieurs reprises, exprima sa satisfaction ; puis, tirant mystérieusement de sa poche la lime anglaise, il témoigna le désir de s'assurer par une épreuve de la supériorité du nouveau procédé de M. Raoul. Celui-ci y consentit avec le plus grand empressement. Le premier consul introduisit successivement dans une gaine ou fourreau, fait pour ce genre d'épreuve, la lime anglaise et la lime française, et leur fit subir un assez long frottement.

La première, en sortant, n'offrit plus qu'une surface parfaitement unie ; la seconde, celle de M. Raoul, reparut intacte. « Bien ! monsieur, très-bien ! Voilà une belle conquête pour l'industrie française ! » Ensuite, se rapprochant de lui, Napoléon ajouta : « Malheureusement vous avez affaire à un pays qui encourage peu les inventions utiles, qui désespère par son ingratitude ou son indifférence les hommes qui l'enrichissent du fruit de leurs méditations et de leurs travaux. Que n'allez-vous en Angleterre porter votre admirable invention ? C'est là que vous seriez encouragé, magnifiquement récompensé ! Quelle différence ! Ils comprennent cela mieux que nous. — Moi, monsieur, s'écria Raoul, que je vende mon secret aux Anglais ! Ah ! plutôt l'anéantir avec toutes ces limes que vous voyez là ! »

Napoléon, transporté, contint ses sentiments. — « Eh bien donc, M. Raoul, dit-il, permettez-moi au moins d'acheter deux ou trois de vos limes. » Après les avoir payées et avoir adressé quelques compliments à l'honorable industriel, il se retira.

Le lendemain, M. Raoul recevait un bon de cinquante mille francs avec un brevet d'invention et un local convenable pour l'exploitation de sa précieuse industrie.

LE PLOMBIER.

Le plomb est une des substances métalliques le plus anciennement connues , soit à cause de l'abondance des minerais dont on le tire , soit à cause de la facilité avec laquelle on l'en extrait. La plupart de ces minerais contiennent de l'argent que l'on a grand soin de séparer du plomb.

Le plomb est employé à une foule d'usage : le plombier le coule en tables et le réduit à l'aide du laminoir en lames plus ou moins minces , pour la couverture des édifices et des terrasses. A l'aide de la pression énorme que l'on obtient par la presse hydraulique , on force le plomb à sortir d'un récipient de fonte sous la forme de tuyaux continus et sans couture. Une fabrique belge a montré , à l'exposition universelle de Paris, d'admirables tuyaux de cette espèce ; il en est qui ne sont guères plus gros que des tuyaux de plumes et qui ont jusqu'à cinquante mètres et plus de longueur ; ils servent pour transmettre le gaz à des appareils d'éclairage.

Le travail des plombiers est doublement périlleux ; d'abord quand ils travaillent aux couvertures des combles et des terrasses , aux chéneaux des toits , ils sont exposés, de même que les couvreurs, à des chutes mortelles ; ensuite le travail du plomb par lui-même est malsain, car les émanations de ce métal, surtout lorsqu'il est réduit à l'état d'oxide , produisent de graves maladies. Celle que l'on appelle *colique des peintres* est terrible par les souffrances qu'elle cause. On la nomme ainsi ,

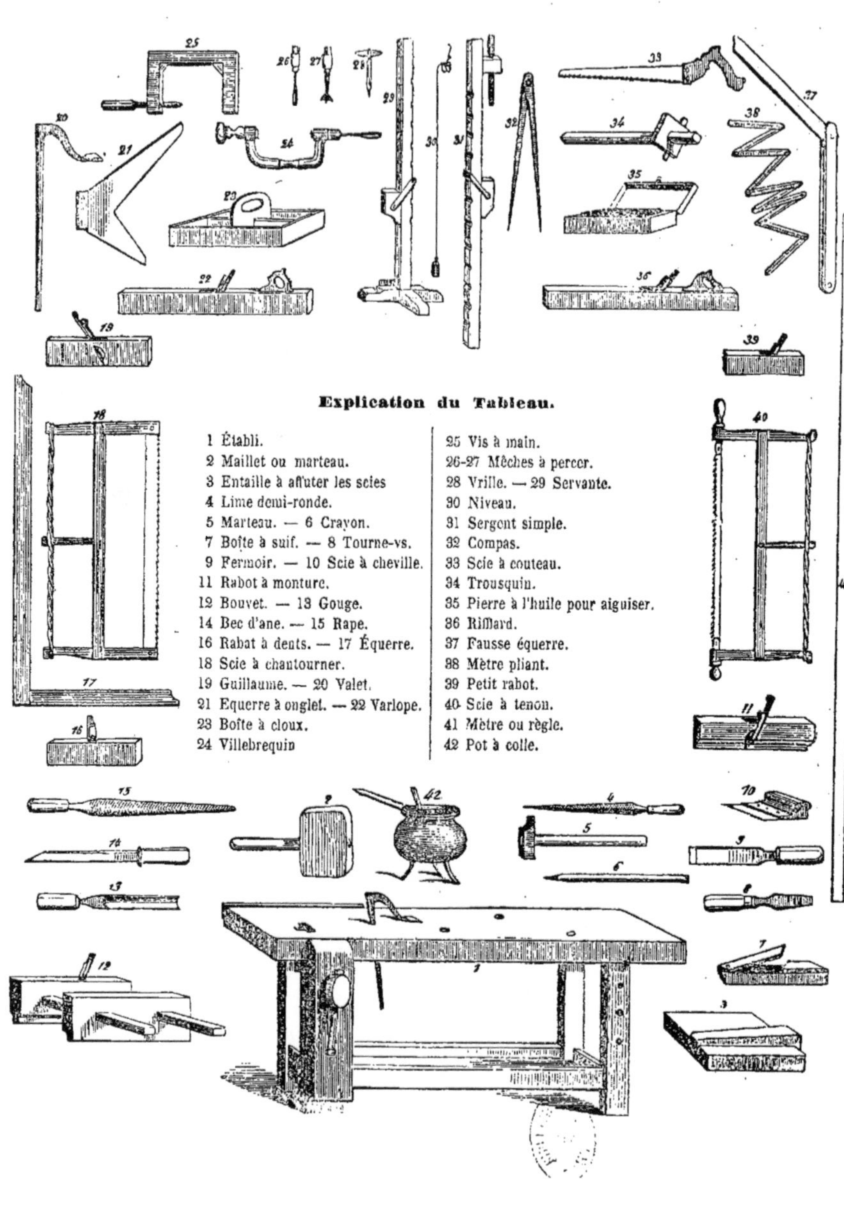

Explication du Tableau.

1 Établi.
2 Maillet ou marteau.
3 Entaille à affuter les scies
4 Lime demi-ronde.
5 Marteau. — 6 Crayon.
7 Boîte à suif. — 8 Tourne-vs.
9 Fermoir. — 10 Scie à cheville.
11 Rabot à monture.
12 Bouvet. — 13 Gouge.
14 Bec d'ane. — 15 Rape.
16 Rabat à dents. — 17 Équerre.
18 Scie à chantourner.
19 Guillaume. — 20 Valet.
21 Equerre à onglet. — 22 Varlope.
23 Boîte à cloux.
24 Villebrequin

25 Vis à main.
26-27 Mèches à percer.
28 Vrille. — 29 Servante.
30 Niveau.
31 Sergent simple.
32 Compas.
33 Scie à couteau.
34 Trousquin.
35 Pierre à l'huile pour aiguiser.
36 Riflard.
37 Fausse équerre.
38 Mètre pliant.
39 Petit rabot.
40 Scie à tenon.
41 Mètre ou règle.
42 Pot à colle.

parce que les peintres font beaucoup usage de *blanc-de-plomb* ou céruse formé avec de l'oxide de plomb (1).

Heureusement on commence à remplacer ces dangereuses couleurs par le blanc ou oxide de zinc, qui ne présente pas le même danger. Le zinc lui-même, à l'état métallique, a remplacé avantageusement le plomb dans les constructions ; laminé, il sert pour les couvertures et les tuyaux de conduite ; on l'emploie avec un avantage non moins grand pour les objets de ménage, tels que seaux, arrosoirs, cuvettes. L'ouvrier qui met en œuvre le zinc se nomme *zingueur ;* aujourd'hui la plupart des *plombiers* pratiquent les deux états.

LE MENUISIER.

L'art du menuisier s'applique aux ouvrages en bois ; il comprend la confection d'une foule d'objets consacrés soit au bâtiment, soit aux usages domestiques.

C'est le menuisier qui fait les devantures de boutiques, les portes, les fenêtres, les cloisons en planches, les lambris, les meubles communs, les bancs, les comptoirs, les planchers, les escaliers légers, les armoires, etc. Le *menuisier parqueteur* ne s'occupe que de la confection des parquets, et le *menuisier rampiste* se borne a fabriquer des rampes d'escalier.

Un bon menuisier doit connaître un peu d'architecture et de géométrie ; il faut qu'il soit capable de tracer le dessin de ses travaux, soit en plan, soit en élévation,

(1) Les oxides sont des rouilles métalliques ; ainsi la rouille du fer et le vert de gris sont des oxides du fer et du cuivre.

et de les orner de profils et de moulures de bon goût, ce qui exige la pratique du dessin d'ornement.

Les outils du menuisier sont extrêmement nombreux : outre l'établi, qui sert à poser et à fixer le bois qu'il travaille, il doit avoir plusieurs espèces de scies et une collection complète d'outils à fûts, ustensiles du genre des rabots, servant à faire des moulures variées. Il lui faut aussi des ciseaux et des gouges, des fermoirs, des bec-d'ânes de toute grandeur, et bien d'autres outils qu'il serait trop long d'énumérer.

De même que dans plusieurs autres classes d'artisans, telles que les charpentiers, les tailleurs de pierres, les serruriers et les cordonniers, le compagnon menuisier sorti d'apprentissage et qui ne possède ni maison ni patrimoine, s'en va par le monde, faire ce qu'il appelle son *tour du pays*. Après avoir voyagé de ville en ville, travaillant plus ou moins longtemps dans chacune d'elles, il revient au bercail et accepte la condition d'ouvrier sédentaire. Ce tour du pays profite également au menuisier nomade, en développant ses idées, en augmentant sa dose d'instruction, comme aux endroits qu'il visite en y propageant les idées et le talent qu'il a puisé ailleurs.

Le compagnonage constitue une ou plusieurs sociétés, entre tous les ouvriers de la même profession, mais, malheureusement, il existe des rivalités telles, entre ces sociétés, que la rencontre des individus qui en font partie donne souvent lieu à des rixes sanglantes.

Rien de plus original que l'initiation du compagnonage chez les menuisiers allemands. Avant que le récipiendaire, qu'on appelle *tablier de peau de chèvre*, soit introduit dans l'assemblée, le compagnon qui doit le *raboter* s'exprime ainsi : « Que Dieu bénisse l'honorable compagnie et répande sur elle toutes sortes de prospérités. Il y a à la porte un gâte-bois, un batteur de pavés, un meurtrier de cerceaux qui me suit partout. Il avance, il recule, il n'ose entrer, mais il me dit qu'après avoir été *raboté*, il sera bon compagnon. Je vous déclare donc, mes gracieux compagnons, que Peau de chèvre m'a supplié de le vouloir bien *raboter* et instruire, comme je l'ai été moi-même par mon parrain. »

L'apprenti paraît alors accompagné de son parrain. Il porte sur ses épaules un tabouret qu'il met sur une table et sur lequel il s'assied. Alors les compagnons s'approchent tour à tour du récipiendiaire, et chacun lui retire trois fois le tabouret pour le faire tomber sur la table, mais le parrain le retient chaque fois en le saisissant par les cheveux, c'est ce qu'on appelle *raboter*.

Le parrain prenant ensuite la parole dit, en tenant toujours l'apprenti par les cheveux : « vous voyez la scie que je tiens : elle est creuse comme un sifflet, mais elle a une bouche qui mange de bons morceaux et boit de bons coups. »

Suivant l'usage, le récipiendiaire choisit dans l'assistance pour second parrain, un autre compagnon *raboteur* ; puis son parrain lui demande s'il veut passer compagnon, puis maître, et enfin s'il veut voyager. Sur sa réponse affirmative, le parrain lui retrace d'une manière originale et emblématique les incidents de la route. Il lui parle d'abord de corbeaux de mauvais augure, puis de trois vieilles femmes qui lui prédiront malheur, d'un moulin à vent qui semble lui dire : en arrière !

en arrière! d'une sombre forêt , et d'un vent glacial qui paraît, par sa violence, vouloir déraciner les arbres pour l'écraser dans leur chute. A chaque interpellation, l'apprenti doit répondre qu'il ne reculera pas.

Le parrain lui parle ensuite d'une belle prairie et d'un poirier couvert de fruits. « Ne tente pas de monter sur l'arbre, ajoute-t-il , les paysans sont quelquefois assez brutaux pour renouveler les coups deux et trois fois à la même place; mais tu es robuste, secoue l'arbre, et les poires tomberont en grand nombre ; comptes-tu les ramasser toutes? — Oui. — Eh bien , tu auras tort (le récipiendaire est rudement raboté) tu dois te dire : il se peut qu'un brave compagnon moins fort que moi vienne ici, et il faut lui laisser de quoi se rafraîchir.

« Te voici aux portes de la ville ; mets des bas propres et nettoie tes souliers. Va trouver l'ancien et dis-lui : Compagnon, je vous prie de me trouver de l'ouvrage. L'ancien te répondra : je vais m'en occuper. Maintenant tu vas aller vider un pot de bière et voir la ville, n'est-ce pas ? — Oui. — Eh bien, non ! (ici le récipiendaire est *raboté* pour la troisième fois). Tu dois rentrer à l'auberge jusqu'au retour de l'ancien , car il vaut mieux que tu attendes que de te faire attendre par lui. »

Puis, s'adressant alors à l'assistance, il ajoute : « Maître et compagnons , tout à l'heure je vous amenais une peau de chèvre, un massacreur de cerceaux, un gâte-bois, un batteur de pavés ; maintenant je vous présente un brave et honnête compagnon. » Alors le nouveau compagnon se met à courir dans la rue , les autres compagnons le poursuivent en l'aspergeant d'eau froide ; enfin l'heure du repas arrive, et chacun s'empresse de boire

à la santé du nouveau compagnon, sur la tête duquel on
pose une couronne de feuilles de chêne.

LE BADIGEONNEUR.

Voyez-vous cet homme suspendu à une grosse corde
garnie de nœuds de distance en distance. Il est assis
sur une espèce de planchette, fixée aux nœuds à vingt
mètres au-dessus du sol. Ne craignez point qu'il tombe ;
il montera et descendra lestement le long de sa corde,
suivant la hauteur à laquelle il doit travailler, et pourvu
que cette corde soit bien fixée au faîte de la maison, il
court moins de risques que vous, car si, par malheur,
vous vous trouvez au-dessous de lui lorsqu'il retirera du
seau à badigeon sa brosse fixée au bout d'un long
manche et chargée d'un badigeon au lait de chaux, il
tombera sur vos habits une pluie colorée dont les
traces seront difficiles à effacer.

Le badigeonneur est du même pays que le vitrier
ambulant. Comme lui, il est sobre et économe. Mais,
dans l'échelle sociale, on le considère comme très-infé-
rieur au peintre en bâtiment. Celui-ci, qui se regarde
comme un artiste à l'égard du pauvre badigeonneur, ne
fraie jamais avec ce dernier.

Le badigeonnage des maisons est une chose fort
utile, parce qu'elle augmente la lumière par la réflexion
des murs d'une couleur claire, et qu'il est reconnu que
la lumière est utile à la santé de l'homme. Quant aux
constructions anciennes que les siècles nous ont laissées,

il est bon de leur laisser leur teinte antique si respectable pour les archéologues.

Au moyen âge, on badigeonnait en jaune, en signe d'infamie, le château d'un seigneur qui s'était révolté contre son souverain.

L'usage de peindre à l'huile la façade d'une maison est très-répandu en Belgique. Si cette peinture est d'abord d'un aspect moins frais que le badigeon, elle est en revanche plus propre et bien plus durable.

LE PAVEUR.

Il est difficile de se figurer, en voyant les rues de nos villes de Belgique si propres même en hiver, ce qu'elles étaient il y a cinq ou six siècles, avant qu'elles ne fussent pavées. Qu'on imagine, d'après le rapport des historiens, un effroyable bourbier où les immondices de toute nature se mêlaient aux eaux pluviales et aux eaux ménagères. On y enfonçait jusqu'à mi-jambe, et les émanations méphitiques qui s'en exhalaient, portaient souvent la mort avec elles, dans les ruelles étroites et les noires maisons du moyen âge. La peste noire qui régna dans toute l'Europe, moissonnant un nombre infini de victimes et qui s'étendit jusque dans la Belgique, n'avait probablement pas d'autre cause que l'insalubrité causée par des eaux stagnantes.

On concevrait difficilement comment, à cette époque, les gentilshommes et les dames de haut parage pouvaient circuler dans nos rues fangeuses, si l'on ne savait que les personnes de distinction ne sortaient qu'à cheval, et les dames en litière ou montant une haquenée.

Ainsi , rendons grâce aux paveurs qui , en garnissant d'un solide pavé les rues de nos villes, en donnant aux eaux une pente calculée par le nivellement, les ont assainies et ont rendu la circulation facile pour tout le monde.

Voyez ces utiles ouvriers à l'œuvre : remarquez avec quelle facilité , acquise par l'habitude, ils soulèvent ces pavés si lourds, les mettent en place sur un lit de sable et les enfoncent sous les coups répétés de la *demoiselle*. Un étroit passage, laissé par eux sur la voie qu'ils réparent , permet encore aux voitures de circuler, mais bientôt un encombrement a lieu dans cet endroit , on se presse, on se bouscule. Le paveur ne s'en émeut pas le moins du monde, et continue tranquillement son travail ; mais voici un convoi funèbre: le paveur suspend son travail , se redresse et se découvre devant le corbillard qui passe. Il n'en fera pas autant pour une Excellence.

Ce ne fut qu'en 1185 qu'on commença à paver Paris. Sous Louis XIII , plus de quatre cents ans après, la moitié des rues de cette ville n'avait pas encore de pavé. Les villes de Belgique furent pavées un peu plus tard, mais elles précédèrent de beaucoup d'autres grandes villes de France. Dijon, par exemple, n'a été pavé qu'à la fin du quatorzième siècle.

Les villes du nord de l'Europe, où le pavé est le plus nécessaire, l'adoptèrent encore plus tard ; les rues de Berlin étaient presqu'aussi boueuses en 1620 que les rues de Paris au moyen âge, et celles de la plupart des villes de la Russie sont encore inabordables, en temps de dégel.

On n'a pas partout du pavé de grès ou de pierre dure. A Lyon et dans une grande partie du midi de la France, on pave les rues avec de gros cailloux ronds, sur lesquels la marche est très-fatigante.

Dessous le pavé, à la profondeur d'environ un mètre, se ramifient des tuyaux qui vont porter dans les lanternes et dans les boutiques l'éclatante lumière du gaz ; à côté ou au-dessous de ces tuyaux sont les conduites d'eau qui alimentent les fontaines publiques et les maisons particulières. Plus bas encore, circulent les égouts qui reçoivent les eaux pluviales et ménagères. Les fréquentes réparations que tout.cela exige donnent beaucoup d'occupation au paveur qui doit remettre le pavé en place.

Dans quelques villes, et notamment à Paris, dans les grandes voies de communication et sur les quais, le pavé est remplacé par le macadam, à l'instar des rues de Londres. C'est un excellent moyen pour priver à l'avenir de munitions l'insurrection et l'émeute ; car sans les pavés, celle de 1830 et celle de 1848 eussent peut-être échoué, et l'émeute de juin 1848 n'eut probablement pas eu de suites aussi sanglantes.

LE VITRIER.

Il y a deux espèces de vitriers : les uns, établis dans des boutiques, cumulent avec la fonction de remettre les vitres cassées, ou de vitrer les fenêtres d'un bâtiment neuf, celle de peintre en bâtiment et de peintre d'enseignes.

C'est tout autre chose pour le vitrier ambulant, qui est ordinairement un enfant de la Savoie ou du Piémont, venu à Paris pour y chercher fortune. Son établissement n'est pas bien coûteux : il se compose d'un *portoir*, espèce de châssis à bretelles dont le rebord soutient quelques feuilles de verre, d'un diamant brut enchâssé et d'une règle de bois, le tout valant une trentaine de francs. Avec cet attirail sur le dos, le vitrier parcourt les rues de la ville en criant : Vitri–hi ! Chaque fois qu'il tombe de la grêle, il est on ne peut plus content, pourvu qu'elle soit assez grosse pour briser des vitres. Il aime les temps de gelée, parce que le passant, en longeant les boutiques, est exposé à glisser et à enfoncer quelques carreaux. Quand il voit des gens se battre dans la rue, il s'arrête, dans l'espérance que s'ils se bousculent, il y aura des vitres cassées.

Lorsque le vitrier ambulant est parvenu, à force de travail et d'économie, à amasser un petit pécule, il retourne dans son pays, où il achète un coin de terre ; puis il revient reprendre son métier jusqu'à ce qu'il ait acquis suffisamment d'argent pour passer le reste de ses jours dans son lieu natal.

Il en est autrement pour le vitrier en boutique : ce n'est plus un étranger nomade, vivant au jour le jour, car il a souvent des entreprises considérables de peinture et de vitrerie. Il se marie dans le pays où il est établi et prend des apprentis qui deviennent vitriers-peintres à leur tour. Quelquefois l'un de ces apprentis se sent des dispositions pour la peinture des attributs et des ornements ; alors l'ambition qui le tourmente ne sera satisfaite que lorsqu'il aura obtenu de peindre sur les volets de l'épicier ou du cordonnier, des pains de sucre empilés, des paquets de chandelles ou des souliers et des bottes bien luisantes, heureux quand il pourra s'élever jusqu'à l'enseigne emblématique ou historique. Nous reviendrons plus tard sur le compte de cet industriel.

A propos de l'art du vitrier, nous devons rappeler ici que pour la fabrication des verres à vitres la Belgique a été dignement représentée à l'Exposition universelle de Paris. En effet, ce pays ne le cède à aucun autre pour l'importance et la perfection de ses produits dans ce genre. Il suffit de citer la fabrique belge de M. Frison, laquelle produit chaque année au delà de 600,000 mètres de verres à vitres, d'une qualité supérieure.

LE MARBRIER.

Le marbre est une pierre calcaire (1), nuancée de veines ou de taches de couleurs plus ou moins variées. Plusieurs espèces de marbres sont d'une seule couleur. Le marbre blanc, dit *marbre statuaire*, est particulièrement estimé, quand il ne renferme aucune veine colorée. On l'emploie pour la sculpture des statues. C'est l'île de Paros, dans l'archipel de la Grèce, qui a fourni aux anciens la matière des magnifiques statues qui sont parvenues jusqu'à nous. Les carrières de Carrare, situées dans les montagnes, non loin de Modène en Italie, fournissent actuellement les plus beaux marbres blancs.

Les marbres les plus estimés sont : le porphyre, connu

(1) On donne le nom de *pierres calcaires* aux pierres qui étant calcinées se convertissent en chaux.

par son extrême dureté, il est rouge et vergeté de
points plus clairs et plus foncés ; le marbre vert, dit
vert antique, il est très-rare ; le marbre lazulite ou
lapis-lazuli, est un marbre bleu, mêlé de veines d'or et
de la plus grande beauté. Après l'avoir réduit en poudre,
on en extrait par le lavage un bleu magnifique, inaltérable à l'air. Ce bleu se vend au poids de l'or, mais la
chimie a trouvé moyen de le remplacer d'une manière
économique.

On estime beaucoup le marbre vert Campan des
Pyrénées, le sérancolin-Isabelle, le Portor où le noir le
plus pur est mêlé d'un jaune vif, la brocatelle, admirable
par ses nuances des plus belles couleurs.

Un autre marbre fort curieux est le marbre flexible
dont on trouve de grandes carrières en Angleterre ; en
posant une table de ce marbre en équilibre sur un support et en chargeant de poids ses deux extrémités, il
prend une courbure très-sensible.

Les marbres brèches sont remarquables par des
fragments de toutes sortes de marbres de couleur variée,
réunis ou soudés par la nature, au moyen d'une sorte
de ciment qui a rempli tous les interstices qui les sépa-
raient.

Le marbre ou pierre de Florence est fort curieux. Par
un jeu de la nature, il présente une imitation de ruines,
tours, murailles, débris d'édifices de toute espèce, en
sorte qu'on le prendrait pour un produit de l'art.

L'Italie, la France, l'Espagne, la Belgique et l'Algérie
ont des carrières de marbre. La Belgique, si riche en
substances minérales, possède surtout de nombreuses
variétés de marbres ; elle a les rouges, les bleus gris, dits

de Sainte-Anne, les noirs, les gris, dits de Florence, les brèches, le petit-Antique, les Walzin, le bleu Vaudelée, le Chenoy, connu sous le nom de Napoléon belge, etc., etc. Si ces marbres ne rivalisent pas, pour l'éclat des couleurs, avec ceux de l'Italie et de la Grèce, ils sont d'un usage bien plus général parmi les classes dont les besoins donnent de l'activité à l'industrie : aussi ne se placent-ils pas seulement dans le pays, mais ils sont recherchés en France, en Allemagne et jusqu'en Amérique.

C'est dans les provinces de Hainaut et de Namur que sont situées presque toutes les marbrières exploitées en Belgique. L'extraction, le sciage, le polissage du marbre occupent dans ces deux provinces une multitude de bras, et y font circuler des capitaux considérables.

C'est surtout dans cette industrie que la mécanique vient puissamment en aide à l'homme. Par un procédé qu'il serait trop long de décrire ici, mais qui a pour base les principes du tour à portrait, on peut reproduire en marbre, avec une exactitude rigoureuse et une grande économie, des modèles pour lesquels le ciseau d'un ouvrier habile eût été autrefois indispensable.

Mais ce qui est vraiment admirable, ce sont les mosaïques que l'on fabrique en Italie et particulièrement à Florence, avec des morceaux de marbres diversement colorés. A l'Exposition universelle de Paris, on a vu une table ronde dont le fond en marbre noir est orné à son pourtour de vues de monuments d'Italie, si artistement exécutées qu'on les prendrait pour une peinture à l'huile de main de maître. D'autres tables ont des guirlandes de fleurs dont l'imitation est parfaite ; il y en a avec des figures mythologiques. Le prix de chacune de ces tables varie de cinq à six mille francs. Mais le morceau le plus admirable est une grande vue de Rome, d'un mètre de long sur environ 70 centimètres de hauteur. On la prendrait pour une très-belle peinture à l'huile. Il faut y regarder de très-près pour apercevoir les petits morceaux de marbre, ou de pierres colorées, qui le composent et qui sont joints avec une précision extraordinaire, à l'aide d'un ciment de même couleur. Ce tableau est formé par la réunion de près de cinq cent mille morceaux. On l'estime à la somme de trente mille francs.

Les outils du marbrier consistent principalement en ciseaux de différentes formes et en scies de plusieurs grandeurs. La scie est employée pour scier les blocs de marbre ; cette opération, aidée par du grès pulvérisé et de l'eau, est d'une extrême longueur. Il y a des usines à scier le marbre où les forces de l'homme sont remplacées par un manége ou par une machine à vapeur.

LE TAILLEUR.

L'état du tailleur est un composé de ruse et de finesse ; à cela il doit joindre du goût et de l'adresse. Vous lui donnez une pièce de drap pour vous faire un habit ; il s'arrangera, par une coupe habile et bien calculée, de façon à en tirer les devants d'un gilet qui servira à l'un de ses enfants, s'il en a ; s'il n'a pas d'enfants, il en tirera profit d'une autre manière, et il faut ajouter à sa louange, que la coupe de l'habit ne souffrira pas de cette petite soustraction, si toutefois il est bon et habile coupeur. Lorsque vous lui demandez s'il reste des morceaux, il vous répondra qu'il ne lui reste pas ce qui tiendrait dans *son œil*. Il dit la vérité jusqu'à un certain point, car les tailleurs de Paris appellent *l'œil* certaine caisse placée sous leur établi et où ils jettent les restants de coupe.

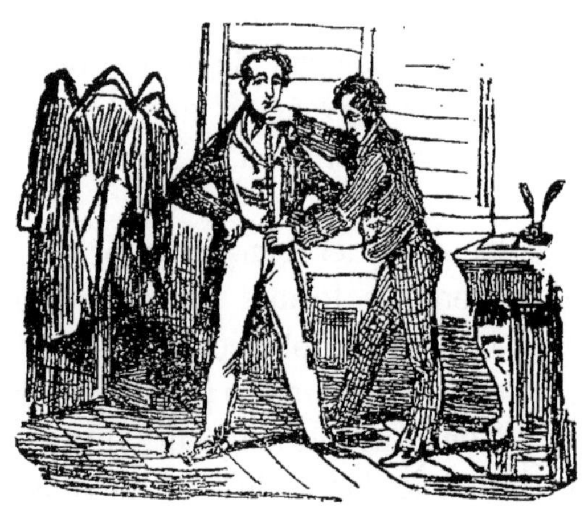

Un autre profit des tailleurs est la petite remise que leur font les marchands de drap, lorsque leur client se fait accompagner par eux, afin de mieux s'éclairer sur ce qu'il va choisir. Un coup d'œil du tailleur au marchand vaut un contrat, et le lendemain il viendra chercher sa petite commission.

Par le temps qui court, les tailleurs à façon paraissent vraiment à plaindre. Les magasins d'habillements confectionnés leur coupent l'herbe sous le pied. L'établissement de *la belle jardinière* à Paris vend pour trente mille francs par jour de vêtements tout faits et occupe deux cents commis ; il y a dans Paris plusieurs établissements de ce genre, mais moins importants ; ce commerce de vêtements confectionnés s'est étendu dans les grandes villes de Belgique.

Toutefois il est bon de dire que cette calamité n'atteint pas les tailleurs en renom , ceux-là qui, ayant acquis de la célébrité , ne vont prendre mesure au client ou ne reportent l'ouvrage qu'en cabriolet , quand toutefois ils daignent y aller eux-mêmes, car, fiers des chefs-d'œuvre qui sortent de leurs mains , ils se considèrent comme de grands artistes.

L'un de ces tailleurs , qui travaillait pour un grand personnage fort avare de sa nature, lui faisait habituellement payer trois cents francs un habit de cour. Celui-ci forme le projet de l'obtenir à meilleur marché en fournissant l'étoffe. En conséquence, il choisit son drap et l'envoie au tailleur. Quelque temps après , notre artiste apporte un habit fort beau , très-bien confectionné. Le courtisan demande sa note , car il aime à payer tout de suite, de crainte de payer des intérêts plus tard. Il lit et voit : *façon d'un habit, trois cents francs.* — Mais vous oubliez que j'ai fourni le drap. — C'est vrai, monsieur, mais je ne compte jamais le drap; je le donne par-dessus le marché. On assure que le grand seigneur paya, mais retira sa pratique au tailleur trop avisé.

Chaque pays , chaque siècle a eu ses modes. Les vêtements grecs et romains, d'une grande simplicité, ne manquaient pas d'ampleur ni de noblesse, à en juger par les statues drapées qu'ils nous ont laissées. En général, ils consistaient en une tunique longue et un manteau agrafé sur l'épaule. Les vêtements des Germains , des Gaulois et des Belges, qui habitaient un climat plus froid que celui de la Grèce et de l'Italie, étaient plus compliqués, car ces peuples portaient, outre la tunique et le manteau court, une sorte de pantalon nommé *brayes*.

Depuis Clovis jusqu'à Philippe-Auguste, pendant un espace d'environ sept siècles, les costumes de notre pays éprouvèrent peu de changements. Ce ne fut guère qu'au retour des Croisades, qu'ils commencèrent à changer. Avant cette époque, les hommes laissaient croître leur barbe et flotter leurs cheveux. Les habits de guerre étaient courts, serrés, et recouverts d'une espèce de draperie semblable à la chemise des Grecs.

Les habillements consistaient en une tunique longue, avec une ceinture plus ou moins riche. Par-dessus, était un long manteau assujetti avec une courroie.

Les femmes portaient à peu près le même habillement, si ce n'est une espèce de guimpe en voile, qu'elles mettaient sur leur tête et qui flottait sur leurs épaules.

Les souliers des anciens Français étaient attachés aux pieds avec une longue courroie, dont les deux bouts s'entrelaçaient et, entourant la jambe, montaient jusqu'au haut de la cuisse.

Du neuvième au douzième siècle, les habits de ville ne subirent que peu de changements ; seulement les rois capétiens quittèrent la chlamide pour prendre le manteau ; au lieu de cuirasse le soldat portait une espèce de tunique de mailles.

Au quatorzième siècle, on porta des habits blasonnés, c'est-à-dire qu'on les chamarrait de toutes les pièces armoriales de son écu : à droite était l'écu du mari , à gauche celui de la femme ; puis on imagina des habits *mi-partis*. Par exemple , la moitié de la casaque était rouge et l'autre moitié , verte ; le chaperon de même ; chacune des deux jambes de la chausse ou pantalon était également de différentes couleurs.

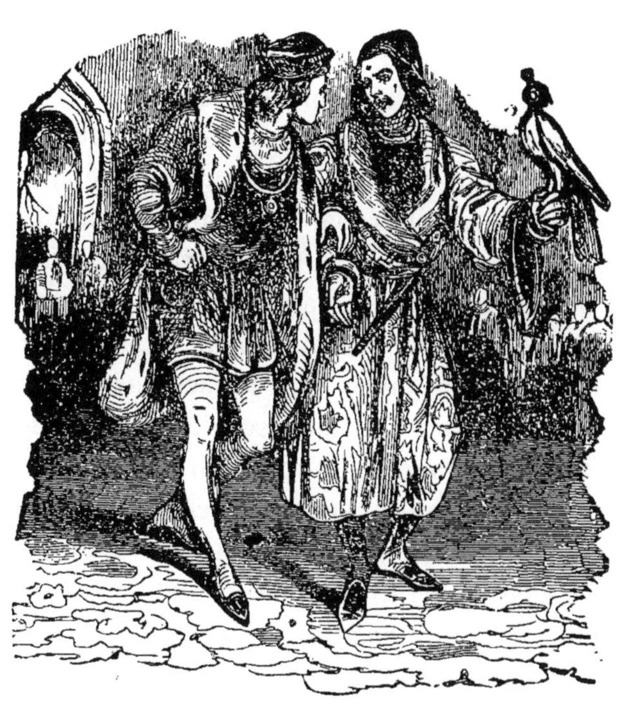

Costumes de la fin du quinzième siècle.

Au quinzième siècle, l'habit de ville consistait en une espèce de camisole fort étroite attachée avec des aiguillettes à des haut-de-chausses si serrés , que les formes se dessinaient d'une manière peu convenable. Les élégants s'élargissaient les épaules avec des maheutres, ou épaules artificielles , desquelles pendaient de grandes manches déchiquetées ; leurs souliers étaient armés de longues pointes de fer. Les gens à la mode laissaient tomber par masse leurs cheveux sur le front , de manière à cacher une partie des sourcils. Le chapeau qui leur couvrait la tête était pointu et de haute forme.

Vers la fin de ce siècle , l'habillement des hommes de la cour et de la ville consistait en un pantalon serré , de soie cramoisie ou couleur de feu. Une espèce de soubreveste , simple et plissée , qui descendait sur les cuisses , et dont les manches serrées arrivaient jusqu'au poignet , servait de premier vêtement. Il était fixé à la hauteur des hanches par une ceinture plus ou moins riche ; ceux qui avaient le port d'armes attachaient leur épée à cette ceinture. L'habit de dessus était une grande robe , descendant communément à la naissance du pied et pouvant s'ouvrir et se fermer sur le devant. La partie supérieure de cette espèce de houppelande se terminait par un grand collet rond, ou chaperon , couvrant totalement les épaules ; elle était en hermine , en martre zibeline , ou en *vair* pour ceux qui avaient le droit de porter ces fourrures , ou d'une autre étoffe , suivant les charges qu'on occupait dans l'État. Les souliers étaient des espèces de sandales.

Dans le seizième siècle, les Italiens introduisirent quelques changements dans le costume et , bientôt , à leur imitation , on ajouta au simple pantalon , un retroussis d'étoffes plissées et disposées par bandes lâches , d'une couleur différente de celle qui en composait le dessous : ce vêtement se nommait *trousse.* Le manteau fut raccourci , de façon qu'il ne tombait plus

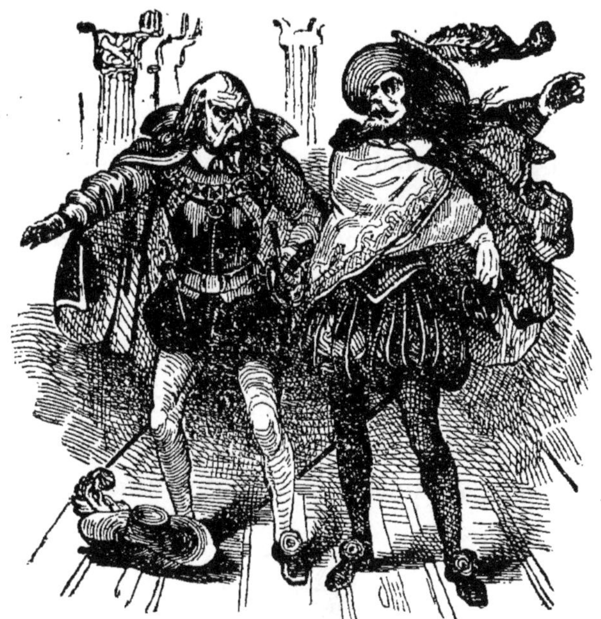

Costumes du seizième siècle.

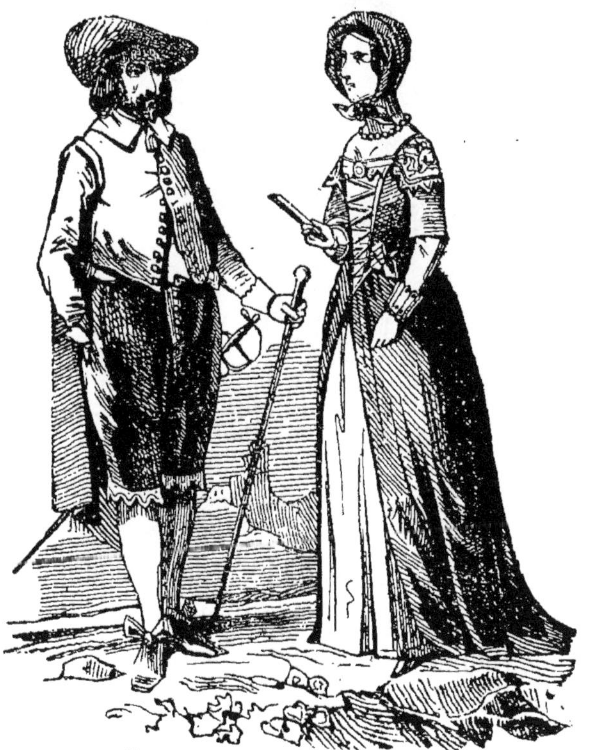

Costumes du dix-septième siècle.

qu'aux jarretières. La soubreveste, unie par devant, avait aussi des manches bouffantes et divisées par bandes, comme la trousse.

Sous Henri IV, le costume devint plus élégant. Les hommes, de même que les femmes, portèrent des fraises autour du cou. Les manches tailladées furent nouées avec des rubans.

Dans le dix-septième siècle, l'ancienne casaque reparut, mais garnie de boutons, plus courte et plus serrée; elle commença à porter le nom de *justaucorps*.

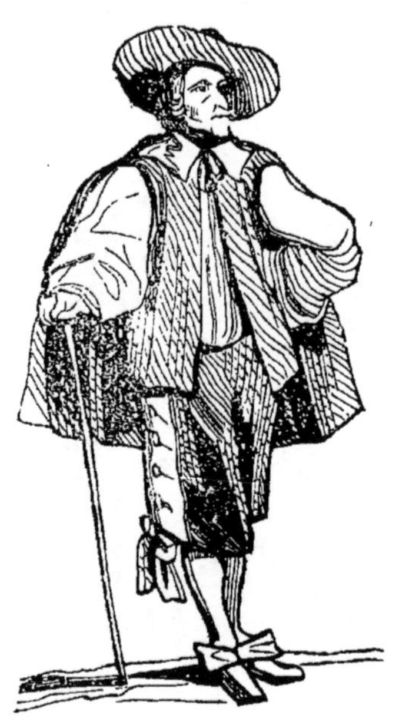

Costume du dix-septième siècle.

Sous le règne de Louis XIV, la casaque s'allongea; elle se rapprocha un peu du costume actuel.

Sous les règnes de Louis XV et Louis XVI, sous la république de 1793, sous l'empire et jusqu'à l'époque actuelle, le costume éprouva de grandes transformations, tant en Belgique qu'en France.

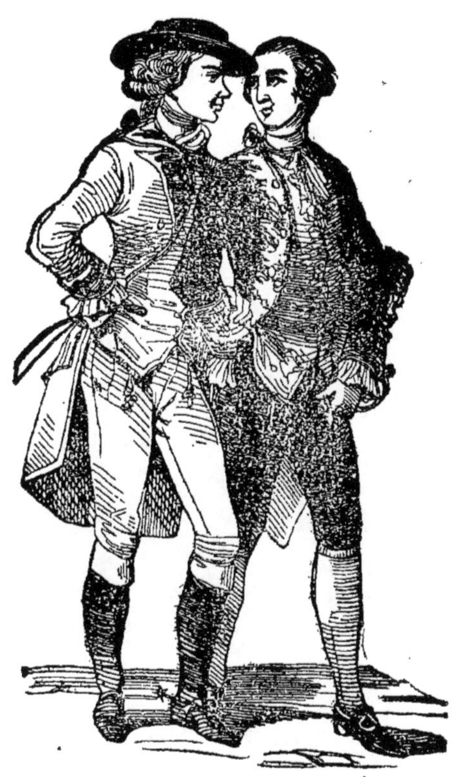

Costumes du milieu du dix-huitième siècle.

Dans les contrées civilisées de l'Amérique, on suit d'assez près les modes européennes. Mais en Asie et en Afrique, où elles sont presqu'invariables, on ne considère les tailleurs que comme d'obscurs artisans. Toutefois le tailleur chinois mérite une mention particulière : rien n'égale sa promptitude, son adresse et le soin minutieux qu'il met à son travail. Il est vrai qu'il ne fait pas grands frais d'imagination, car il n'invente jamais rien ; mais il copie à merveille : en voici une preuve.

Lors de la dernière ambassade que la France envoya
en Chine, un lieutenant de vaisseau voulut éprouver

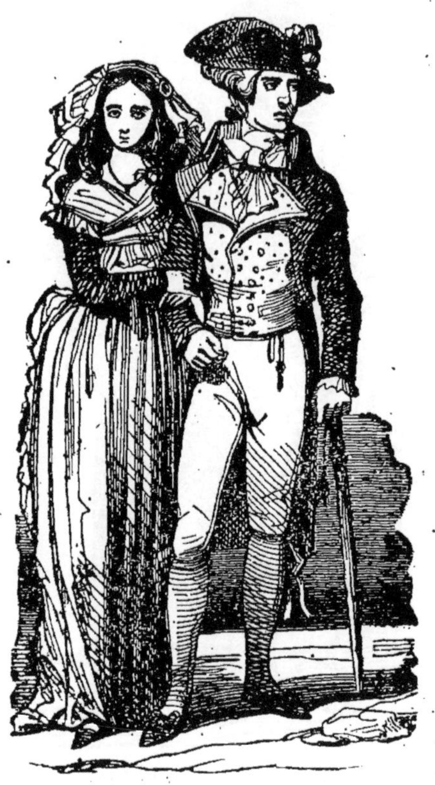

Costumes de la fin du dix-huitième siècle.

l'adresse des tailleurs chinois, qu'on lui avait beaucoup
vantée. Il envoya donc à l'un d'eux une pièce d'étoffe,
le chargeant de faire un pantalon ; il y joignit pour
modèle un des vêtements de cette espèce usé par le
service, lui recommandant de faire l'autre absolument
pareil. Le chinois promit et tint parole. Au jour dit il
apporta un pantalon qui n'était que trop semblable au
modèle, car le consciencieux artisan avait mis une pièce

de couleur différente à l'un des genoux, parce que le modèle en avait une semblable ; de plus il fit remarquer d'un air de triomphe, qu'il était parvenu à élimer le pantalon en plusieurs endroits pour le rendre plus ressemblant à celui qu'on lui avait dit d'imiter et qui montrait la corde par suite des fatigues du voyage, déclarant que c'était ce qui lui avait donné le plus de mal.

LE FILATEUR.

L'art de filer est fort anciennement connu. Les Chinois en attribuent l'invention à la femme d'un empereur qui vivait deux mille quatre cents ans avant Notre-Seigneur Jésus-Christ. Isis chez les Égyptiens, Minerve chez les Grecs, Arachné chez les Lydiens, passaient également pour avoir inventé cet art, qui était connu chez la plupart des peuples de l'antiquité. Cependant, il y existe encore beaucoup de peuplades sauvages, ou à demi-civilisées, qui n'en font pas usage, mais la Providence leur a départi d'autres moyens de remplacer le fil. Les Grœnlandais, les Esquimaux, peuples du nord de l'Amérique, les Samoïèdes, les Tchoutkis, nations du nord de l'Asie, cousent leurs vêtements de peaux ou de fourrures avec des nerfs d'animaux séchés et divisés en filaments. Dans l'Amérique, l'écorce intérieure de certains arbres, également divisée en longs filaments, ou les fibres de diverses feuilles, servent au même usage.

Les éléments très-divisés d'une substance filamenteuse, telle que la laine, le coton, le chanvre, le lin, la soie, étant disposés le plus également possible à côté les uns des autres et tortillés ensemble , forment un cylindre fin et allongé qu'on appelle *fil.* Autrefois on ne savait filer qu'au fuseau et au rouet ; c'était l'occupation exclusive des femmes. Les dames du plus haut parage , des reines même , ne dédaignaient pas de tenir la quenouille et de faire tourner le fuseau. Mais aujourd'hui, l'emploi des machines a presque partout remplacé ce travail des femmes, et l'on ne trouve çà et là quelques fileuses que dans les villages.

C'est aux Anglais que l'on doit l'invention des machines à filer. La principale de ces machines se nomme une *mull-jenny.* La ville de Manchester en Angleterre est le centre de cette industrie. Il y a , dans cette ville, des établissements où soixante mille broches , mises en mouvement par la puissance de la vapeur, filent jusqu'à dix mille kilogrammes de coton par semaine.

La Belgique n'est pas restée étrangère à ces progrès ; elle compte des filatures nombreuses et très-florissantes , au point que nous n'avons à redouter aucune concurrence.

Ce n'est pas seulement le lin , le coton , le chanvre et la soie, que l'on soumet au filage ; les métaux, tels que l'or, l'argent, le cuivre doré réduits en fils très-fins et applatis entre les cylindres d'un laminoir, se filent avec la soie. pour faire des ganses, des galons, etc. Le verre, lui-même, peut être filé ; cette substance si dure et si fragile devient presque souple, lorsqu'étant en fusion on la tire en fils fins comme les plus fins cheveux. Le verre, teint d'avance de diverses couleurs, se file avec de la soie : jaune il imite l'or à s'y méprendre , et blanc , il simule l'argent. On en fait de magnifiques chasubles et des devants d'autels.

C'est à la mécanique qu'on doit tous les progrès des filatures. Le célèbre Vaucanson, mort en 1782, fut le précurseur des habiles mécaniciens qui inventèrent et perfectionnèrent les machines à filer. Il fit quelques essais en ce genre, et le cardinal de Fleury, premier ministre de Louis XV, le chargea de l'inspection des manufactures de soie.

Il créa une foule de chefs-d'œuvre mécaniques qui le

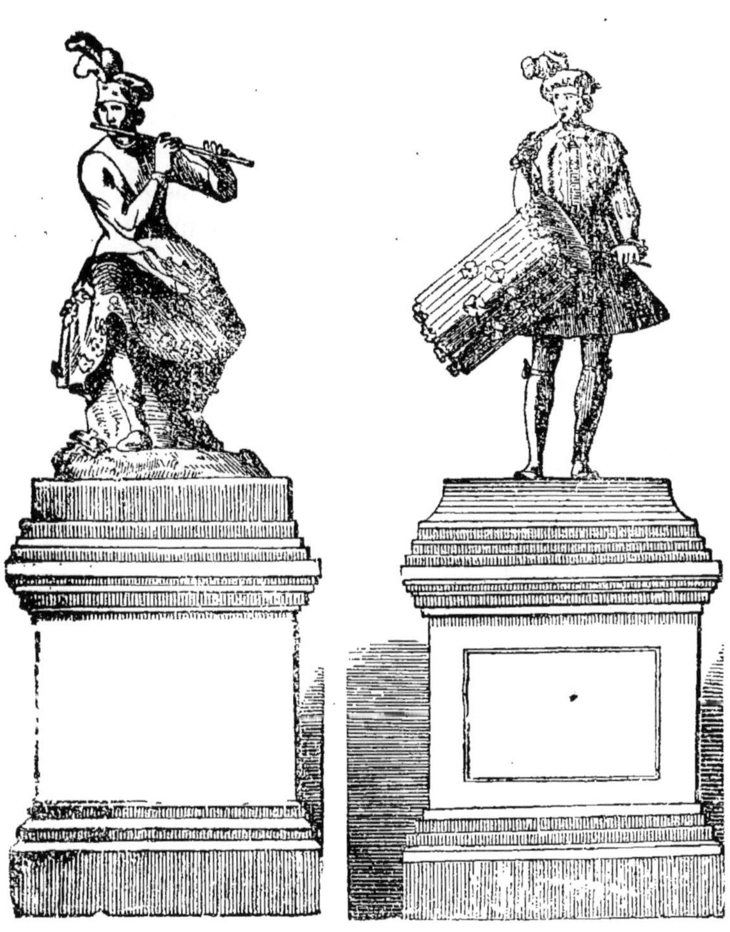

rendirent célèbre dans toute l'Europe. Il est surtout connu par ses automates ; on cite entre autres un homme qui jouait de la flûte , un autre qui jouait à la fois du tambourin et du galoubet, et un canard qui prenait du grain avec son bec et le digérait.

Vaucanson n'eut d'autres maîtres que son génie et créa ses premières machines avec les instruments les plus grossiers. L'Académie des sciences de Paris ayant refusé de l'admettre dans son sein , parce qu'il ne savait pas la géométrie , il s'écria dans un mouvement d'humeur : eh bien ! je leur ferai un mécanicien , s'ils le veulent ! Il faisait ainsi allusion à ses automates ; mais, par la suite, l'Académie lui rendit plus de justice et l'admit au nombre de ses membres. Nous donnons ci-dessus le dessin de deux des automates dont nous venons de parler.

LE TISSERAND.

C'est l'artisan dont la profession est de faire de la toile sur un métier.

L'art de fabriquer de la toile de lin fut connu des Arcadiens, peuple de l'Asie mineure, 1760 ans avant l'ère chrétienne. Cet art perfectionné fut appliqué au chanvre , au coton , à la laine et à la soie. Ce ne fut guères qu'à la fin du dixième siècle qu'on commença à filer et à tisser le chanvre. Quant à la soie, on en fabriquait des vêtements en Chine , plus de dix siècles avant l'ère chrétienne. A Rome, sous le règne de Tibère, dans le premier siècle de notre ère, la soie s'échangeait contre l'or, poids pour poids. La Belgique et Venise furent les premiers pays d'Europe où s'établirent des manufactures d'étoffes de soie. En 1331 , cet art passa de Belgique en Angleterre et ne s'établit en France qu'en 1470.

Il est très-difficile, à la première vue, de se rendre compte de la manière dont fonctionne le métier du tisserand : cependant si vous en examinez attentivement la marche, vous verrez une série de fils parallèles et horizontaux qu'on appelle *chaîne*, se croiser avec une autre série de fils perpendiculaires nommés *duite*, lesquels passent alternativement dessous et dessus les premiers. Ces deux séries de fils forment chaque fois qu'ils se croisent un angle aigu dans lequel le tisserand , assis devant son métier , dépose, à l'aide de la navette qu'il fait glisser d'une main agile , un fil de la trame. Ce fil est chassé au fond de l'angle avec le *ros*, peigne mobile dont les dents fines séparent tous les fils de la chaîne. Le croisement de la chaîne et de la duite, que le tisserand effectue en pesant sur une marche ou pédale , enferme ce fil emporté par la navette. Un nouveau fil succède au premier et ainsi de suite jusqu'au bout de la pièce qui, à mesure qu'elle avance, se roule sur un cylindre nommé *ensouple*. Un autre cylindre nommé de même développe à mesure les fils préparés pour la chaîne.

La fabrication des tissus occupe en Belgique le premier rang parmi les industries, tant à cause du nombre des ouvriers qu'on emploie que par son importance commerciale. La culture du lin et sa mise en œuvre est la source des plus grandes richesses du pays. On évalue à 128 millions de kilogrammes la récolte annuelle de lin en Belgique. Les deux Flandres entrent dans ce chiffre pour les trois quarts; les autres provinces ensemble seulement pour l'autre quart. Outre l'immense quantité de fileurs et de fileuses, il y a en Belgique de nombreuses filatures à la mécanique, et même de très-importantes.

Le lin se file et se tisse de bien des manières ; il se convertit en *fil à dentelles*, en *fil à coudre, à tricoter*, en *toiles*, depuis celle qu'on appelle *toiles de Hollande* jusqu'aux *toiles à voiles*.

Les *toiles à voiles* sont de rudes tissus faits avec des fils remarquables par leur grosseur. Ils présentent un singulier contraste avec les fils à dentelles. Il est de ces derniers dont 39 mille mètres ne pèsent qu'une once ; pour les toiles à voiles, il en faut dont le même poids n'a, en fil simple, que 39 mètres et qui sont par conséquent *mille* fois plus gros. Le fil à dentelles extra fin peut coûter jusqu'à *huit mille francs* le kilogramme ; le prix de l'autre descend jusqu'à 60 centimes, et c'est du lin d'un côté comme de l'autre. Le lin se transforme encore en *toiles à matelas* et en *linge de table* damassé. On voyait, à la dernière exposition de Paris, une magnifique nappe de 24 couverts, représentant *les Gantois devant Philippe-le-Hardi, réclamant leurs priviléges* ; il faut certes qu'une industrie ait atteint, comme en Belgique, l'apogée de sa splendeur pour produire de semblables chefs-d'œuvre.

On a vu dans la vitrine de M. Vercruysse, de Courtrai, à cette même exposition de 1855, une pièce de toile vrai miracle de finesse : on n'y comptait pas moins de 8,200 fils en chaîne. On peut encore citer, à l'occasion de cette exposition, les noms de MM. Parmentier, d'Iseghem ; Decock-Walrelot, de Roulers ; de Braban-

dère, de Courtrai ; et bien d'autres fabricants belges,
dont les produits prouvent leur habileté et honorent leur
patrie.

Le chanvre, dont nous aurons l'occasion de parler en
décrivant l'industrie du cordier, fournit la matière des
fortes toiles. Il se file et se tisse comme le lin.

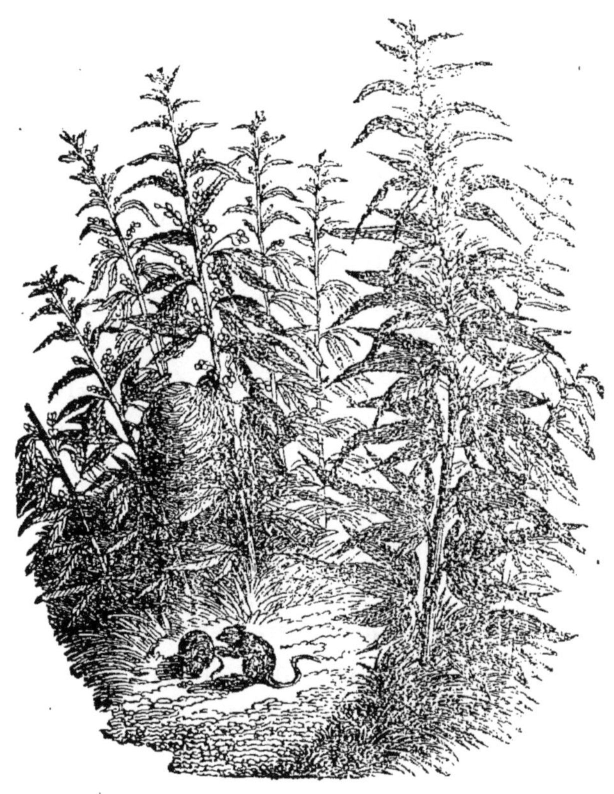

Le Chanvre.

LE FABRICANT DE DRAP.

Aux peaux d'animaux, au tissu fibreux des feuilles, à l'écorce intérieure de plusieurs sortes d'arbres, dont les peuples anciens firent leurs premiers vêtements, succédèrent des tissus composés de lin, de soie ou de laine. Les Grecs et les Romains, qui savaient filer et tisser la laine, connaissaient également l'art de feutrer les poils d'animaux, de manière à en former des étoffes chaudes et épaisses mais souples. Cet art du feutrage est même pratiqué par quelques peuples de la Tartarie. Les tentes des Kalmouks sont en poil de chameaux feutré.

Mais qu'il y a loin de toutes ces étoffes grossières et mal apprêtées, des temps anciens et même du moyen âge, à nos beaux draps de Verviers dont la finesse et le lustre égalent la solidité!

D'autres pays que le nôtre fabriquent également de bons et beaux draps, mais la Belgique a la gloire d'avoir, la première, pratiqué l'art du drapier. En effet, ce fut Jean Kamp, flamand, qui le porta en Angleterre, dès l'an 1327. Le travail de la laine a de tout temps contribué pour une large part à la prospérité de la Belgique. Pendant des siècles, les fabriques d'Ipres et de Louvain ont joui d'une réputation européenne. Verviers en a hérité, après un déplacement causé par un de ces événements politiques qui, pour la plupart, ont beaucoup aidé au développement de la prospérité industrielle de la Grande-Bretagne. C'est de la Flandre, en effet, que venaient les ouvriers qui ont mis l'Angleterre dans la voie où elle a depuis marché à si grands pas, comme c'est de la France que lui sont venus les industriels qui l'ont en quelque sorte initiée à la fabrication des toiles. Si maintenant nous recourons à des ingénieurs, à des mécaniciens, à des ouvriers anglais pour élever des établissements, ou fonder des fabriques destinées à faire concurrence à celles du Royaume-Uni, ce n'est qu'un juste retour des choses d'ici-bas, qu'une réciprocité à plusieurs siècles de distance.

Pour les tissus de laine, nous ne trouvons qu'une partie de la matière première dans le pays, tandis que pour les toiles, le sol fournit non-seulement tout le lin nécessaire à leur fabrication, mais encore de quoi en exporter pour une somme considérable. C'est que la cause qui favorise en Belgique au plus haut degré la production du lin, rend presque impossible la production de la laine dans de larges proportions. Pour le lin, il faut des terres très-divisées et une nombreuse population; pour la laine, de vastes champs peu couverts, sont la première condition. Le cultivateur qui n'a que dix, que cinq hectares de terrain à sa disposition, peut en consacrer une partie à la culture du lin et en obtenir encore une assez bonne récolte; pour élever des moutons il faut d'immenses fermes, de grandes propriétés, des pâcages communs. En Espagne, où des moitiés de provinces étaient et sont encore livrées à la vaine pâture, on comprend l'existence de ces troupeaux de vingt, trente, quarante mille têtes qui formaient la principale richesse des maisons de Médina-Cœli, d'Ossuna, de l'Infantado et autres. Il en est de même en Allemagne,

à cause de l'étendue des propriétés seigneuriales ; de
même en Angleterre, où, si les fermes sont assez nombreuses, il est cependant ordinaire d'en voir de mille à
deux mille hectares, et où, en outre, le prix très-élevé
de la viande fait que le fermier trouve de l'avantage
à conserver toujours un tiers de ses terres en prairies ;
en France enfin, où le rapport de la population au ter-
ritoire donne un hectare et demi par habitant, plus du
double de la proportion qui existe en Belgique, où elle
n'est que de 70 centièmes d'hectare par habitant, et où
il y a encore possibilité de s'adonner en grand à l'élève
des bêtes à laine.

Disons quelques mots sur l'art de fabriquer le drap.

Quand le fabricant a fait choix de la laine qui lui
convient, il procède à l'épluchage et au dégraissage, qui
consiste à enlever le reste du suint ou graisse naturelle
de la laine. La laine est alors portée au *diable*, grande
carde dont le contour est garni de pointes de fer. Elle
passe successivement par deux autres cardes, puis par le
métier à filer et par celui du tissage.

Il sort de ce métier une étoffe de laine, mais non
encore du drap ; car son tissu paraît grossier, tous les
fils dont il est composé sont apparents, d'ailleurs il n'a
aucun lustre et il est plucheux. On procède alors au
foulage qui doit feutrer le drap : on le porte donc au
moulin à foulon, où l'étoffe est battue par des pilons ou
bien par des maillets, avec de l'eau chaude, de l'argile
dite terre à foulon et du savon.

Viennent ensuite diverses opérations qu'on nomme
apprêts. L'une des principales est le *lainage* qui consiste
à recouvrir le drap d'un duvet serré, au moyen d'une

carde garnie de têtes de chardon ; puis le tondage, opéré par une machine tondant l'étoffe d'une manière égale. Le drap est ensuite soumis à cinq ou six autres opérations qui ont pour objet de l'amener à sa perfection.

Verviers a obtenu, pour sa draperie, la grande médaille d'honneur, à l'Exposition universelle de 1855. Une grande solennité a eu lieu dans cette ville le 18 novembre de la même année, pour la réception de la médaille dont M. l'échevin Simonis était porteur. Ce fut au son des cloches et au bruit du canon que défila un cortége nombreux dans lequel figuraient tous les ouvriers des fabriques de drap, musique en tête et portant les bannières de chaque établissement.

LE TEINTURIER.

L'art du teinturier est extrêmement compliqué et demande des connaissances chimiques très-variées. En effet, le lin, le coton, la soie et la laine ne se teignent point par les mêmes procédés, ni avec les mêmes substances tinctoriales. De plus, les mordants, c'est-à-dire les préparations que l'on donne à l'étoffe avant de la teindre, afin de la rendre apte à absorber la matière colorante, varient beaucoup. L'art du teinturier est donc très-difficile et demande une grande pratique.

Les progrès de la chimie ont rendu d'immenses services à la teinturerie, en multipliant les substances tinctoriales et en donnant le moyen de les fixer et de les rendre solides.

La solidité d'une teinture est fort importante : une

étoffe mal teinte se décolore au soleil ou change de nuance ; la pluie la couvre de taches , de plus l'acide carbonique que contient souvent l'air que nous respirons a également une grande influence sur certaines teintures. L'acide carbonique est le gaz qui se forme par la respiration d'un certain nombre de personnes réunies dans un lieu clos ; c'est aussi celui qui se dégage du vin de Champagne , de la bière mousseuse et de l'eau de Seltz.

Voici à ce sujet une anecdote assez curieuse.

Un jeune parisien , invité à un dîner de cérémonie, avait mis une grande importance à arrêter d'avance le détail de sa toilette, dont les principales parties étaient un habit noir, un gilet de piqué blanc et une cravate blanche ; ajoutez à cela un pantalon de couleur claire, taillé dans le dernier goût.

Une de ses connaissances , chimiste habile, voulut lui jouer un tour de son métier. Il gagna , au moyen de quelque argent , le domestique de l'hôtel où logeait le parisien, et se fit donner le gilet, la cravate et le pantalon qu'il devait mettre le jour de l'invitation. Il prépara un mélange avec la matière colorante de la betterave rouge et de l'eau de chaux. Il résulta de cette combinaison un liquide parfaitement incolore, mais que l'action de l'air, pour le peu qu'il contînt du gaz acide carbonique, devait rendre rouge au bout de quelques heures (1). Au moyen d'une éponge , il mouilla légèrement la superficie de ces effets, qui, séchés rapidement, furent repassés avec soin et remis en place.

Le lendemain, exact à l'invitation, notre élégant parut

______

(1) M. Vogel, célèbre chimiste allemand, cite un fait à peu près semblable.

à table avec sa cravate brodée, son gilet et son beau pantalon ; la société était nombreuse. Bientôt il s'aperçoit que tous les yeux se fixent sur lui ; il croit d'abord que le bon goût de sa toilette et l'élégance de son nœud de cravate ont mérité l'attention de ses voisins , mais on se parle à l'oreille , puis on le regarde encore ; enfin quelques rires étouffés se font entendre ; le dandi se déconcerte, en se voyant l'objet de cette hilarité ; il se regarde.... horreur ! son gilet était devenu d'un affreux rouge de sang ; sa cravate, dont il apercevait le nœud , présentait la même nuance ; il se lève éperdu, et voit qu'il a également un pantalon rouge !

Je vous laisse à juger de sa surprise et de sa confusion; il prit alors le parti de s'esquiver , laissant la société ébahie de la singulière couleur choisie par l'élégant parisien.

LE TANNEUR.

Dans les premiers temps , les hommes n'eurent pour vêtements que la peau des animaux.

Ils la faisaient sécher au soleil, puis ils l'assouplissaient en l'imprégnant de graisse ou d'huile. Mais des peaux ainsi préparées se conservaient peu , absorbaient l'eau et se corrompaient facilement.

Bien des siècles s'écoulèrent avant qu'on trouvât le secret de *tanner* la peau , c'est-à-dire de la rendre incorruptible et de la changer en cuir.

On se sert, pour obtenir un résultat si précieux, d'écorce de chêne , pulvérisée à l'aide d'un moulin , et qui alors prend le nom de *tan*. Les peaux, suffisamment préparées , c'est-à-dire débarrassées du poil et des portions de chair qui auraient pu y être adhérentes , sont soumises à l'action d'une substance nommée *tannin* que renferme l'écorce du chêne. Pour cela, on superpose alternativement, dans une fosse profonde , des peaux et des couches de tan. On recouvre ces peaux au nombre de cinquante ou soixante, d'une couche épaisse de tannée, c'est-à-dire de tan ayant déjà servi. Le tout est comprimé par des planches chargées de pierres. On abreuve de temps en temps la fosse avec quelques sceaux d'eau ; on renouvelle quatre fois le tan et, au bout d'un an, les peaux sont converties en cuir; soit des peaux épaisses de bœufs ou de vaches, soit des peaux plus minces de veau, de chèvre, de mouton ou de cheval. Au reste, les peaux de tous les animaux sont susceptibles d'être tannées.

Ne croyez pas que là se borne l'utilité du tan. Celui qui a servi et qui est privé de tannin est séché, puis transformé en mottes à brûler ; c'est le combustible du pauvre. Une motte à brûler, qui coûte à peine un demi-centime, étant carbonisée et placée tout allumée sur du poussier de charbon dans une chaufferette , préserve du froid , durant nos rigoureux hivers , les marchandes en plein vent.

Ce tan épuisé et inerte présente encore de l'utilité : on le répand en couche épaisse dans les baches des serres chaudes , et on y enfonce les pots contenant des plantes des pays chauds, qui y reçoivent, durant toute la durée de l'hiver, une chaleur douce et égale. C'est donc grâce à la tannée que nous voyons éclore ces fleurs magnifiques qui font l'admiration des amateurs d'horticulture.

Le célèbre Seguin, chimiste, inventa, en 1795, un procédé pour tanner les cuirs en peu de jours ; cela vint fort à point pour l'armée française dont les soldats manquant de souliers marchaient presque nu-pieds. Mais ce mode abrégé de tannage ne donne en réalité que des cuirs peu solides. Toutefois Seguin devint dix fois millionnaire. Vous ne l'eussiez pas cru, en le rencontrant vêtu d'un habit rapé et le chef couvert d'un chapeau dont un marchand de vieux habits n'aurait pas donné cinquante centimes. Il avait un équipage dont il ne se servait pas, et des chevaux nombreux et du plus grand prix, qu'il laissait errer en liberté, mais à moitié morts de faim, dans l'île Seguin, située sur la Seine près Paris.

Le *corroyeur* met la dernière main aux peaux que le tanneur a préparées. Le *mégissier* ne s'occupe que des peaux de mouton ou de chèvre.

LE SAVETIER.

Nous n'avons pas encore parlé du cordonnier, et voilà que nous entamons la monographie du savetier , profession infime et que le cordonnier , surtout le cordonnier-bottier, considèrent comme les parias de l'espèce qui travaille le cuir.

Nous avons nos raisons pour cela ; et le lecteur nous approuvera sans doute, quand il saura que le grand empereur Charles-Quint nous sert de garant ; il nous permettra donc de lui raconter un fait historique peu connu et dont nous garantissons l'authenticité.

Au seizième siècle, la Belgique était un fief de l'empire sur lequel régnait Charles-Quint. Ce prince, qui était également roi d'Espagne et des deux Siciles, se plaisait néanmoins beaucoup à Bruxelles, où il séjournait fréquemment.

A l'exemple du calife Haroun-al-Raschid, il sortait parfois secrètement et sans suite de son palais, aimant à parcourir les rues de la ville sous un déguisement. Dans une de ces excursions qui se prolongea plus qu'à l'ordinaire, il s'égara au milieu des rues tortueuses, et la nuit venue, le puissant empereur commençait sans doute à être en peine d'un gîte, lorsqu'il aperçut un homme vêtu assez pauvrement tenant une lanterne. Eh ! l'ami, lui dit-il, je me suis égaré, voulez-vous bien me reconduire ? — Et où cela ? — Mais au palais de l'Empereur. — Bien volontiers, messire, répondit le savatier, car telle était sa profession ; il guida donc l'étranger à travers un dédale de rues. Arrivé devant la porte du palais, Charles-Quint s'arrête, et tirant quelques pièces d'or de sa poche, il dit à son conducteur : je veux te récompenser du service que tu m'as rendu : prends cet or, et souviens-toi que c'est l'empereur que tu as guidé cette nuit. — Sire, lui dit le savatier en tombant à ses genoux, Votre Majesté peut m'accorder une grâce bien plus précieuse que de l'or. — Laquelle ? — C'est d'octroyer à notre corps d'état l'honneur de précéder celui des cordonniers, à la procession de Bruxelles. — N'est-ce que cela ? dit Charles-Quint en riant, je te l'accorde ; mais, de plus, prends cet or, je te l'ordonne.

A la grande procession de Bruxelles, où figuraient les différents corps de métier portant des bannières et des emblèmes de leur profession , on vit dès ce moment les savetiers précéder les cordonniers, à l'extrême mortification de ceux-ci.

L'auteur de cette notice se rappelle qu'étant encore enfant il demeurait, rue de l'étuve à Bruxelles, non loin de *Maneken-Pis*. Il y a, vis-à-vis de cette fontaine si célèbre , au coin de la rue des Grands-Carmes, une espèce de cave ouverte sur la rue et qui servait alors de boutique à un savetier. Cet artisan était l'heureux valet de chambre du *Maneken-Pis*. Dépositaire des vêtements et de l'épée dont on décorait cette statue d'enfant aux jours de fête , notre voisin était chargé d'endosser au *Maneken-Pis* la veste et l'habit brodé et de couvrir sa jolie tête d'une affreuse perruque poudrée et d'un chapeau galonné. Quelqu'un ayant proposé à ce brave homme une place avantageuse , il aima mieux rester dans sa cave que de résigner des fonctions dont il était fier.

Les savetiers, à Paris comme à Bruxelles, ont un certain orgueil qui leur donne l'air grave et composé ; d'où est sans doute venu le nom burlesque de *Pontife* que lui donne le petit peuple parisien et même celui des villes de province.

Le savetier est fier de son état , qui , selon lui , exige plus de talent que celui du cordonnier. Nous nous rappelons avoir vu, il y a une vingtaine d'années, sur l'enseigne d'un savetier: *De Roquencourt, restaurateur de la chaussure humaine.* Voilà , j'espère, ce qui s'appelle chercher à ennoblir sa profession. Le savetier lit la gazette, parle politique et donne son avis sur les affaires de l'Europe. Toutefois, s'il a chez lui un air d'importance, il s'humanise au cabaret : là il aime à chanter et surtout à boire ;

cependant, en général, il se respecte assez pour ne pas descendre jusqu'à l'ivresse.

On voit à Paris deux espèces de savetiers : les uns occupent des échoppes ou une loge de portier ; les autres sont des savetiers ambulants avec lesquels les premiers ne fraient jamais. Ils parcourent la ville et les campagnes, en criant *carreleur de souliers*, et portant sur le dos une petite hotte carrée en osier contenant du cuir vieux et neuf, ainsi que tous les ustensiles de leur métier. Si on leur donne une chaussure à raccommoder, ils se font dans la rue un siége de leur hotte et se mettent à travailler en plein air, bravant le froid, l'ardeur du soleil ou même la pluie.

LE CORDONNIER.

Plusieurs savants ont cherché l'étymologie du mot *cordonnier*. Un étymologiste plus facétieux que les autres a prétendu que *cor-donnier* dérivait de *donneur de cors ;* mais, sans nous arrêter à cette plaisante définition, nous dirons qu'il doit très-probablement son origine à la ville de Cordoue, où l'on fabriquait le cuir à chaussure appelé *cordouan ;* d'où *cordouannier*, puis cordonnier.

Dans les temps anciens, les hommes marchaient pieds nus. Les Grecs et les Romains n'adoptèrent l'usage des chaussures que lorsque les richesses et le luxe furent introduits parmi eux.

Dans les Gaules, de Clovis à Charlemagne, les souliers étaient attachés aux pieds avec une longue courroie dont les deux bouts, s'entrelaçant et entourant la jambe,

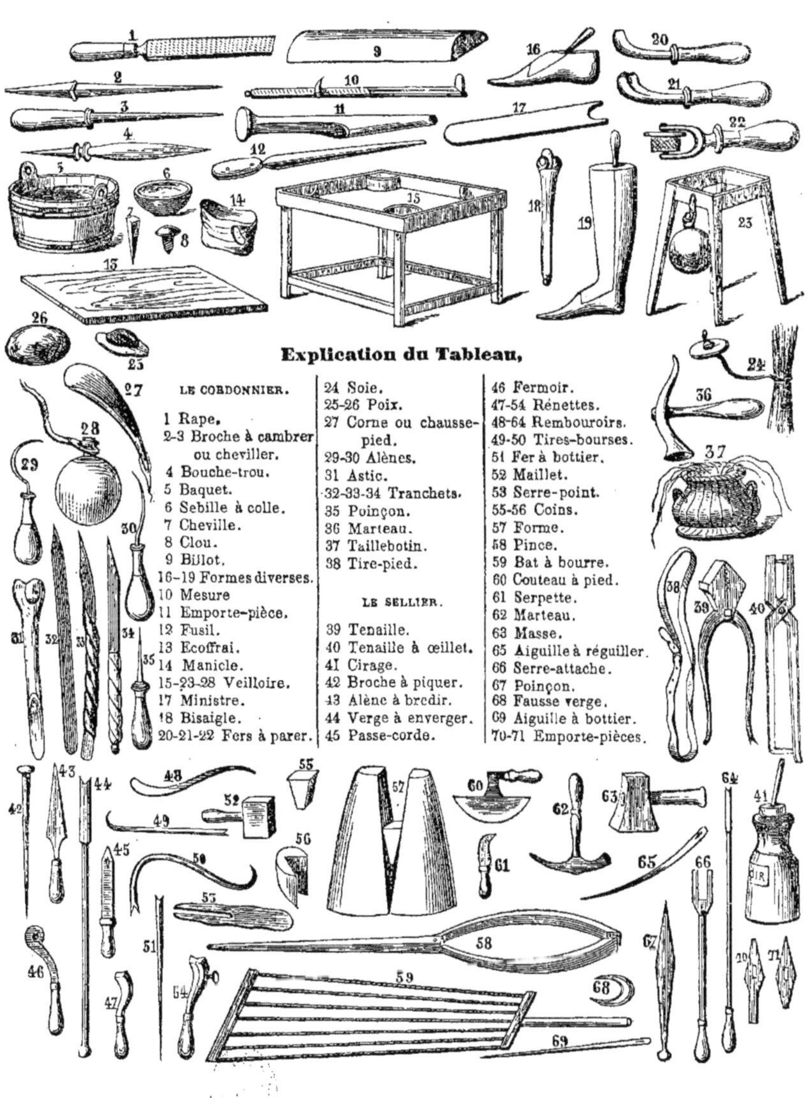

Explication du Tableau,

LE CORDONNIER.

1 Rape.
2-3 Broche à cambrer ou cheviller.
4 Bouche-trou.
5 Baquet.
6 Sebille à colle.
7 Cheville.
8 Clou.
9 Billot.
16-19 Formes diverses.
10 Mesure
11 Emporte-pièce.
12 Fusil.
13 Ecoffrai.
14 Manicle.
15-23-28 Veilloire.
17 Ministre.
18 Bisaigle.
20-21-22 Fers à parer.

24 Soie.
25-26 Poix.
27 Corne ou chausse-pied.
29-30 Alènes.
31 Astic.
32-33-34 Tranchets.
35 Poinçon.
36 Marteau.
37 Taillebotin.
38 Tire-pied.

LE SELLIER.

39 Tenaille.
40 Tenaille à œillet.
41 Cirage.
42 Broche à piquer.
43 Alène à bredir.
44 Verge à enverger.
45 Passe-corde.

46 Fermoir.
47-54 Rénettes.
48-64 Rembouroirs.
49-50 Tires-bourses.
51 Fer à bottier.
52 Maillet.
53 Serre-point.
55-56 Coins.
57 Forme.
58 Pince.
59 Bat à bourre.
60 Couteau à pied.
61 Serpette.
62 Marteau.
63 Masse.
65 Aiguille à réguiller.
66 Serre-attache.
67 Poinçon.
68 Fausse verge.
69 Aiguille à bottier.
70-71 Emporte-pièces.

montaient jusqu'au haut de la cuisse. La chaussure d'un personnage de distinction était dorée en dehors.

Sous Philippe-le-Bel on vit naître en France la plus bizarre mode de souliers qu'il soit possible d'imaginer : ce sont les souliers à la *poulaine*, du nom de Poulain, leur inventeur ; ils se terminaient en pointe plus ou moins longue, selon la qualité des personnes. Ces pointes étaient de soixante centimètres de longueur, pour les princes et les grands seigneurs ; de trente centimètres, pour les riches ; et de quinze, pour les gens du commun. De là sont venus ces dictons vulgaires : *être sur un grand pied ; sur quel pied est-il ?* Charles V abolit dans la suite cette mode ridicule, en infligeant une amende de dix florins à ceux qui s'obstineraient à la porter.

Sous Charles VII, les souliers étaient armés de longues pointes de fer.

Revenons au cordonnier de notre époque. La plupart des ouvriers qui viennent chercher de l'ouvrage en Belgique et en France appartiennent à l'Allemagne ; ce sont, en général, ceux qui travaillent le mieux. On a, depuis quelques années, imaginé des souliers dont l'empeigne, au lieu d'être cousue, est rivée sur la semelle.

La plupart des cordonniers établis sont en même temps bottiers. Il y a une quarantaine d'années la botte oréne d'un gland se portait par-dessus le pantalon ; aujourd'hui le pantalon la recouvre. Cela est laid et disgracieux, mais, en revanche, pour les personnes à jambes grêles (et le nombre est assez grand), la botte ainsi placée devient, par sa protubérance naturelle, un auxiliaire infiniment utile.

Quant à la botte à revers jaunes, elle est reléguée dans

la domesticité, n'étant portée que par des laquais de bonne maison en livrée.

LE CHAPELIER.

L'usage des chapeaux de feutre était connu des anciens ; mais ils étaient loin de ressembler aux nôtres pour la forme.

Pendant plus de mille ans, on ne se couvrit la tête en France que d'aumusses et de chaperons. Le chaperon était à la mode dès le temps des Mérovingiens. On les fourra d'hermine ou de menu vair sous Charlemagne. Le siècle d'après, on en fit tout à fait en peau, que l'on appela aumusses. Ceux qui étaient d'étoffe retinrent le nom de chaperons. Tout le monde portait le chaperon ; les aumusses étaient moins communes. On commença, sous Charles V, à abattre sur les épaules l'aumusse et le chaperon, et à se couvrir d'un bonnet. Si ce bonnet était de velours, on l'appelait mortier ; s'il n'était que d'étoffes de laine, on le nommait simplement bonnet. L'un était galonné, l'autre n'avait pour ornement que des cornes peu élevées, par l'une desquelles on le prenait. Il n'y avait que les rois, les princes et les chevaliers qui se servissent du mortier.

Le bonnet était la coiffure du clergé et des gradués. Le mortier fut peu à la mode, celle des bonnets dura plus longtemps ; mais, par la suite, au lieu de les faire en laine, on les fit d'un carton léger, que l'on couvrait de drap ou de serge.

Sous le règne de Henri IV, les nobles et les princes portaient le chapeau rond orné de plumes, de franges et dont l'un des bords était relevé. Jusqu'à cette époque la bourgeoisie faisait usage du chaperon ; bientôt après, elle adopta le chapeau de feutre, dont la forme a beaucoup varié depuis.

Le castor, dont le poil est si précieux pour le chapelier, était assez commun en Europe au moyen âge, mais aujourd'hui il a totalement disparu de nos contrées. Il est même devenu assez rare dans l'Amérique septentrionale. Il ne restera donc bientôt plus que le souvenir des chapeaux faits avec le poil de cet animal ; mais nos chapeliers ne sont pas embarrassés pour si peu : le lièvre et même le lapin ont pris la place du castor. Et puis, n'avons-nous pas les chapeaux de soie qui ont déjà en grande partie détrôné les chapeaux de feutre et coûtent bien moins ? Une carcasse d'un feutre grossier reçoit une étoffe de soie plucheuse collée avec art ; ce chapeau a toute l'apparence du plus beau feutre, mais il n'en a pas la durée.

Depuis quelque temps, beaucoup de personnes, les voyageurs et les jeunes gens surtout, ont abandonné notre affreux et incommode chapeau à forme cylindrique, pour adopter le chapeau gris ou d'une autre nuance quelconque, à forme basse et à bords larges. Ce chapeau, toujours en feutre, ne craint ni la pluie ni les accidents qui déforment les autres chapeaux.

LE PARFUMEUR.

Les parfums étaient connus dès les siècles les plus reculés. Les Hébreux les présentaient en offrande au Seigneur et s'en servaient dans les embaumements ; la Madelaine répandit sur la tête de Notre-Seigneur Jésus-Christ un parfum de grand prix. Chez les chrétiens, la fumée de l'encens, montant vers le ciel, semble accompagner les prières que nous adressons au Très-Haut.

C'est dans l'Orient que l'usage des parfums est le plus répandu. En Égypte, en Perse et en Turquie, les femmes en font un usage presque continuel.

De l'Orient le goût des parfums est passé dans notre Europe, et a continué de subsister jusqu'à nos jours.

Le parfumeur est un être à part ; il ne fume jamais la pipe, ne se permet pas même le cigare et ne prend jamais de tabac. Voyez-le dans sa boutique : son négligé est toujours élégant, il est coiffé avec soin et bien pommadé. Ses rapports continuels avec des dames appartenant à la bonne société, lui donnent l'habitude d'une politesse recherchée. Il doit être un peu chimiste afin de composer convenablement ses pâtes, ses pommades, ses eaux de senteur et les mille et une compositions cosmétiques qui entrent dans son commerce.

Rien de mieux paré et de plus élégant que ses petits pots à pommade, ses flacons à odeur et surtout les étiquettes qui les recouvrent. L'or, l'argent, l'azur et le carmin leur donnent un éclat extraordinaire ; mais qu'y a-t-il dans ces boîtes, dans ces vases si jolis, sous ces enveloppes brillantes ? peu de chose en réalité. La base de toutes ces préparations tant vantées est en général du saindoux, de l'huile, de l'alcool que modifient le benjoin, l'ambre , des huiles essentielles tirées des plantes et des fleurs , et surtout l'essence de nos roses que l'on substitue à la précieuse essence de roses de l'Orient.

LA DENTELLIÈRE.

Qui de nos lecteurs n'a point examiné avec intérêt le mystérieux travail de ces pauvres femmes qui , aux premiers rayons d'un soleil printanier , transportent si volontiers leur établissement à la porte de leur humble demeure ? Et quel établissement, s'il vous plaît ? un carreau bien rembourré , une chaise qui ne l'est pas , quelques douzaines de fuseaux , voilà tout ; le commerçant fait le reste et fournit , avec les précieux fils qui doivent devenir plus précieux encore , les bandes de parchemin piquetées qui , vues au jour , présentent les dessins qui vont se produire sous les mains adroites et subtiles de la dentellière.

Cette industrie , éminemment nationale , a jeté de tout temps un grand honneur sur la Belgique ; elle occupe et fait vivre une multitude infinie d'ouvrières.

Jalouse à juste titre de notre pays pour la fabrication des dentelles , la France fit des tentatives inouïes pour la lui enlever, en formant des établissements et des ouvrières à l'imitation de ceux que possèdent nos provinces. Colbert fit avancer par l'État 150 mille francs à une dame Gilbert , à la condition qu'elle élèverait de l'autre côté de la frontière une fabrique de dentelles. A cette même époque, les Anglais, pour accréditer leurs produits , vendaient à l'Europe , sous le nom de *point d'Angleterre* , des dentelles qu'ils venaient acheter à Bruxelles. L'industrie belge n'a jamais été que faiblement atteinte par ces manœuvres ; ce dont elle se ressentait beaucoup plus , c'était des variations de la mode qui tantôt faisait un grand usage de la dentelle , tantôt l'abandonnait presque entièrement ; et c'est à cette influence qu'il faut attribuer la situation très-prospère dans laquelle nous la trouvons aujourd'hui.

Répandue à Bruxelles , Malines , Anvers , Bruges , Menin , Ipres , Grammont , Alost , et dans une foule d'autres localités , la fabrication des dentelles occupe peut-être en ce moment cinquante à soixante mille ouvrières. La ville de Courtrai seule n'en occupe pas moins de quatre mille , et l'on porte à douze mille le nombre des dentellières de l'arrondissement d'Ipres. Une bonne partie des produits de tous ces doigts vont se consommer en Angleterre , où ils entrent , paraît-il , sans qu'on en parle aux agents de la douane , et sans figurer non plus sur nos états de sortie. C'est qu'aussi, c'est bien tenter le diable que de mettre des droits de *trente pour cent* sur des dentelles. Les douaniers auront beau faire , lorsque les droits seront aussi exorbitants , et qu'ils porteront sur des articles d'un transport aussi facile ; les fraudeurs s'en joueront toujours. Remarquons en passant, que cette exportation, qui s'élève à plusieurs millions , établit en partie la balance de nos rapports avec l'Angleterre.

Sous le nom générique de dentelles , cette industrie comprend des produits tout à fait différents, qui peuvent se diviser en quatre grandes classes : le point de Bruxelles , celui de Valenciennes , celui de Malines et le point de Lille.

A l'Exposition universelle de Paris , l'art des dentellières belges a brillé du plus grand éclat. Loin d'être affaibli par la comparaison avec les dentelles des autres pays, il en tirait une nouvelle gloire par une supériorité réelle. Il y avait vraiment foule devant les montres vitrées où étaient étalés les chefs-d'œuvre de nos ouvrières.

LE BARBIER PERRUQUIER.

Voici une profession bien déchue de nos jours, car, du quinzième jusqu'au dix-huitième siècle ; le barbier, qui était en même temps perruquier, faisait partie de la corporation des chirurgiens. A lui seul appartenait le droit de saigner les malades et de tailler les cheveux. De plus, il arrachait les dents et coupait les cors. Il cumulait également la profession de baigneur-étuviste. Notez que, dans ce temps, le barbier jouissait du privilége de porter l'épée.

Vers l'année 1630 , l'usage des perruques, qui avait commencé en France , s'étendit jusqu'en Belgique ; d'abord elles ne couvrirent qu'une partie de la tête, ensuite la tête entière. « Les courtisans ; les rousseaux et les teigneux, dit un auteur, en portèrent les premiers: les courtisans par délicatesse , les rousseaux par vanité, les teigneux par nécessité. Le même auteur cite, parmi les diverses espèces de perruques , *les grandes perruques* dites aussi *perruques in-folio*, les *petites perruques* et les *perruques à calotte*, les *perruques de bichon*, les *perruques à la moutonne*, les *perruques à trois marteaux*, les *perruques à bourse*, etc. On doit bien penser que la fabrication de tant de sortes de perruques donna pendant longtemps beaucoup de relief à la profession de barbier perruquier.

Aujourd'hui le perruquier, répudié par la chirurgie, ne saigne plus, mais il fait la barbe, taille les cheveux, et confectionne des perruques pour les personnes chauves. De plus, il vend ordinairement des savons, des essences et divers ustensiles de toilette.

Le Languedoc est en possession, depuis de longues années, de fournir des garçons perruquiers, non-seulement au reste de la France, mais aussi à une partie de la Belgique. Le perruquier, en général, est bavard et aime à se vanter. Lorsqu'il est parvenu à se faire quelque réputation par la coupe des cheveux ou par la coiffure des dames, il se considère comme un véritable artiste. Disposer la coiffure d'une personne, de manière à la mettre en harmonie avec les traits de son visage, lui paraît le comble de l'art, et il ne craint pas alors de se croire de pair avec les grands peintres de portraits.

Toutefois, malgré quelques travers, les perruquiers ne manquent pas d'esprit : on leur attribue nombre de bons mots et de reparties heureuses. Citons, pour terminer ce chapitre, la leçon que l'un d'eux donna à un anglais. *Moa donner à vô un guinée, si vô me faire la barbe sans couper moa ; mais si vô coupez moa , moa brûler le cervelle à vô*, dit-il, en posant un pistolet à côté de la guinée.

Tout ceci n'était sans doute qu'une mauvaise plaisanterie de l'anglais, mais le barbier ne parut nullement intimidé et se mit à faire la barbe à l'anglais d'une main ferme, et avec autant de promptitude que de légèreté.

L'opération finie, l'anglais lui dit : *vos n'avoir donc pas peur de mone pistolette ?* Non, certainement, milord ; car si j'avais eu le malheur de commencer à vous couper tant soit peu, j'aurais achevé en vous coupant la gorge. »

Il est à croire que l'anglais perdit l'envie de renouveler sa plaisanterie.

La gasconnade de ce barbier me rappelle un autre barbier célèbre dans les annales du crime, mais celui-ci coupait réellement la gorge à ses pratiques. Me trouvant il y a quelques jours à Paris et passant dans la rue de Constantine, percée depuis peu d'années dans la cité, en face du palais de justice, je m'étonnai de retrouver, dans cette rue, belle et commerçante, un grand terrain encore vide de toute construction, c'est-à-dire, dans le même état où je l'avais vu quatre ans auparavant. Voilà, me disais-je, un propriétaire peu soucieux d'argent, car ce terrain vaut pour le moins une centaine de mille francs.

Tout en faisant cette réflexion, j'étais entré dans une boutique située en face du terrain pour y faire quelques emplettes, et j'eus la curiosité de m'informer de la raison pour laquelle il restait vide.

Ce terrain appartient à la ville, me dit le marchand, et je doute qu'il trouve jamais acquéreur, car c'est un lieu maudit. — Eh ! pourquoi cela ? dis-je, avec surprise. — Vous êtes étranger, monsieur, et vous ignorez sans doute que, sur cet emplacement, s'élevaient, il y a déjà quelques siècles, côte à côte, les maisons du *barbier* et du *pâtissier* de la cité. — Parbleu, m'écriai-je, j'avais tout à fait oublié cette vieille légende. — Ce n'est pas une légende, me dit le marchand, presque offensé de mon apparente incrédulité, c'est un fait historique. Il n'y a pas encore un bien grand nombre d'années que, dans la rue des Marmousets, qui borde le terrain de l'autre côté, on voyait une borne sculptée, représentant le chien qui fit découvrir le crime. Je possède un vieux manuscrit dans lequel ce fait est rapporté avec des détails authentiques ; si cela vous est agréable, je vous le prêterai. — J'acceptai l'offre, et voici un extrait succinct de ce manuscrit.

« Il y avait, dans la rue des Marmousets, vers l'an 1560, un pâtissier dont les affaires paraissaient florissantes, car sa boutique ne désemplissait pas du matin au soir. On vantait surtout l'excellence de ses pâtés, et il faut dire qu'il les vendait à meilleur marché qu'aucun de ses confrères lesquels séchaient d'envie. A côté de sa boutique se trouvait celle d'un barbier ; ces deux hommes étaient fort amis.

« Il arriva un jour qu'un gentilhomme accompagné d'un chien, qu'il laissa à la porte, entra chez le barbier afin de se faire accommoder les cheveux et la barbe. Le barbier, comme pour faire honneur au gentilhomme, le pria d'entrer dans son arrière-boutique, afin de n'être pas en vue des passants ; celui-ci y consentit.

» La journée et puis la nuit s'étant écoulés, sans que le gentilhomme rentrât chez l'ami qui le logeait, celui-ci devint fort inquiet ; la police de Paris, à cette époque, était fort mal faite, et les rues n'étaient rien moins que sûres, dès que la nuit était tombée. Il se mettait donc en devoir de faire des recherches, lorsqu'un de ses gens vint en grande hâte lui dire qu'il avait vu, dans la rue des Marmousets, le chien du chevalier de Lignac, mais que cet animal n'avait pas voulu le suivre, quoique les voisins essayassent de le chasser, vu qu'il les incommodait par ses hurlements.

» A cette nouvelle, M. De Vannes se hâta de se rendre dans cette rue. Il y trouva, en effet, le pauvre chien, que pourchassait le barbier armé d'un gourdin.

» Halte-là, dit l'ami du chevalier, pourquoi malmenez-vous ce chien ? c'est celui de mon ami. Le barbier parut interdit. Un pâtissier, son voisin, dit alors que cet animal avait hurlé toute la nuit devant la porte du barbier, et qu'il était assez naturel que celui-ci cherchât à le chasser. M. De Vannes parut se contenter de cette raison ; mais ayant fait attacher le chien, qu'il donna à garder à son domestique, il se rendit immédiatement chez le commissaire du quartier, à qui il fit part de ses soupçons.

» Ce que vous m'apprenez, dit le commissaire, s'accorde avec quelques bruits qui me sont parvenus ; on a vu entrer chez ce barbier des gens qu'on n'a pas vus sortir; il est vrai que sa maison a, par derrière, une sortie sur une ruelle, mais la scène du chien jointe à la disparition de M. de Lignac, a quelque chose de suspect, en sorte que nous allons procéder à la visite de cette maison. Le commissaire, accompagné de son secrétaire et de quelques agents, se transporta donc au domicile du barbier ; il était suivi de M. De Vannes et du domestique, tenant en laisse le chien de M. de Lignac.

» A la vue du commissaire, le barbier se troubla ; mais ce fut bien autre chose, lorsque le chien, qu'on avait détaché, s'élança dans l'arrière-boutique et se mit à gratter le sol en poussant des gémissements plaintifs. Examinez ce plancher, dit le commissaire à l'un des agents, et voyez s'il n'y aurait pas là une trappe?

» En effet, on découvrit bientôt vers le milieu de la salle, une portion du plancher qui, bien que parfaitement jointe, formait un carré. On alla chercher un levier, et bientôt, sous l'effort de cet instrument, on vit apparaître une large ouverture d'où sortaient des émanations infectes.

» Ce fut avec peine qu'on retint le pauvre chien qui parut vouloir se précipiter dans cet abîme.

» Le barbier, plus mort que vif, avait peine à se soutenir sur ses jambes.

» Le commissaire s'étant fait donner les clefs de la cave, on y descendit. Il serait difficile de peindre l'hor-reur dont les assistants furent saisis, lorsqu'au-dessous de la trappe, qui était restée ouverte, on vit étendu sur le sol le corps du malheureux chevalier de Lignac, dépouillé de tous ses vêtements et la gorge affreuse-ment coupée.

» Mais les investigations du commissaire ne s'arrêtèrent pas là ; on enfonça une porte de communication, et l'on pénétra dans la cave du pâtissier. Là s'offrit le plus affreux spectacle qu'on puisse imaginer : des cadavres à demi dépouillés de chair indiquaient trop l'horrible industrie du pâtissier. On fouilla le sol, qui recélait une grande quantité de débris humains et de squelettes.

» Ne nous appesantissons pas sur les détails de cette

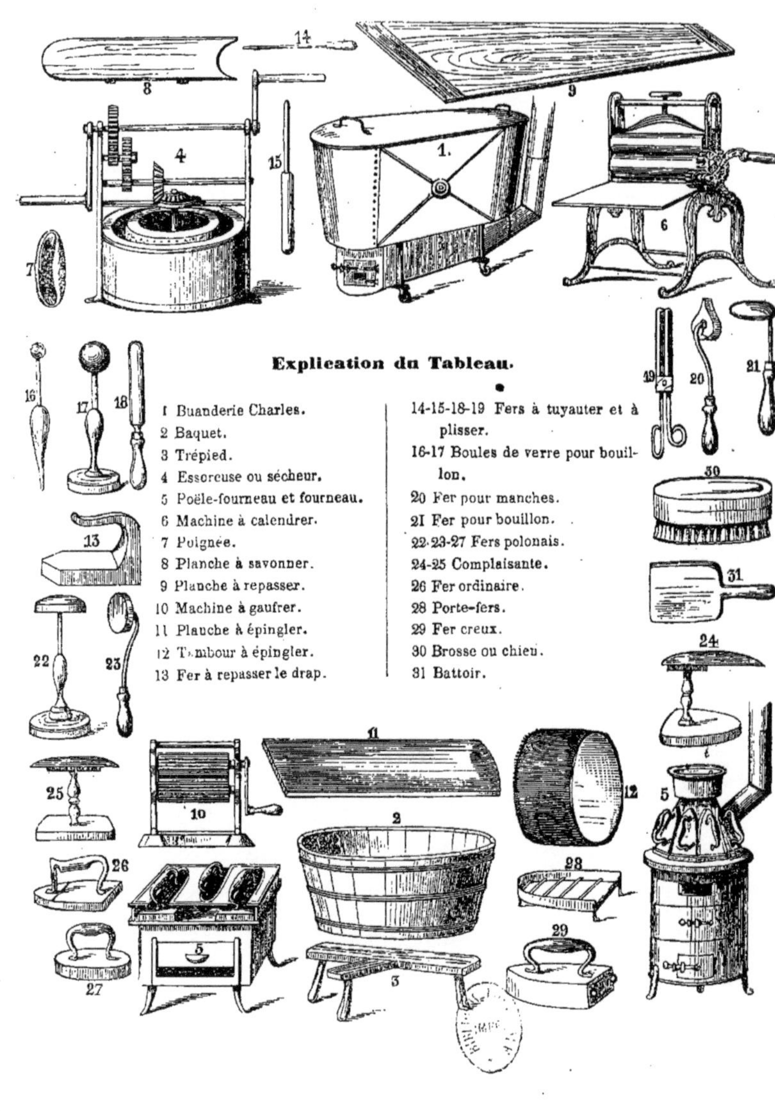

Explication du Tableau.

1 Buanderie Charles.
2 Baquet.
3 Trépied.
4 Essoreuse ou sécheur.
5 Poële-fourneau et fourneau.
6 Machine à calendrer.
7 Poignée.
8 Planche à savonner.
9 Planche à repasser.
10 Machine à gaufrer.
11 Planche à épingler.
12 Tambour à épingler.
13 Fer à repasser le drap.

14-15-18-19 Fers à tuyauter et à plisser.
16-17 Boules de verre pour bouillon.
20 Fer pour manches.
21 Fer pour bouillon.
22-23-27 Fers polonais.
24-25 Complaisante.
26 Fer ordinaire.
28 Porte-fers.
29 Fer creux.
30 Brosse ou chien.
31 Battoir.

funèbre découverte ; bornons-nous à dire que les restes des victimes furent pieusement inhumés en terre sainte , et que le barbier et son affreux complice furent condamnés à être brûlés vifs. Par le même arrêt, les deux maisons furent rasées, et l'on sema du sel sur le terrain comme pour annoncer que c'était là une terre maudite et à jamais stérile. »

LA BLANCHISSEUSE.

Il y a une grande différence entre les blanchisseuses de la Belgique et celles de Paris. A Paris on ne fait jamais de lessive chez soi ; on donne son linge à blanchir au dehors. Toutes les semaines, une blanchisseuse , établie dans l'une des communes rurales qui entourent Paris , apporte dans sa charrette le gros linge que ses nombreuses pratiques lui ont confié.

Quant au linge fin , on le donne en ville à des blanchisseuses de fin en boutique.

Dans beaucoup de villes de province , en France et surtout en Belgique , les maisons bourgeoises ayant une plus grande quantité de linge , les lessives se font à domicile , un certain nombre de fois dans l'année. Ce mode de blanchissage est favorable à sa conservation. Ce linge n'a pas tout à fait l'éclatante blancheur du linge de Paris , mais celui-ci ne la doit qu'à l'eau de javelle ; en sorte , qu'après un certain nombre de blanchissages, il se trouve réduit à l'état de toile d'araignée. Un autre inconvénient du blanchissage parisien résulte de l'emploi abusif du *chien*, brosse fort rude , en poils de sanglier, avec laquelle on frotte et refrotte le linge.

Il est rare qu'une chemise un peu fine résiste long-temps aux atteintes du chien.

Il existe à Paris, sur la Seine, plusieurs bateaux où des blanchisseuses de profession et les femmes du peuple vont elles-mêmes, moyennant une modique rétribution, blanchir leur linge. Ces bateaux sont pourvus de séchoirs et de cuves à lessive. A la mi-carême, époque de la fête des porteurs d'eau et des blanchisseuses, une souscription a lieu entre celles-ci, puis on élit à la pluralité des voix une reine sur chaque bateau. Ce jour-là, la tête couronnée de fleurs et parée de ses plus beaux atours, la reine reçoit des hommages et des félicitations.

Le bateau est orné de banderolles, de guirlandes et de couronnes de feuillage. Un orchestre installé dans le bateau se fait entendre au loin et attire les badauds ; enfin tous les assistants (c'est-à-dire les souscripteurs) montent dans des fiacres et se font conduire hors des barrières, à quelque guinguette renommée, où un repas suivi d'un bal se prolonge bien avant dans la nuit.

Cette royauté d'un jour coûtera assez cher à la reine ; car elle devra, l'année suivante, contribuer pour une certaine somme aux honneurs rendus à celle qui lui succèdera sur le trône.

ÉBÉNISTE.

L'art de l'ébéniste consiste à construire des meubles commodes, solides et élégants, en bois plus ou moins précieux, mais toujours bien polis et vernis. Armoires, commodes, secrétaires, tables de toute espèce et de toutes les formes, lits, canapés, fauteuils, voilà les principaux objets de sa fabrication.

Quelquefois ces meubles sont massifs, c'est-à-dire en bois non recouvert d'un placage. Ils n'en sont que plus solides, mais rarement ils présentent les belles veines que fournit le placage. Ce placage se fait au moyen de feuilles de bois précieux, tels que l'acajou ou mahoni, le palissandre, l'ébène. Elles n'ont qu'un millimètre d'épaisseur et souvent moins ; on les obtient au moyen de la scie mécanique mue par l'eau ou par la vapeur. On tire également de fort beaux placages, des grosses racines et de certaines loupes ou excroissances d'arbre ; par exemple, les loupes d'ormes fournissent des placages d'une grande beauté. Les feuilles de placage, découpées à la grandeur convenable, sont solidement collées sur le meuble qu'elles doivent recouvrir, puis polies et vernies, en sorte qu'il faut y regarder de très-près pour reconnaître si un meuble est plaqué ou non.

L'art de l'ébéniste est très-avancé en Belgique. L'Exposition universelle de 1855 a mis en évidence des meubles d'une grande beauté, exécutés par des ébénistes belges.

L'ébénisterie de Paris est renommée par le goût qui y règne et par le fini qu'elle présente à l'extérieur. Malheureusement la solidité ne répond pas toujours à ces dehors brillants ; car trop souvent les placages, pour les meubles ordinaires , se font sur de mauvais bois.

Il est à désirer, pour l'ébénisterie française, qu'elle quitte cette voie qui discréditerait ses produits à l'extérieur. En voici un exemple : Une maison d'Amérique ayant donné une forte commande de commodes et de secrétaires à Paris , en reçut bientôt après une collection complète. L'un des chefs de la maison , enchanté du bel aspect de ces meubles , désire vérifier si le dedans répond au dehors ; il veut ouvrir un tiroir ; ce tiroir résiste, il essaie sur un autre qui refuse également de s'ouvrir. — C'est l'humidité, dit-il ; passons à une autre commode. Même résistance. Ah ça ! dit-il, qu'ont donc ces tiroirs pour ne pas vouloir s'ouvrir? Les meubles sont examinés sur toutes les faces, et l'on s'aperçoit avec stupéfaction , qu'il n'y avait point de tiroirs. Leur devanture était simplement figurée. C'est encore pire que ce que l'on appelle vulgairement en France *de la marchandise de pacotille.*

On a vu à l'Exposition universelle de Paris , en 1855 , de magnifiques parquets en mosaïque, fruits de l'industrie belge. L'empereur des Français a même fait l'acquisition d'un de ces parquets pour son cabinet dans un château impérial. On y a également admiré une bibliothèque de marqueterie et plusieurs objets d'ébénisterie belge.

LA MATELASSIÈRE.

Si, après une journée de fatigue, nous trouvons dans un bon lit le repos nécessaire pour réparer nos forces , à qui le devons-nous ? à la matelassière. C'est elle qui transforme un matelas devenu dur comme le lit d'une auberge d'Espagne, ou même comme le lit de camp d'un corps de garde , en une couche moelleuse , où un doux sommeil vient bientôt nous surprendre.

Qu'est-ce donc que la matelassière? c'est une pauvre femme , qui , moyennant un franc cinquante centimes ou deux francs , remet à neuf un vieux matelas. Elle en change la toile , bat la laine pour en ôter la poussière et puis la carde.

La toile neuve formant le dessous du matelas est fixée à un cadre appelé métier, auquel on donne les dimensions voulues ; sur cette toile , on étend la laine épurée par le battage et cardée avec soin ; le tout est recouvert par la toile de dessus. Une couture faite à grands points réunit les deux toiles , puis le matelas est piqué de distance en distance avec du gros fil , afin que la laine reste en place et n'aille pas se mettre en tampon dans un des bouts du matelas.

L'état de matelassière est fort malsain, à cause de la poussière que projettent le battage et le cardage. Cette poussière absorbée par la respiration, fatigue la poitrine, et peut donner lieu à des affections graves , surtout quand les matelas ont servi à des personnes attaquées de maladies contagieuses.

On se sert beaucoup actuellement d'une machine à carder, qui marche avec autant de précision que de rapidité ; elle est disposée de manière à préserver à celui qui la met en mouvement des inconvénients de la poussière.

LE TAPISSIER.

On donne ce nom à l'ouvrier qui fabrique des tapis de toute espèce, mais on l'a étendu généralement aux marchands qui vendent des meubles. Nous ne parlerons ici que des premiers.

La fabrication des tapis remonte à une haute antiquité. Les Babyloniens excellaient, dit-on, dans cet art ; mais, comme on le pense bien, il n'en est resté aucun vestige, depuis deux mille cinq cents ans que Babylone n'existe plus. Cet art cependant s'est conservé jusqu'à nos jours dans la Perse. Les tapis qu'on fabrique dans ce pays sont très-beaux ; toutefois ils ont été surpassés par les manufactures françaises de la Savonnerie et d'Aubusson. La première fut établie au commencement du XVIIe siècle, et la seconde en 1768.

La manufacture royale de Tournai maintient la grande réputation qu'elle s'est acquise ; ses beaux et solides produits sont répandus dans toute l'Europe, et il n'est pas jusqu'à l'empereur de Turquie qui n'ait dans son palais des tapis de Tournai ; le somptueux monarque a cependant dans ses États des fabriques de tapis. Nos lecteurs ont entendu parler souvent des tapis de Smyrne, dont le luxe des dessins , la beauté et l'agencement des couleurs, le moelleux des tissus ne laissent rien à désirer.

On distingue deux espèces de tapisseries, selon que la chaîne est verticale ou qu'elle est horizontale ; ce sont les tapis de *haute* et *basse-lisse*. La manufacture la plus remarquable est celle des Gobelins à Paris, à laquelle est réunie celle de la Savonnerie. On n'y fait que des morceaux de haute-lisse , représentant le plus souvent des tableaux d'histoire. Ces tapisseries sont exécutées avec une perfection qui le cède à peine à la peinture à l'huile. On y copie principalement les beaux tableaux des grands maîtres. Gilles Gobelin, teinturier qui vivait sous le règne de François Ier, fonda cette manufacture qui devint plus tard manufacture royale.

Pour donner une idée de la difficulté et de la longueur de ce travail, nous dirons que l'ouvrier ne voit pas l'ouvrage qu'il fait, puisqu'il est obligé de l'exécuter à l'envers , le dos tourné au dessin ou tableau qu'il copie. Chaque fois qu'il a produit une portion de son travail, il passe de l'autre côté ; il la considère, la compare au dessin qu'il voit alors en face de lui à travers les fils de la chaîne , et corrige s'il y a lieu. Cette manœuvre est nécessitée par la quantité de nœuds qu'il doit faire pour arrêter les fils , nœuds qui doivent être sur l'envers. Il faut de plus remarquer que chaque nuance de couleur exige un changement de fils. Une tapisserie des Gobelins, représentant un grand sujet historique , exige jusqu'à quatre années d'un travail assidu.

Les tapisseries de pied sont en général des tapisseries de basse-lisse , dont l'exécution est bien plus prompte et plus facile que celle de haute-lisse.

LE POTIER.

La poterie de terre est l'un des arts les plus anciennement connus. Les anciens en attribuaient l'invention à
Épiméthée, fils de Japhet. Sans aller chercher si loin
l'origine de la poterie, nous voyons dans la généalogie
de la tribu de Juda une famille de potiers. On a d'ailleurs
trouvé, parmi les ruines de Ninive, des fragments de
poteries en terre cuite. Cette ville célèbre a été fondée
plus de 2,600 ans avant l'ère chrétienne.

Les argiles, les marnes, le sable, sont la matière ordinaire des poteries. D'abord elles présentèrent une surface
brute et poreuse, comme celle des pots à fleurs de
jardin. Il s'agissait de rendre les poteries imperméables
aux liquides et surtout aux corps gras. On y est parvenu
par des enduits vitreux qui leur donnent en outre un
éclat et des couleurs agréables à l'œil. Cet enduit consiste en terres ou en oxydes métalliques, dont le plus
fréquemment employé est l'oxide de plomb ou litharge.

Ces terres ou ces oxydes, pulvérisés et formant une
pâte liquide au moyen de l'eau, sont appliqués sur les
poteries avant la cuisson ; ces poteries étant mises au
four, l'enduit se fond ou plutôt se vitrifie, et les recouvre
d'un vernis appelé *couverte*.

Pour fabriquer un vase de terre, tel qu'une marmite,
l'ouvrier pose une masse de terre humide sur le *tour à
ébaucher*, petite plate-forme ronde, qu'il fait tourner
avec le pied ; il met ce tour en mouvement, élève la

massé de terre en cône informe , avec ses mains qu'il a soin de mouiller ; il la rabaisse ensuite en forme de grosse lentille qu'il perce avec ses deux pouces , puis il lui donne le commencement de forme qu'il veut lui faire prendre, en la pinçant entre le pouce et les autres doigts. Peu à peu il s'étend et relève les parois du vase auquel il finit par donner la forme qu'il doit avoir. Il termine sa pièce au moyen d'un ébauchoir dont il se sert pour amincir les pièces en dedans et en polir les parois.

Les pièces fermées, ou à col étroit, sont ébauchées en deux parties qu'on réunit ensuite.

Le corps de la pièce étant fini , on fait séparément les anses , les becs , les pieds ; on les colle au moyen d'un peu de pâte délayée en forme de bouillie épaisse.

La pâte de la faïence est bien plus fine et plus travaillée que celle de la poterie commune. Il y entre d'ailleurs d'autres matières.

On fabrique en Belgique de charmantes poteries ou plutôt des faïences, d'une terre rouge et légère , couvertes , les unes , d'un vernis imitant si bien l'argent qu'un service de déjeuner rivalise avec ce métal pour l'éclat ; d'autres , qui simulent l'or, mais d'une nuance un peu rougeâtre, n'ont pas moins de brillant. Il paraît qu'en France, on n'a pas encore pu imiter cette élégante couverte.

La pâte imperméable et dure , comme celle dite de grès , n'était pas connue en Europe avant le XIVe siècle. La faïence fine à pâte blanche , dite *terre de pied* , ou faïence anglaise , est d'une origine bien plus moderne, puisqu'elle appartient au milieu du XVIIIe siècle.

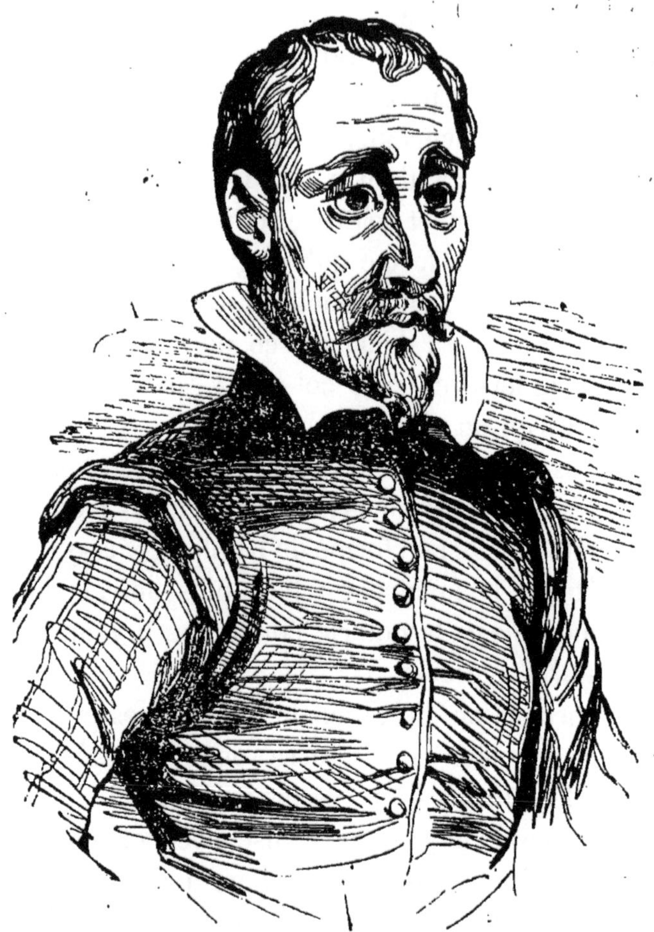

Bernard de Palissy, célèbre potier.

Bernard de Palissy porta , au XVIᵉ siècle , le métier
jusqu'aux splendeurs de l'art , et donna un exemple
remarquable de ce que peut un homme de génie , sans
culture, mais armé d'une volonté ferme et persévérante ;

il dut à son intelligente activité ses talents en peinture ,
en sculpture et en histoire naturelle ; il fut l'inventeur ou

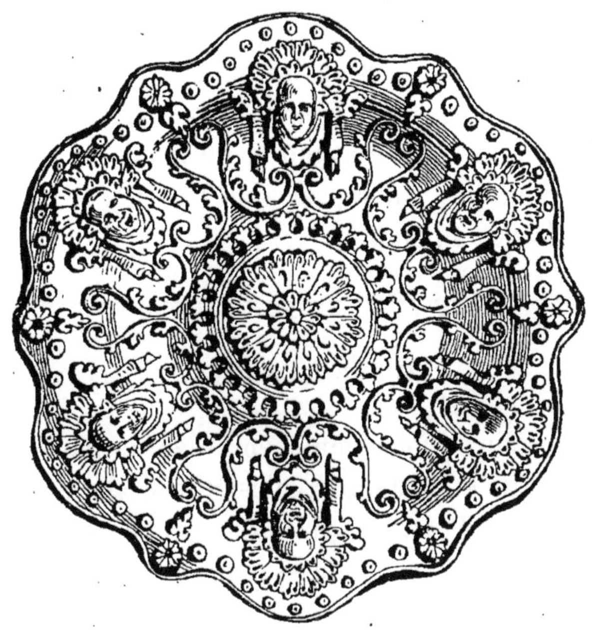

plutôt l'introducteur en France de la poterie de terre

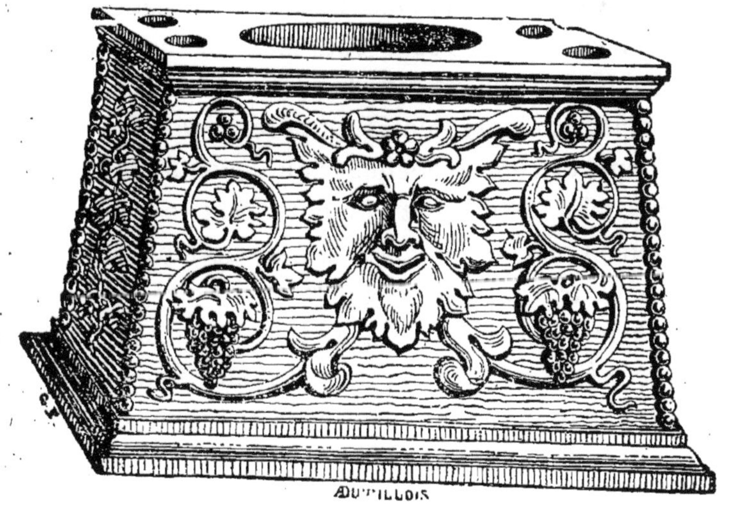

émaillée, connue depuis sous le nom de faïence, qui, après avoir pris naissance en Italie, venait de s'y perdre. François I*er* et son successeur Henri II encouragèrent Bernard de Palissy en lui permettant de prendre le titre de *potier royal*, et en lui donnant un logement au Louvre. Les dessins que nous offrons pourront donner à nos lecteurs une idée du goût et du talent de cet artiste potier, dont les ouvrages sont toujours avidement recherchés des amateurs.

LE PORCELAINIER.

La porcelaine était connue en Orient et particulièrement en Chine et au Japon, plusieurs siècles avant l'ère chrétienne. Les Portugais furent les premiers qui importèrent les porcelaines chinoises en Europe ; mais le secret de leur art ne fut trouvé qu'en 1676, par le baron de Bœticher de Saxe, et perfectionné dans le même pays par le savant Tschirnhaus. Le célèbre Réaumur fit en France beaucoup de recherches sur la composition de la porcelaine et rendit de grands services à cet art.

Le principal ingrédient de la porcelaine est le kaolin, terre d'une extrême blancheur ; on y ajoute du feldspath, des os calcinés et du silex, le tout réduit en poudre fine, intimement mêlé et converti en pâte au moyen de l'eau. Cette pâte, travaillée avec soin, c'est-à-dire, marchée et pétrie par les ouvriers, et réduite en masses rondes nommées *ballons*, est alors livrée aux tourneurs qui, à l'aide du tour, lui donnent la forme d'un vase ou de tout autre objet. D'autres fois cette pâte est moulée. On

y ajoute aussi des ornements en relief et moulés à part ;
on y fixe les anses, ou autres accessoires. Les pièces
terminées passent alors à la cuisson.

La cuisson de la porcelaine comprend deux opérations :
la première qui amène les pièces à l'état de dégourdi,
c'est-à-dire de demi-cuisson, se fait dans un étage
supérieur du four où la chaleur est moins forte. Pour la
seconde opération, qui est la cuisson proprement dite,
chaque pièce est placée dans un étui particulier nommé
gazette et composé d'une argile très-réfractaire. On
échauffe d'abord le four pendant quinze heures jusqu'au
rouge cerise. Durant les quinze à vingt heures suivantes,
le four, avec tout ce qu'il contient, est porté au rouge
blanc ; puis on le laisse refroidir durant trois ou quatre
jours.

On distingue deux espèces principales de porcelaines :
la porcelaine tendre et la porcelaine dure ou chinoise.

On fabrique à Tournai de la porcelaine tendre fort
estimée, et d'un excellent emploi. Elle est supérieure
par sa solidité à celle des autres pays, où l'on a vaine-
ment essayé de l'imiter. Sa cassure présente un grain
fin serré et très-compact. Elle soutient, sans se fêler, la
chaleur de l'eau bouillante et le froid le plus intense,
qualités que l'on est loin de rencontrer dans toutes les
porcelaines.

On exécute sur la porcelaine de charmantes peintures en émail, rivalisant avec ce que la miniature offre de
plus parfait. L'Exposition universelle de Paris contenait,
parmi les produits de la manufacture impériale de Sèvres,
des tableaux peints en émail sur des plaques de porcelaines d'un demi-mètre de superficie au moins, et des

vases d'une grandeur colossale , ornés de peintures et
de figures magnifiques ; deux de ces vases, entre autres,
sont estimés à plus de soixante mille francs.

LE VERRIER.

Nous allons parler d'un trésor moins rare et plus utile
que l'or, le diamant , et les matières précieuses ; une
richesse dont la nature, si libérale en tout , nous a largement pourvus ; on peut la ramasser par terre. Personne
ne peut se passer, et heureusement personne ne se passe
de ce trésor qui aide à la santé , à l'intelligence , à la
beauté et au bien-être. On le trouve partout , chez
l'artisan comme chez le prince ; dans l'humble chaumière
comme dans les plus somptueux palais ; son prix est à la
portée de tous ; il se mêle à tous les actes de notre
existence, à nos repas, à notre travail , à nos plaisirs.

Ce trésor vulgaire que nous possédons tous , sous
quelques formes que ce soit , c'est le *verre*.

Remarquez cet homme écrivant tranquillement auprès
d'une fenêtre. Au dehors l'ouragan souffle avec violence,
la foudre éclate , une pluie diluvienne tombe , enfin la
nature semble en convulsion. Qu'est-ce donc qui préserve cet homme en le séparant des éléments en fureur ?
une simple feuille de verre, une feuille fragile et invisible
comme l'air.

Si vous désirez jouir des bienfaits de la lumière sans
être vu , un verre dépoli et souvent orné de dessin qui le
font ressembler à un rideau brodé, remplira cet objet.

Voulez-vous orner votre demeure de ces vitrages

colorés , présentant à l'œil la plus agréable diversité de
nuances, ou préférez-vous ces verrières sur lesquelles un
peintre plus ou moins habile a retracé un paysage ou
une scène historique avec des couleurs que la fusion nuit
au verre, c'est encore au verrier que vous aurez recours.
Enfin voyez sur cette table somptueuse, ces carafes, ces
cristaux dont les facettes taillées et scintillantes brillent
de toutes les couleurs de l'arc-en-ciel ; de ce lustre dont
chaque perle brille de tous les feux du diamant ; c'est
encore au verrier que vous devez ces merveilles.

Le verre à bouteille est principalement composé de
sable et de cendres de bois neuf. On fond ces substances
ensemble dans de grands creusets. Voici comment se
fond une bouteille : l'acide *cueille*, c'est-à-dire, ramasse
dans le creuset, au bout d'une longue canne creuse en
fer, une quantité suffisante de verre fondu ; il passe la
canne au souffleur ; celui-ci en soufflant et tournant
continuellement , forme la panse de la bouteille , qui se
termine dans un moule de bronze. Il relève ensuite la
canne , enfonce le cul , coupe le col , et fixe la canne au
côté opposé , dans l'enfoncement. Puis le bord du col est
arrondi et renforcé par le cordon. Voilà donc la bouteille
terminée , elle est alors transmise à l'aide. Celui-ci la
porte dans le four à recuire, où il la détache de la canne
au moyen d'un léger choc. Toutes ces opérations se font
en quelques minutes.

Entrons dans la vaste usine belge consacrée à la
fabrication du verre blanc. Ici est le magasin des
matières premières, des tas de sable et de craie , des
tonneaux de soude et de potasse.

Pénétrons dans cette halle immense ouverte à tous les

vents. Au milieu s'élève un grand massif de briques en forme de dôme, ce sont les fours. Ce feu que vous apercevez par des ouvertures placées de distance en distance, autour du dôme et dont l'éclat blesse vos yeux, ne s'éteint plus ; une fois allumé, il dure, une, deux et même trois années, sans interruption. Essayez de faire pénétrer vos regards dans l'intérieur du four par ces trous que l'on nomme *ouvreaux*. Distinguez-vous autour des parois du four, ces grands creusets ronds remplis d'une matière bouillante : c'est le verre en fusion. Ses parois, la voûte, les creusets, le verre, tout cela est blanc de feu, comme le soleil dans un ciel sans nuages.

Le verre blanc renferme du sable très-pur, de la craie, de la soude et des rognures de verre blanc.

Arrêtons-nous, et apprenons par quel curieux procédé on fait le verre à vitre.

L'aide du souffleur, en chemise comme lui et le visage ruisselant de sueur, s'approche de l'ouvreau, plonge le bout de sa canne dans le verre fondu, la replonge de nouveau pour la charger d'une quantité suffisante de matière, puis il la passe au souffleur monté comme lui sur un tréteau. Celui-ci souffle avec force ; aussitôt paraît comme une bulle teinte de toutes les nuances de l'opale et qui va toujours grossissant comme la bulle d'eau de savon que souffle l'enfant au bout d'un chalumeau de paille. C'est alors le moment difficile. Du haut de son tréteau l'ouvrier balance de droite à gauche ce globe encore élastique et souple, et lui imprime certains mouvements de haut en bas toujours soufflant ; on voit alors le globe de feu s'allonger et prendre la forme de ces cylindres de verre avec lesquels on recouvre des vases et des bronzes, sur les cheminées. Le verre refroidi a presque repris sa transparence naturelle; mais le souffleur a introduit l'extrémité du cylindre dans le four même, en bouchant avec le doigt le bout de sa canne. L'air qu'il contient se dilate, et ne trouvant pas d'issue, ouvre largement cette extrémité ramollie.

Le voici détaché de la canne et placé sur un tréteau. Il s'agit de le fendre en long. Que fait cet ouvrier? il trace avec une goutte d'eau une ligne droite sur le cylindre, puis il passe un fer rouge sur cette ligne. A l'application du fer, une fente s'est formée et suit le fer jusqu'au bout. Le cylindre ainsi préparé est porté dans le four à étendre. Bientôt la chaleur le pénètre; ses parois ramollies vont s'affaisser, l'ouvrier saisit ce moment pour les relever et les étendre à droite et à gauche avec un rabot de bois emmanché, qu'il fait glisser avec rapidité sur la surface du verre. Voilà le carreau étendu; l'ouvrier le pousse, pour faire place à un autre, dans un endroit du four moins chauffé, où il se refroidira lentement.

Passons dans une cristallerie; ici le verre en fusion s'y montre sous toutes les formes. L'ouvrier, à la canne qui sert à souffler les vases, joint un compas, des ciseaux, des pinces et divers moules de bronze.

Il vient de cueillir avec sa canne un peu de cette lave enflammée qui bouillonne dans le creuset; puis il la souffle dans l'intérieur d'un moule de bronze d'où elle sort quelques instants après sous la forme d'un flacon orné de facettes, de moulures ou d'ornements élégants. D'autres fois, sans se servir des moules, il façonnera une pièce plus simple avec les ciseaux et une pince, transformant le verre à sa volonté, de même que le modeleur transforme l'argile.

En 1825, un simple ouvrier de Baccarat imagina une sorte de soufflet pour remplacer d'une manière plus parfaite l'action forcée du souffle de l'homme, si pénible et si contraire à sa santé. Cet ouvrier, nommé Ismaël, fut récompensé par une pension et par le prix Monthion de 8,000 francs, que lui décerna l'Académie des sciences.

Il entre dans la composition du verre employé dans la cristallerie une certaine quantité de plomb qui se vitrifie et lui donne de la blancheur.

L'invention du verre est attribuée aux Tyriens, vers 1640, avant Jésus-Christ. Plus tard les Égyptiens parvinrent à le travailler avec assez d'art.

La malléabilité du verre, ou plutôt l'art de le façonner, ne pénétra à Rome que sous le règne de Tibère. Mais ce ne fut que plus de quarante ans après qu'on y vit des coupes et des vases en verre blanc exécutés avec élégance. On les tirait de l'Égypte, et ils coûtaient des prix excessifs. A cette époque, on ne fabriquait encore à Rome que des ampoules, sortes de petites fioles lacrymatoires que l'on mettait dans les tombeaux. Saint Jérôme, qui vivait au cinquième siècle de l'ère chrétienne, dit que, de son temps, on employait le verre pour les vitres des maisons. Vers 550, cet usage s'introduisit en Belgique. De là, il passa deux siècles après en Angleterre où il fit de grands progrès. On voit à Leith, en Écosse, une bouteille de verre de la capacité de 500 litres.

Les rois de France rehaussèrent l'industrie du ver—

rier en ordonnant qu'elle ne pouvait être exercée que par des personnes nobles. Les gentilshommes verriers étaient nombreux , surtout en Normandie , avant 1789. Le gentilhomme exerçait rarement lui-même cette profession ; il se faisait remplacer par un ouvrier qui lui payait une rétribution.

Si la fabrication du verre est une des industries les plus utiles et les plus curieuses que l'homme ait créées, c'est aussi malheureusement l'une des plus contraires à la santé. Qu'on se figure ces pauvres verriers exposés à l'ardeur d'un four brûlant pendant toute la durée de leur travail. Cette chaleur est si forte qu'une personne étrangère à leur rude besogne ne pourrait la supporter une minute entière. La visière qui couvre une partie de leur visage ne le garantit qu'imparfaitement des rayons qui s'échappent par l'ouverture ou porte du four et de ceux que projette le verre qu'ils soufflent.

Ils sont presque tous d'une excessive maigreur, et leur vie est en général d'une courte durée.

LE MIROITIER.

Si d'une verrerie ordinaire on se transporte dans une *glacerie* , le spectacle devient encore plus grandiose. Un énorme four de fusion est rempli de pots où le verre liquide reste seize heures pour s'y purifier ; de là on le transvase dans des pots plus grands, nommés cuvettes, où il reste également seize heures pour s'y affiner complètement. Un autre four de dix mètres de longueur où l'on glissera la glace pour la laisser refroidir lentement, porte le nom de carquaise ; le voici échauffé convenablement ; on roule vers sa gueule l'immense table de bronze sur laquelle on coulera la glace.

Tout est disposé, les ouvriers concourent avec célérité dans le plus profond silence à cette grande et périlleuse opération. Deux hommes amènent et placent rapidement en face d'un des ouvreaux un petit chariot supportant une barre de fer fourchue dont les branches entrent dans les trous d'une énorme tuile qui sert de porte à l'ouvreau. La tuile est enlevée. Un torrent de lumière dont la vue ne peut soutenir l'éclat sort de l'ouvreau ; cependant deux autres ouvriers ont poussé dans l'ouvreau l'extrémité du chariot à tenailles destiné à saisir la cuvette et à la placer sur le chariot à ferrasse. A peine y est-elle installée, qu'on lui fait rapidement parcourir l'espace qui la sépare de la table de bronze. On la saisit de nouveau avec les tenailles dont les chaînes sont accrochées au bras d'une potence, élevée contre la table de bronze. La cuvette est soulevée, puis au moyen des poignées fixées à la tenaille qui l'enserre, elle est renversée sur la table ; alors deux ouvriers l'étendent d'une épaisseur égale à l'aide d'un rouleau de bronze roulant sur deux tringles placées sur les côtés de la table et servant à déterminer l'épaisseur de la glace.

Cette glace est ensuite poussée dans la carquaise dont nous avons parlé.

Quelque nombreuses que soient les opérations, depuis le moment où la cuvette est tirée du four, jusqu'à celui où elle entre dans la carquaise, elles s'exécutent toutes en cinq minutes, tant il règne d'ordre, de régularité et de silence dans les opérations.

La surface de la glace est brute et inégale, lorsqu'elle sort de la carquaise. On l'équarrit à la plus grande dimension possible , puis on la soumet à quatre opérations successives : au dégrossi , au douci , au poli et à l'étamage. Le grès , l'émeri et le sulfate de fer calciné , sont les matières qu'on emploie pour polir les glaces. La glace polie est portée au cabinet de visite , éclairé d'un seul côté, et dont le plafond ainsi que les quatre murs sont peints en noir. On la pose à plat sur un tapis également noir. Il résulte de cette disposition que les moindres défauts sont visibles. S'ils ne peuvent disparaître par un nouveau polissage , on la divise en glaces plus petites.

L'étamage consiste à appliquer sur l'un des côtés de la glace une feuille d'étain sur laquelle on a étendu du mercure. Cette feuille, pénétrée par le mercure, se fixe facilement sur le verre.

Une manufacture de glaces a été récemment établie à Sainte-Marie-d'Oignies en Belgique. Ses produits rivalisent avec ceux de la célèbre manufacture de Saint-Gobain en France, d'où la Belgique tirait auparavant toutes ses glaces.

La glace belge qui a fait partie de l'exposition universelle de Paris , a excité l'admiration générale par sa beauté et sa merveilleuse grandeur.

Les glaces étaient inconnues aux anciens ; ils ne connaissaient que les miroirs en métal poli. Les glaces de Venise jouissaient jadis d'une grande célébrité ; c'est de là que la Belgique , la France et les autres pays de l'Europe tiraient leurs glaces avant que Colbert eût fondé, en 1666, la manufacture royale de France.

Rien n'égale la surprise des peuples sauvages qui voient une glace pour la première fois. C'est au point qu'un miroir ayant été donné par le célèbre voyageur Perron à un naturel de la Nouvelle-Hollande, celui-ci y apercevant ses traits hideux et menaçants, regarda derrière lui avec colère, pensant y trouver un ennemi.

LES DIABLES DE LA FORÉT DE COUCY.

épisode industriél,

TIRÉ D'UN OUVRAGE PEU CONNU.

—

Je voyageais, l'été dernier, avec mon père, sous les beaux ombrages de la forêt de Coucy, dans le Lyonnais (France). Je m'attendais à voir apparaître à chaque instant cette gigantesque tour, la plus élevée de tous les châteaux français au moyen âge, et qui dominait comme suzeraine sur cent cinquante bourgs, villages et forteresses, au nombre desquels était *Ham.*

Des histoires sinistres me revenaient à la pensée, lorsqu'au lieu du vieux château avec ses redoutables souvenirs, je vis sur une colline, dominant un vallon, où flottent comme des panaches de longs peupliers, je vis cinq grandes halles dont les toits aigus rivalisent à peine de hauteur avec d'énormes et symétriques entassements de bois ; puis de petites maisons semées à l'entour dans tous les plis du terrain ; derrière, à l'écart, comme un maître qui suit de l'œil ses ouvriers, une habitation plus remarquable; et en avant, le clocher d'une chapelle, comme la prière auprès du travail, le ciel qui console des fatigues humaines.

Nous entrâmes dans l'une des halles. Je me crus descendu en enfer.

Au milieu des flammes, dont les reflets m'éblouirent au premier moment, je vis s'agiter une foule d'hommes blancs, au regard étincelant, au visage pourpre, sous un large feutre noir. Ils faisaient manœuvrer d'énormes et bizarres instruments qui me semblaient préparer quelques tortures. Ils prononçaient des mots d'une langue toute nouvelle pour moi. Je vous les dirai à mesure que l'occasion s'en présentera dans le cours de mon récit. Mais suivons-les dans leurs étranges occupations.

L'un d'eux, le *tiseur*, disaient-ils, ne cessait de donner à dévorer d'immenses quantités de bois coupé par *billettes*, à la gueule béante et embrasée d'un vaste fourneau situé au milieu de la halle; d'autres ouvraient sur les flancs du fourneau de petites fenêtres qui luisaient comme autant d'yeux sanglants, et, armés de longues pelles, ils y jetaient une espèce de poudre apprêtée. C'est du sable blanc et fin tamisé, des grès tendres et blancs pulvérisés par de pauvres femmes à genoux sous des hangars voisins, puis mélangé avec une sorte de sel qu'ils nomment *carbonate de soude*, avec de la chaux éteinte à l'air et des débris de glaces réduits en poudre ou calcinés. Mais j'avais vu tirer ce mélange d'un four où l'on semblait l'avoir mis à sécher, à recevoir un premier degré de chaleur, à *fritter*, selon leur bizarre langage, avant de passer dans le grand four.

Quand toute cette poudre eut disparu par les *ouvreaux*, ainsi se nomment les petites fenêtres dont je vous ai parlé, on les ferma avec de larges tuiles, et les hommes blancs se reposèrent. L'activité seule de celui qui *tisait* redoubla ; le feu devint plus ardent que jamais.

Les soupiraux fermés se rouvrirent un instant pour y introduire une nouvelle matière que j'entendis nommer *oxide de Manganèse*.

Puis ce cri retentit dans la halle : *à l'affinage !* et tous les hommes blancs, aux chapeaux noirs à larges bords, prirent d'énormes cuillers en fonte qu'ils plongèrent dans les soupiraux ardents. Ils semblèrent à leurs mouvements y puiser et transvaser quelque chose de liquide. Ce ne pouvait être assurément qu'un fleuve de feu.

Cette opération finie, les soupiraux embrasés se fermèrent encore, et les fantômes blancs se perdirent dans l'ombre de la vaste halle, ou se posèrent silencieux et immobiles près des murs noirs, ou se promenèrent lentement et isolés, tour à tour s'évanouissant dans l'obscurité ou glissant pâles dans les jets de lumière du fourneau. A peine si quelque voix éloignée, affaiblie, venait frapper l'oreille, de l'une des extrémités du long édifice.

L'homme chargé d'alimenter la flamme travaillait moins, puis cessa tout à coup comme un malheureux condamné à un supplice perpétuel, et qui saisit avec avidité un instant de repos.

Un autre homme cependant, posé à l'écart, surveillait toujours.

La flamme grondait, et son sourd bruissement interrompait seul le silence de cet enfer muet.

Un coup retentit sur les dalles sonores du pavé. C'était l'homme en surveillance qui venait de le frapper du bout d'une canne en fer qu'il tenait à la main. Les hommes blancs accoururent aussitôt comme des abeilles à la ruche, et se formèrent par groupes en différents endroits, aux postes qu'on leur avait sans doute assignés; mais pas un mot ne se fit entendre : on vit partout renaître une silencieuse activité.

Les uns, à l'aide de deux roues sur lesquelles il était monté, firent avancer un énorme levier armé de deux cornes redoutables. Aussi l'appellent-ils, m'a-t-on dit, *le grand cornard*. Ces cornes, comme celles d'une fourche, s'introduisirent dans les deux trous des larges tuiles qui fermaient les soupiraux, et les enlevèrent avec la même facilité qu'une main soulèverait un carré de papier.

Les autres roulèrent un chariot sur lequel étaient disposées de grandes tenailles, dont l'extrémité, celle qui saisit, offrait comme un cadre de fer. Ce cadre plongea dans la gorge ardente de *l'ouvreau*, et en retira une espèce de *cuvette* lumineuse qu'il tenait fortement embrassée. Il la déposa sur un autre chariot qui l'attendait pour la transporter rapidement dans une autre partie de la halle, près d'une longue table en bronze.

Que vont-ils faire de l'effroyable liquide qu'elle contient ?

Deux hommes blancs prennent un long sabre en cuivre, et se mettent à *l'écrémer*.

Un autre était venu avant, et, plongeant le bout d'une canne dans la cuvette, il avait regardé avec soin *filer* la portion de liquide enlevée, comme l'eau ou l'huile ruissèlent le long d'une tige qu'on y a plongée. Le liquide ardent prit, en tombant, la forme d'une larme limpide, et l'homme parut satisfait.

Cependant un troisième fixait solidement de longues tringles sur les bords de la table de bronze.

D'autres nettoyaient à diverses reprises la surface plane de la table.

La cuvette ardente reçut les mêmes soins, et cette toilette de propreté finie, des tenailles doubles s'abaissèrent d'une potence voisine, saisirent la cuvette par la *ceinture*, ou la rainure pratiquée à sa surface extérieure, et l'enlevèrent au niveau de la table.

Un rouleau, dont les extrémités reposaient sur les tringles, fut placé au bout de la table.

Quand cet ordre : *versez!* fut prononcé, le liquide lumineux s'épancha sur la table, et le rouleau, poussé par quatre hommes, se promena lentement sur la pâte diaphane qui se forma, et après l'avoir égalisée, tomba, sa course finie et la table parcourue, dans les fourchettes destinées à le recevoir.

Ce lit de feu était horrible à voir. Quel coupable pourrait mériter un pareil supplice !

Un homme vint, se baissa et contempla d'un œil intrépide cette surface éblouissante que je n'osais regarder qu'à dix pas de distance, et dont je sentais encore trop à ma joue le reflet brûlant. Mais lui, sans crainte de devenir aveugle, comme s'il eût eu des yeux métalliques, il semblait chercher un défaut, la plus légère inégalité. Quel lit, grand Dieu ! pour se donner tant de peine ! Enfin il découvrit un petit point, une bulle, un atome moins pur que le reste. Un ordre fut donné, et l'emporte-pièce fit disparaître la tache.

Pendant ce temps, les tringles fixées aux bords de la table avaient été enlevées ; le liquide ardent s'était déjà durci. La cuvette vide avait été reportée et replacée par les mêmes instruments dans le four d'où on l'avait extraite, et elle avait été de nouveau remplie de la même poudre préparée dont je vous ai parlé.

Alors un nouveau four s'ouvrit au niveau de la table, et de longs instruments de fer y poussèrent la plaque encore rouge qu'on venait de fabriquer. Six fois ces diverses opérations se renouvelèrent et s'accomplirent avec le même ensemble, la même précision, et surtout le même silence. La sueur ruisselait sur tous les fronts ; le zèle ne se lassait point. Ce spectacle eût été magique pour un peintre. Il y avait là de quoi immortaliser celui qui aurait bien saisi ces sublimes effets.

Maintenant tout mouvement cesse. On ne voit plus *les démons* aller et venir silencieux et comme poussés par une force mécanique ; on n'entend plus retentir le bruit des chaînes, le roulement des chariots, les efforts plaintifs des instruments ; le feu ne se façonne plus sous la main des hommes. La halle est vide, presque déserte. Quelques-uns pourtant dorment étendus sur le sol, et deux veillent encore : celui qui alimente le fourneau et l'homme à la baguette de fer, dont le signal est si bien obéi. Une fée n'aurait pas plus de puissance.

Tout n'est pas fini ; mais les travaux vont changer de théâtre et d'acteurs. Disons adieu à nos diables blancs. Ils viennent encore une fois tirer du four, où ils les ont enfermées, les grandes plaques de feu qu'ils ont fabriquées sur la table de bronze. Cette fois elles ne sont plus brûlantes et lumineuses ; leur surface est brute, inégale.

Suivons-les à *Chauny*, où on les expédie, dans cette belle plaine sur l'Oise, à l'embranchement du canal de Saint-Quentin.

En arrivant, on les couche sur une table en pierre, où un cadre de plâtre coulé les environne et les fixe solidement. Du sable mouillé est répandu à la surface, et deux hommes se renvoient, comme par amusement, des deux bouts de la table, une petite pyramide à la base de laquelle est fixée une plaque de la même espèce que la grande. On dirait deux joueurs de billard. Mais il faut que ce jeu dure trente-six jours avant que la grande surface ait perdu ses inégalités sous le frottement de la pyramide, qui tourne comme un valseur, ou glisse comme un traîneau sur les neiges de la Russie.

Après cette opération, qu'en langage d'atelier on appelle *doucissage*, une autre succède non moins longue ni moins pénible. Cette fois ce n'est plus du sable, mais une poudre de fer calciné qu'on sème à la surface ; puis deux hommes y promènent une espèce de *polissoire* garnie d'une étoffe de laine : c'est le *polissage*.

Mon étonnement devint bien plus grand encore quand je vis une machine qui, seule, avec le secours de l'eau, faisait à la fois ces deux opérations.

Une belle surface de verre de quatre-vingts pieds était alors sous mes yeux. On en fait de plus grandes encore.

On l'envoya à Paris, où elle fut étendue sur une couche de vif-argent, qui au bout d'un mois s'y attacha, mais non sans peine. Ce fut d'abord une feuille d'étain qu'il fallut imbiber de vif-argent jusqu'à ce qu'il formât une couche égale de l'épaisseur d'une pièce de cinq francs ; puis la glace une fois apposée sur cette couche et couverte d'une flanelle , on la chargea de poids pendant vingt-quatre heures , et enfin pendant le reste du mois on inclina chaque jour la glace jusqu'à ce que, se débarrassant peu à peu du superflu du vif-argent , elle se trouvât entièrement debout.

Alors seulement ce fut une glace complète. Mais vous avez pu juger que de travaux et d'habileté il a fallu pour atteindre ce résultat !

LE CORDIER.

Quelquefois en passant près d'un mur , d'un chemin , d'un jardin , etc., vous voyez un ouvrier chargé de filasse, marcher à reculons, en lâchant des brins de filaments qui se tortillent et forment une ficelle qu'un enfant fait tourner au moyen d'une roue et d'une manivelle.

Cet ouvrier solitaire pratique un art primitif des plus utiles ; son utilité nous est démontrée chaque jour : que pourrait-on faire sans cordes? la direction des voiles d'un navire, la pêche , les transports , les constructions en exigent l'emploi, à chaque instant ; dans la vie domestique, on a besoin de cordes ou de ficelles, soit pour le paquetage, soit pour d'autres emplois.

Le chanvre est la matière première le plus généralement employée dans les cordages ; on en distingue deux espèces provenant de la même graine : le *chanvre mâle* qui produit le chènevis que l'on donne aux petits oiseaux , et le *chanvre femelle,* qui n'a pas de graine et dont le fil est moins solide.

On fait *rouir* le chanvre, en le mettant pourrir dans l'eau. C'est une opération dont les exhalaisons malsaines sont très-nuisibles pour le voisinage ; aussi l'on doit préférer les mares et les cours d'eau éloignés des habitations.

Après le rouissage, le chanvre doit être rompu sur un chevalet pour en détacher l'écorce ; ensuite on le peigne. Cette opération a pour but de diviser la filasse et de la séparer en trois qualités : la plus grosse est celle que l'on emploie pour la fabrication des cordes, l'autre sert à faire de la toile grosse, mais solide.

Dans quelques cas, on remplace le chanvre par l'écorce de certains arbres, tels que le tilleul. M. Briant, de Nivelles, a exposé en 1841 des échantillons de ces cordes, que l'on a reconnues pouvoir remplacer avantageusement celles en chanvre.

Pour les ponts ou pour la suspension des lustres, on se sert de cordages formés avec des fils de fer ; ces cordages présentent une très-grande solidité, mais ils manquent de souplesse. Sur les navires et sur les ports, on remplace les câbles de chanvre par des chaînes en fer. Celles qui servent pour les ancres sur les vaisseaux de guerre sont d'une dimension si énorme que deux chaînons seulement de ces câbles en fer, forment la charge d'un homme.

LE CHARRON.

Le nom de charron vient de *char*, car c'étaient les charrons qui fabriquaient les grossières voitures où nos ancêtres se faisaient charrier. Aujourd'hui les voitures destinées au transport de l'homme sortent des mains du carrossier, tandis que le charron confectionne les solides mais lourds *chariots* à quatre roues et à timon, destinés au transport de la houille, du fer. des pierres, du blé, etc. ; les guimbardes, longues charrettes à ridelles et à deux timons ; le *fourgon*, voiture militaire employée au transport des munitions et du bagage ; le *haquet* approprié au transport des tonneaux et pouvant basculer d'avant en arrière ; un moulinet placé sur le devant et muni d'un câble sert à le charger ; le *tombereau*, sorte de charrette dont les côtés et les bouts sont fermés de grosses planches au lieu de l'être avec des ridelles ; le *camion*, petit chariot monté sur quatre roues très-basses et destiné à transporter en ville des caisses et de lourds bagages. Le *fardier*, dont on se sert pour transporter des pièces de charpentes, a des roues de deux mètres cinquante centimètres de hauteur ; les charpentes chargées en dessous sont suspendues par des chaînes de fer.

A ces diverses espèces de voitures, il faut ajouter les instruments aratoires, tels que charrues, herses, rouleaux, etc., dont la construction est de la compétence du charron.

Les principaux outils du charron sont la tarière, avec laquelle il perce les moyeux des roues ; l'amorçoir servant à préparer les trous et mortaises ; l'esselle, hachette plane sur une face et en biseau sur l'autre, pour dégrossir les bois ; la plane, lame tranchante emmanchée par les deux bouts et qui sert à planer ou polir l'ouvrage. Le charron emploie encore le maillet, la masse, le ciseau et bien d'autres outils.

L'établissement des chemins de fer, qui ont, en beaucoup d'endroits, remplacé le roulage, a fait grand tort
aux charrons, car les réparations à faire aux voitures
des rouliers leur donnaient beaucoup d'occupations ; et
puis ils n'ont plus à réparer les nombreux accidents qui
arrivaient aux voitures de voyage. Voici une chaise de
poste dont la roue est brisée ; vite on court au charron : malheureusement notre artisan n'a sous son hangar
qu'une paire de lourdes et grossières roues de charrettes ; les voyageurs pressés s'en accommodent et la
paient deux fois sa valeur. On met en place ces nouvelles
roues, et la voiture, ainsi arrangée, fait, à son entrée en
ville, l'effet d'un élégant marchant avec des souliers
percés et éculés. D'autres fois c'est un brancard rompu
que le charron remplacera, tant bien que mal, par une
pièce de bois qu'il fixera avec des liens de fer. Aujour-
d'hui ces aubaines sont aussi rares que les chaises de
postes sur les grandes routes.

LE COFFRETIER.

En France on donne à cet ouvrier le nom de *layetier*,
dont l'étymologie vient du mot *layette*, qui signifiait
autrefois tiroir, coffret et aussi le trousseau d'un enfant
nouveau-né.

Quoi qu'il en soit, cet ouvrier fabrique des coffres et
des caisses à marchandises ; il vend en outre des sacs de
nuit, des valises et des porte-manteaux ; enfin il confectionne également des caisses légères, où, à l'aide d'amé-
nagements artistement disposés, les dames peuvent

placer les robes les plus fragiles , les chapeaux les plus
frêles , sans que les secousses d'un long voyage puissent
altérer leur fraîcheur.

Mais l'un des principaux produits de l'art du coffretier,
sont les malles de voyage. C'est dans leur fabrication
qu'il déploie tout son art. Une malle de soixante centimètres , sur une largeur et une hauteur moindres , renfer-
mera , dans de nombreux compartiments , tout ce qui
sera nécessaire au voyageur. Lorsqu'on voit posé sur
des chaises ou des tables ce qu'elle doit contenir, on est
stupéfait en remarquant l'encombrement qui en résulte,
et on ne peut s'imaginer que tout cela pourra entrer
dans un si petit espace ; mais chargez le coffretier , qui
est aussi emballeur, de remplir la malle, et voyez-le
opérer ; il trouvera moyen de tout y faire entrer avec
ordre et sans rien chiffonner.

Lorsqu'on veut envoyer des objets délicats ou fragiles , glaces , pendules , tableaux , gravures encadrées ,
statues , instruments de musique , etc. , chargez le
coffretier de l'emballage, et tout arrivera à destination
sans accident. On fabrique des malles en bois de sapin et
de chêne à couvercle bombé , le tout recouvert de cuir
ou de peau garnie de son poil et doublé d'une toile à
carreaux. D'autres malles plus modernes sont partie en
cuir et partie en bois ; les unes et les autres sont ferrées ,
c'est-à-dire, garnies de ferrures aux angles ; outre la
serrure, on y ajoute, pour compléter la fermeture, deux
porte-cadenas.

Souvent les malles contiennent des doubles fonds
dissimulés avec art, servant , soit à cacher de l'argent ,
soit à recéler des objets de contrebande ; mais ceux-ci

échappent rarement à l'œil scrutateur du douanier, qui ne manque guère de comparer la profondeur intérieure de la malle avec sa hauteur à l'extérieur, de sorte que la fraude est bientôt découverte.

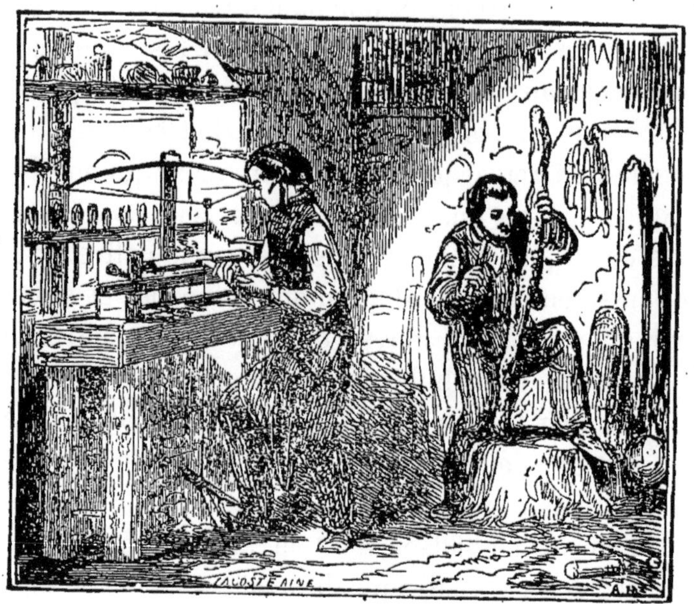

LE TOURNEUR.

On appelle *tourneur* l'ouvrier qui travaille sur le tour ; les bois les plus durs et sur lesquels le fer et l'acier trouvent à peine prise, comme le buis, le gayac et l'érable, étant dans les mains d'un tourneur, se dégrossissent, s'arrondissent, s'ornent de filets, de canelures, de pommes ; deviennent, sous son ciseau, colonne, balustre, support, boîte, couvercle, cuvette, en un mot, tout ce qu'il lui plaît. On a vu, dans tous les

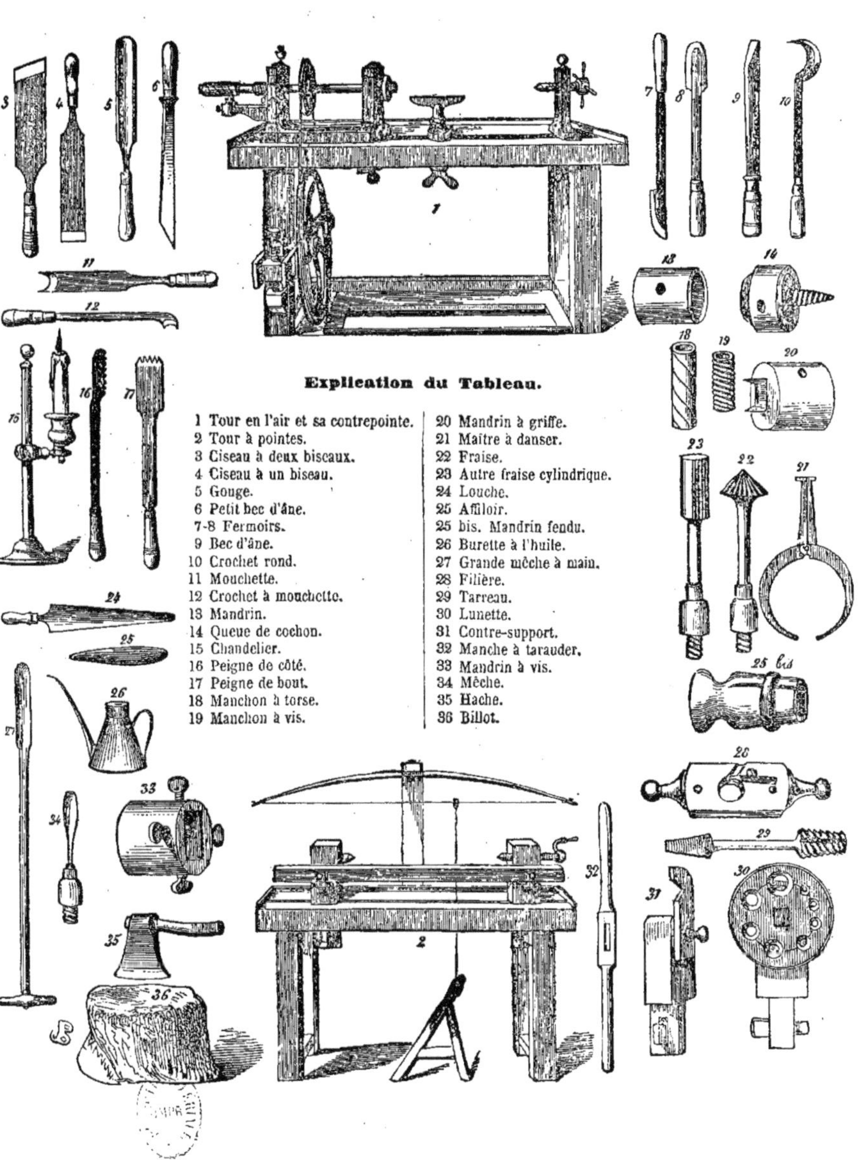

Explication du Tableau.

1 Tour en l'air et sa contrepointe.	20 Mandrin à griffe.
2 Tour à pointes.	21 Maître à danser.
3 Ciseau à deux biseaux.	22 Fraise.
4 Ciseau à un biseau.	23 Autre fraise cylindrique.
5 Gouge.	24 Louche.
6 Petit bec d'âne.	25 Affiloir.
7-8 Fermoirs.	25 bis. Mandrin fendu.
9 Bec d'âne.	26 Burette à l'huile.
10 Crochet rond.	27 Grande mèche à main.
11 Mouchette.	28 Filière.
12 Crochet à mouchette.	29 Tarreau.
13 Mandrin.	30 Lunette.
14 Queue de cochon.	31 Contre-support.
15 Chandelier.	32 Manche à tarauder.
16 Peigne de côté.	33 Mandrin à vis.
17 Peigne de bout.	34 Mèche.
18 Manchon à torse.	35 Hache.
19 Manchon à vis.	36 Billot.

temps, l'agréable exercice du tour passer des artisans aux personnes les plus distinguées, désennuyer les solitaires, et amuser les princes mêmes.

On peut distinguer deux principales formes de tours, servant pour travailler des pièces dont le contour est régulier, savoir : les grands tours dont la matière principale est le bois, et dont se servent surtout les maîtres tourneurs et les tabletiers, et les tours de fer qui sont beaucoup plus petits. Il y a de ces derniers tours qu'on place dans un étau, et que l'on fait mouvoir aisément par le moyen d'un archet. A l'égard des grands tours sur lesquels on travaille de gros ouvrages, tels que les balustres de bois ou de pierre, on leur imprime le mouvement par le moyen d'une roue tournée par un ou deux hommes. Si les ouvrages sont plus légers, on se contente d'une marche que le pied de l'ouvrier fait mouvoir.

Dans le tour ordinaire, les pièces que l'on tourne et qui sont fixées horizontalement et contenues entre deux pivots, reçoivent le mouvement de la *marche* qui est au-dessous des pieds du tourneur, et de l'*archet* qui est au-dessus de sa tête. Cet archet n'est autre chose qu'une perche attachée le long du plancher de l'atelier, et qui fait ressort, c'est-à-dire, qui se relève d'elle-même lorsqu'on la tire par le bout qui n'est point attaché ; la marche est un bâti de menuiserie de forme triangulaire, ou bien simplement une tringle longue de quatre ou cinq pieds. Il y a une corde attachée par un de ses bouts à la partie libre de l'archet, et par l'autre bout à la marche. Cette corde fait un tour sur l'ouvrage qu'on veut tourner, ou sur le *mandrin* (sorte d'allonge) auquel il est collé. Ainsi le tourneur, en appuyant le pied sur la marche , et en le relevant alternativement et avec régularité , imprime un mouvement de rotation sur elle-même à la pièce qu'il veut travailler. Alors , armé d'un outil qu'il tient appuyé sur le support , et dont il présente la partie tranchante à la pièce qui est sur le tour, l'ouvrier fait prendre à cette pièce telle figure que bon lui semble.

LE VANNIER.

Cet art , que pratiquaient de pieux cénobites , retirés dans les déserts de la Thébaïde , est fort ancien. Les peuplades indiennes de l'Amérique , plusieurs nations de l'Asie et de l'Afrique excellent dans l'art de faire des paniers. Les Hottentots en fabriquent , dont le tissu est tellement serré qu'il peut contenir des liquides sans en perdre une goutte. Les huttes qu'ils habitent sont recouvertes du même tissu imperméable , que supportent des branches enfoncées en terre et courbées en demi cercle. Outre les paniers , les Indiens savent tisser , avec les mêmes matériaux , des nattes légères dont ils forment leurs vêtements. Des nattes plus épaisses leur servent de lit, enfin ils se fabriquent un bouclier capable de résister aux flèches , avec des branches flexibles , tressées en rond et recouvertes d'une peau épaisse.

Les Grecs et les Romains fabriquaient avec l'écorce de certains arbres , ou avec les feuilles du palmier, des corbeilles à fruit ou à gâteaux d'une finesse admirable ; ils les décoraient d'arabesques et d'emblèmes exécutés

avec un goût charmant ; malheureusement aucun de ces
fragiles chefs-d'œuvre n'est parvenu jusqu'à nous ; nous
ne les connaissons que par les descriptions qui nous en
sont restées.

Les Celtes, nos ancêtres, connaissaient l'art de tresser
l'osier. Témoin cette horrible hécatombe humaine que
les druides , prêtres gaulois , faisaient en l'honneur de

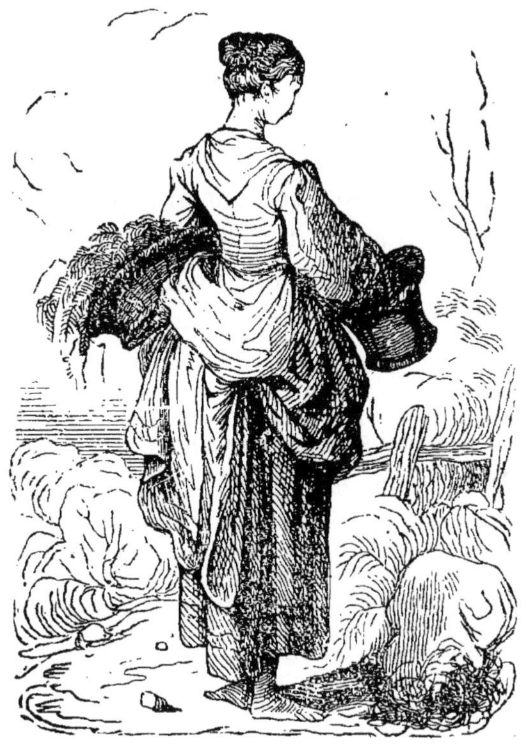

leurs faux dieux. Une figure d'homme en osier et en
branches d'arbres tressées, de douze à quinze mètres de
hauteur, était remplie de malheureux captifs qu'on
jetait pêle-mêle dans ses flancs ; puis, quand le colosse

était rempli, on y mettait le feu. Ce monstrueux sacrifice, pratiqué sans doute aux occasions solennelles, était le complément des sacrifices partiels que les druides exer-çaient dans leurs sombres forêts, sur des autels grossiers nommés dolmens. On trouve encore un grand nombre de ces autels en plusieurs parties de l'Europe et notam-ment en Bretagne.

Heureusement, le vannier de nos jours ne s'occupe qu'à faire des paniers pour les cuisinières, des corbeil-les à ouvrage et des mannes grossières pour renfermer des marchandises. Il fabrique aussi la hotte du portefaix ou celle du marchand de salade, et ne dédaigne pas de tresser celle de l'humble chiffonnier, qui, armé de son crochet et levé à l'aube du jour, la remplit de chiffons et de débris de verre jetés au coin des rues. C'est encore chez le vannier que les enfants vont acheter les légères baguettes d'osier qui doivent former la carcasse de leur cerf-volant.

Mais l'un des plus utiles ouvrages du vannier, celui dont il tire son nom est le *van*, qu'on emploie pour le vannage des grains.

Les menues branches de saules dépouillées de leur écorce, prennent le nom d'osier. Les branches plus grosses, entières ou refendues dans leur longueur, ser-vent à faire la carcasse d'un panier. On appelle *oseraie* l'endroit où l'on cultive cette espèce de saule. Outre l'osier, on emploie en Europe d'autres matériaux pour faire des paniers. Les bourriches, dans lesquelles on envoie les huîtres et le gibier, sont fabriquées avec des lames très-minces de bois de châtaignier.

LE MAQUIGNON.

Dieu, en créant le cheval , a voulu dans sa sagesse infinie , donner à l'homme un compagnon fidèle , un aide, un auxiliaire puissant, qui joignît à la force et à la vitesse l'obéissance , le courage et la résignation.

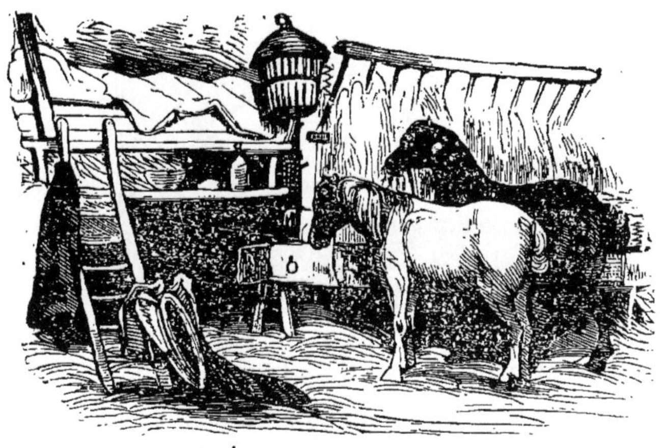

En effet , que deviendrait l'homme privé du cheval ? qui transporterait ces lourds fardeaux ? qui traînerait avec rapidité ces voitures de toute espèce, destinées au transport des voyageurs? Le bœuf trop lent dans son allure ne peut remplacer le cheval. Parlons aussi du cheval de bataille , qui, bondissant au son de la trompette , s'anime au feu. Voyez avec quelle ardeur il s'élance vers le danger: rien ne l'arrête , pas même une blessure; dans une déroute, il sauvera par la rapidité de sa course , son maître poursuivi par l'ennemi et tombera mort en arrivant.

Par combien d'épreuves passe le pauvre cheval avant
d'arriver au terme de sa carrière. Suivons-le dans sa
vie. Le voyez-vous gambadant à côté de sa mère dans

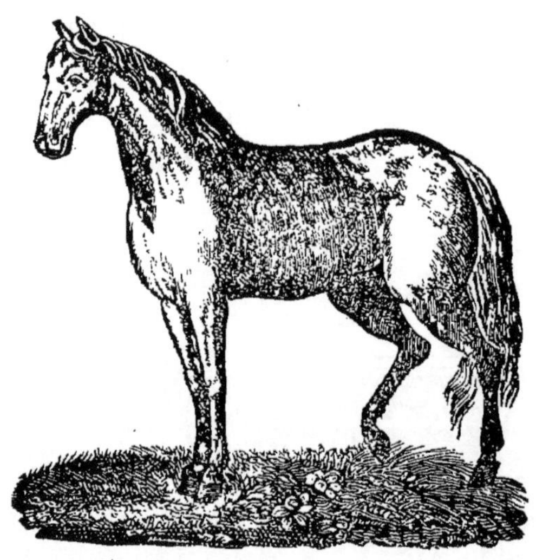

les riches prairies de la Flandre orientale ; là il jouit
d'une entière liberté. Mais deux ans sont écoulés ; *Ariel ,*
c'est le nom que nous lui donnerons, est conduit au
marché. Un maquignon l'achète et le revend à un membre du *jockey-club.* Bientôt Ariel, que ses belles formes,
sa légèreté et sa vigueur ont fait remarquer , se distingue
dans les courses et gagne plusieurs prix ; malheureusement il a fait une chute dans une course au clocher et
son maître , qui a roulé dans la poussière, s'en défait.
Ariel ne courra plus , on le met au cabriolet : quelques
années s'écoulent ; il a gagné de l'âge , il est moins
élégant , moins gracieux, son maître le fait vendre, et il
devient la propriété d'un cocher de voiture de louage.
Je laisse à penser quel triste changement ; en course du

matin au soir, roué de coups de fouet, chichement nourri, Ariel vieillit tellement en deux ans qu'il n'est plus reconnaissable. Le cocher s'en débarrasse en le vendant à un charlatan. Au moins ici a-t-il quelque repos pendant que son nouveau maître harangue la foule qui l'entoure. Mais ce bon temps ne dure pas ; le charlatan a décampé sans payer son hôte, et celui-ci abandonne le cheval pour dix francs à une famille d'émigrants qui allait à Anvers et dont il est bien aise de se faire quitte. Dans ce voyage le sort d'Ariel s'empire de plus en plus : dix personnes, parents, enfants, sont entassées, avec force bagage, dans une étroite charrette. Ariel succombe sous le faix ; sa pitance est d'ailleurs si maigre qu'il dépérit à vue d'œil ; enfin on est arrivé à Anvers, mais le pauvre Ariel s'est abattu pour ne plus se relever.

Nous avons parlé plus haut d'un maquignon, c'est celui qui fait le commerce de chevaux. C'est un métier difficile et qui exige une grande expérience pour ne pas se tromper dans ses acquisitions. Au reste, l'homme auquel on donne le nom de maquignon, au fait des ruses du métier, ne se laisse pas souvent tromper ; mais il arrive fréquemment qu'on n'en peut pas en dire autant à l'égard de ceux qui s'adressent à lui, en sorte que ce nom de maquignon est souvent pris en mauvaise part.

En effet le maquignon de mauvaise foi a mille moyens de tromper un acheteur inexpérimenté. Il vendra un vieux cheval pour un jeune, en lui limant les dents, en sorte que la tache noire qui décèle l'âge disparaîtra ; le cheval mou, usé et sans vigueur, paraîtra plein de force et d'ardeur, parce qu'il lui aura prodigué l'avoine avant de le mener au marché ; à l'aide de diverses drogues et d'un régime approprié, il dissimulera certains vices et certaines maladies, telles que la pousse et le cornage. Le maquignon va même plus loin ; a-t-il besoin d'un cheval noir pour satisfaire un acheteur, il teindra sa marchandise tout comme certains charlatans, soi-disant chimistes, teignent les cheveux blancs, grisonnants ou d'une couleur approchant trop de la carotte.

Voici un échantillon du savoir-faire de ces messieurs, pour parer leur marchandise. Un fermier dont le cheval vieux et fatigué ne pouvait rendre aucun service, l'envoya au marché où un maquignon l'acheta pour la valeur de sa peau, c'est-à-dire une quinzaine de francs ; mais, au lieu de le conduire à l'équarisseur, il lui donna quelques jours de repos, le nourrissant à bouche que veux-tu, puis il lui fit les crins, para les sabots, lima les dents ; enfin pour achever la toilette du pauvre animal, il lui passa avec une éponge sur tout le corps, une eau qui teignit en noir sa robe d'un gris sale. Notons qu'il lui épargna une belle étoile au front et des balzanes aux pieds (1), marque qui donne de la valeur à un cheval. Le vieux *Coco* auquel on prodiguait l'avoine et qui ne s'était jamais trouvé à de semblables festins était devenu plus ingambe et redressait parfois sa tête, ce qui lui donnait presque un air de jeunesse.

Le fermier obligé de remplacer son vieux cheval, se rendit au marché aux chevaux, et y rencontrant le

______

(1) L'étoile est une marque blanche au front, et les balzanes une partie également blanche, occupant le boulet, ou bas de jambes.

maquignon à qui il avait vendu Coco, s'adressa naturellement à lui et marchanda son ancien cheval qu'il était bien loin de reconnaître. Notre maquignon riant dans sa barbe du bon tour qu'il allait jouer, ne le tint pas à un prix trop élevé, de sorte que le villageois enchanté ramena Coco au village, tout fier de son acquisition, surtout lorsque le cheval un moment libre se dirigea tout droit vers la maison et entra dans l'écurie. Voyez l'intelligence de cette bête! s'écria le paysan émerveillé; elle a reconnu ma maison et l'écurie sans les avoir jamais vus. Le lendemain il envoie le valet de ferme faire baigner le cheval dans l'étang voisin ; mais, ô surprise ! Coco parti noir, revient presque blanc ! D'abord le fermier accuse le garçon d'écurie de lui avoir changé son cheval, mais bientôt la triste vérité se montre à découvert, et le fermier reconnaît qu'il a payé trois cents francs le même cheval qu'il avait vendu quinze francs.

LE MARÉCHAL FERRANT.

Quelle est donc cette noire boutique d'où sort un bruit assourdissant accompagné de gerbes d'étincelles? ces hommes au teint bronzé, au bras musculeux sont des ouvriers maréchaux.

Le fer qui doit servir de chaussure au cheval sort tout étincelant de la forge et reçoit en quelques minutes, sur l'enclume, la courbure et la forme nécessaires. Les ouvriers ont cessé de battre, le patron seul termine la besogne ; c'est lui qui donne, avec son marteau, la perfection au fer ; le voilà qui sort de son atelier portant avec des tenailles le fer encore chaud, il va l'essayer à ce beau cheval attaché à sa porte ; un aide soulève le pied de devant de l'animal qui veut regimber ; mais le teneur de pied est vigoureux, et son gros tablier de cuir amortit le dur contact de ce pied.

Le maréchal, outre son tablier, dont le cuir est à l'épreuve des étincelles qu'il vient de faire jaillir, porte deux sacoches à outils fixées sur ses hanches : le voilà qui applique le fer brûlant sur le pied du cheval. La corne roussit et crie, la fumée qui s'élève porte au loin l'odeur de la corne brûlée. Le maréchal retire aussitôt le fer et voit par l'impression qu'il a laissée, les endroits trop saillants à enlever, car il faut qu'il porte partout d'une manière égale. Il se sert pour cela du *boutoir*, instrument tranchant avec lequel il avait déjà abattu l'excès de corne du sabot et paré sa face plantaire.

Ce travail achevé, le fer refroidi est remis sur le pied du cheval ; des clous à grosse tête et à lames minces et flexibles, sont enfoncés ou en terme du métier *brochés* de manière que, traversant obliquement la corne, ils viennent sortir au dehors. On les replie avec le marteau ou *brochoir* ; puis, avec les mors tranchants de ses *tricoises*, le maréchal coupe ces clous à l'endroit du repli et les rive.

Il faut qu'un maréchal soit habile et attentif. Un fer appliqué trop chaud dessèche et brûle la corne ; un clou mal dirigé, et pénétrant dans la partie vive du pied, au lieu de sortir au dehors, rendra le cheval boiteux.

La ferrure est l'une des plus importantes parties de l'hygiène du cheval ; sans le fer dont on garnit ses sabots, nous ne pourrions en tirer aucun service ; en effet, ils seraient immédiatement usés sur le pavé des rues de nos villes, et sur les routes pierreuses de nos campagnes ; puis l'animal serait de longtemps incapable de rendre aucun service.

Si les chevaux sauvages des plaines de l'Ukraine et des prairies d'Amérique conservent leur chaussure naturelle intacte , c'est qu'ils ne quittent guère les terrains herbus et gazonnés.

Le maréchal est aussi artiste vétérinaire ; non-seulement il s'occupe de ferrer les chevaux, mais il est l'Esculape des bestiaux de toute espèce; les maladies du cheval lui sont connues, et ordinairement, il parvient à les guérir par quelques remèdes énergiques que lui a légués son prédécesseur.

La profession de maréchal ferrant exige une très-grande vigueur, car il s'agit souvent de dompter des chevaux fougueux ou méchants, soit pour les ferrer, soit pour les soumettre à quelque opération douloureuse.

Un maréchal ferrant donna un jour un exemple de sa force et une leçon tout à la fois à un autre maréchal ; mais celui-ci était un maréchal de France, c'était le célèbre Maurice de Saxe. Son cheval s'étant déferré, il avise dans un village un maréchal ferrant, arrête son cheval, descend , et dit à l'artisan de lui choisir un bon fer pour remplacer celui que son cheval a laissé en route; l'ouvrier se hâte d'en présenter un au grand personnage. Maurice, dont la force était prodigieuse, et qui voulait sans doute s'amuser aux dépends du maréchal de village, prend le fer à deux mains, l'examine, le rompt sans effort et en rejette les morceaux, en disant : Il ne vaut rien , donnez-m'en un autre. Le forgeron sans s'émouvoir présente un second , puis un troisième fer , tous les deux ont le sort du premier ; enfin le quatrième trouve grâce devant Maurice. La besogne terminée, le maréchal de Saxe présente un écu de six livres au forgeron : Il ne vaut rien, dit celui-ci , puis il le plie en deux, le rompt et en rejette les morceaux derrière lui. Deux autres écus que lui présente le maréchal de France sont également brisés, enfin le quatrième est trouvé bon par l'artisan. Maurice de Saxe s'éloigne alors , à la fois surpris et satisfait d'avoir trouvé un homme aussi fort que lui.

On remarque ordinairement un grand nombre de fers à cheval cloués sur la porte des églises dédiées à saint Martin, ou dont ce saint est l'un des patrons. C'était, pour nos pieux ancêtres , la suite de l'usage généralement suivi d'invoquer ce saint lorsqu'ils entreprenaient un voyage.

LE BUCHERON.

Quel est donc le bruit dont retentit toute la forêt? approchons-nous, c'est la cognée du bûcheron , frappant à coups redoublés le pied de l'arbre qu'il veut abattre ; hâtons-nous de passer de l'autre côté ; car le voilà qui s'ébranle. En effet le géant de la forêt tombe avec un fracas épouvantable , sa tête se déforme et se brise en partie dans sa chute.

Le bûcheron sciera les plus grosses branches dont il fera des bûches ; quant au tronc de l'arbre, il deviendra plus tard une belle pièce de charpente.

C'est un rude métier que celui de bûcheron. Il va souvent travailler dans les bois à de grandes distances de sa chaumière, et il est exposé à toutes les intempéries de l'air. Mais si la chaumière n'est point trop éloignée, sa femme lui apportera chaque jour sa nourriture.

Les enfants d'un bûcheron lui sont fort utiles, car ce sont eux qui ramasseront les menues branches dont ils feront des fagots.

Mais quelle est cette fumée, cette flamme que nous voyons là-bas? le feu est-il à la forêt? non, non, c'est un fourneau de charbon. Le bûcheron a livré toutes les menues branches au charbonnier, et celui-ci en a formé un cône énorme qu'il a recouvert de terre et de mottes de gazon. Il y a mis le feu, laissant seulement arriver l'air par quelques ouvertures. Le jet de flamme que nous venons de voir annonce que le feu s'est fait jour quelque part. Le charbonnier va se hâter de fermer cette ouverture, afin que la combustion soit lente et uniforme.

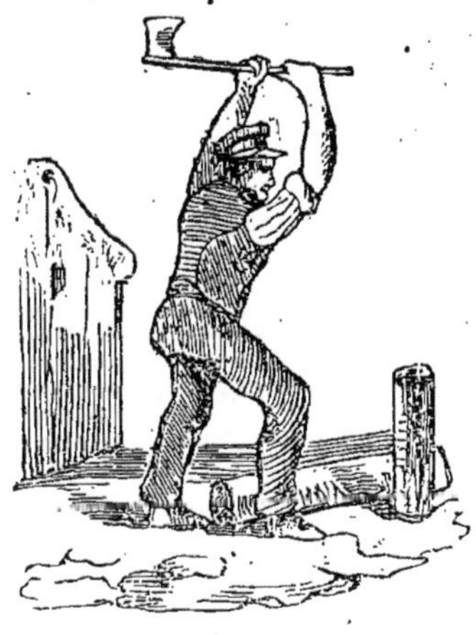

C'est le bûcheron qui abat les bois à brûler dont les chantiers renferment des piles hautes comme des maisons. L'arbre étant abattu il faut le détailler, c'est-à-dire scier le tronc et les grosses branches à la longueur réglementaire des bûches; de plus il faudra refendre, à l'aide de coins de fer et d'un énorme maillet, les bûches trop grosses et surtout dépecer les souches. Ce dernier travail est le plus pénible.

Pendant les travaux d'hiver, lorsque la neige couvre le sol et que chaque arbre semble poudré à blanc, le bûcheron n'aime pas à s'attarder dans de grandes forêts, car il a à craindre les loups si communs dans certaines provinces. Cependant sa crainte n'a pas lui-même pour objet , car il est armé de sa redoutable coignée; mais il pense à ses enfants qui, malgré ses recommandations , s'amusent à courir çà et là dans le bois.

Plusieurs exemples nous ont montré combien ce danger est réel, car tous les enfants n'ont pas le sang-froid et le courage de ce jeune paysan de douze ans dont les journaux nous ont raconté l'histoire et qui, au moment où le loup s'élançait sur lui la gueule béante, lui enfonça bravement le bras tout entier dans le gosier. Le père accourut à ses cris et tua le féroce animal déjà à demi étouffé.

LE RÉMOULEUR.

L'état de rémouleur est une profession ambulante généralement pratiquée par des auvergnats, des lorrains ou des savoyards.

Le rémouleur, qui a reçu le nom significatif de *gagne-petit* , porte sur son dos, au moyen de bretelles, tout son établissement, composé d'un léger bâti en bois, supportant une petite meule que fait tourner une roue semblable à celle d'un rouet. Dans la gorge de cette roue , que le rémouleur met en mouvement avec le pied à l'aide d'une pédale, passe une corde qui imprime le mouvement à la meule. Une petite enclume, un marteau , une pierre à repasser composent à peu près le reste de l'attirail du rémouleur.

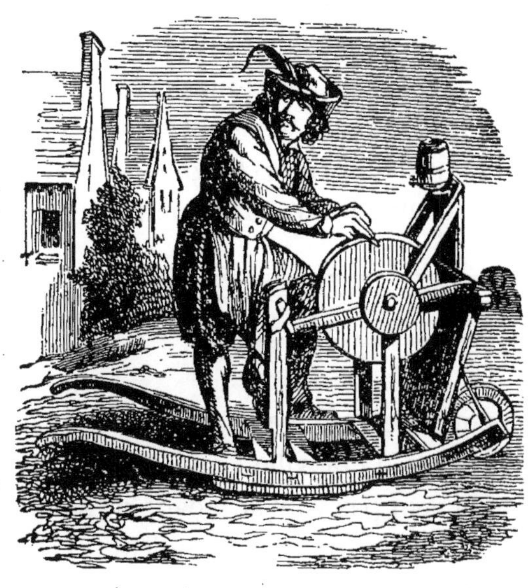

Ciseaux à repasser ! tel est le cri du gagne-petit, parcourant les rues d'une ville. Il va aussi dans les campagnes, où son office est d'autant plus nécessaire qu'on n'y trouve pas, comme dans les villes, des couteliers en boutique dont la concurrence est toujours fatale au pauvre gagne-petit.

Une autre classe de rémouleurs, abandonnant la vie nomade de leurs confrères, s'établit dans des échoppes à proximité des marchés. Ceux-ci, au lieu d'un appareil portatif, ont une lourde meule sur laquelle tombe sans cesse un léger filet d'eau. Cet appareil massif et solide, monté sur une espèce de brouette, est plus convenable pour repasser des couperets, des couteaux de bouchers, des hachoirs et surtout des tranchets de cordonniers.

Qu'il y a loin de ces modestes appareils de repassage aux meules énormes employées dans les manufactures ! Là , elles sont mises en mouvement par un manége, une machine à vapeur ou un appareil hydraulique ; elles font cinq ou six cents tours par minute. Cette rapidité peut donner lieu à de graves accidents en occasionnant la rupture de la meule, dont les fragments sont projetés de toutes parts avec une force effrayante.

L'AFFICHEUR.

Si on laissait faire l'afficheur, il tapisserait de ses affiches tous les murs d'une ville ; mais le plus souvent un propriétaire ne veut pas voir la façade de sa maison couverte de placards de toutes les couleurs ; quelquefois, pour éviter cet inconvénient, il fait écrire en gros caractère sur le mur : *défense d'afficher* ; mais l'afficheur a toujours pour ressource les murailles de quelques édifices publics. Le voici qui arrive, portant son échelle et le petit sceau à colle dans lequel plonge une brosse énorme ; dans une large poche attachée devant lui est une liasse d'affiches ; l'échelle lui servira à les coller hors de la portée de certains industriels de bas étage, qui font métier d'arracher les affiches pour en vendre le papier.

Deux ou trois curieux s'arrêtent et attendent patiemment que l'afficheur ait appliqué l'affiche. Bon , c'est pour réclamer un chien perdu ; mais voici d'autres placards qui vont recouvrir ceux qui ont été posés l'avant-veille. Ce sont des biens à vendre, une vente de chevaux de luxe, une maison ou une chambre à louer , un riche mobilier à céder. Nos curieux, qui n'ont besoin de rien de tout cela, s'éloignent désappointés ; mais il en vient d'autres, et la publicité s'étendant ainsi sert à la fois les intérêts des vendeurs et ceux des personnes qui cherchent à acquérir.

Plus loin nous verrons pêle-mêle des affiches de spectacle, l'annonce d'un nouveau restaurant, celles de l'ouverture d'un cours scientifique et des séances de prestidigitation d'un faiseur de tours. Il y en a pour tous les goûts.

C'est dans les temps de révolution, qui, grâce à Dieu, sont loin de nous, que le métier d'afficheur devient excellent. Chacun se croit le droit et le talent de haranguer le public ; les murs sont couverts des motions les plus extravagantes et quelquefois les plus incendiaires. Voici un personnage inconnu du public qui recommande sa candidature aux électeurs, en promettant au pays de faire revenir l'âge d'or, si on le place à la tête du gouvernement. Voici des proclamations, des ordres du jour, des arrêtés, des ordonnances, des décrets, etc., etc., en sorte que si, dans les moments de troubles, les marchands et les artisans n'ont rien à faire, ils peuvent au moins tuer le temps en lisant les affiches.

Paris est le pays des affiches ; nulle part, si ce n'est peut-être à Londres, on n'en remarque autant. On en voit qui ont jusqu'à deux mètres de superficie. D'autres sont ornées de figures grandes comme nature. Les industriels ont d'ailleurs mille moyens pour fixer l'attention du bon public de Paris. En voici un qui annonce des vêtements confectionnés ; il a mis en caractères énormes des mots qui composent entr'eux un sens extraordinaire et fantastique, et en petits caractères les mots intermédiaires qui expliquent tout simplement les offres du marchand. Un autre fait poser son affiche de travers. Celui-ci prend pour en tête : l'*Ami du sang* pour prôner un dépuratif, ou bien : *Prenez garde à vous !* pour annoncer des chapeaux.

LE TONNELIER.

Le tonnelier est l'ouvrier qui fait et répare les tonneaux ; il fabrique également des sceaux, des cuves et d'autres vases en bois, propres à contenir des liquides.

Un tonneau se compose d'un certain nombre de douves en bois de chêne bien jointes, et reliées ensemble au moyen de cercles de châtaignier. Les deux fonds du tonneau entrent dans une rainure pratiquée aux extrémités des douves; une traverse les assujettit solidement, et des chevilles, portant sur les deux bouts de la traverse, la fixent d'une manière invariable ; enfin un trou pratiqué dans la partie renflée du tonneau, et que ferme un bouchon en bois, nommé bondon, sert à remplir le tonneau.

En Espagne, en Portugal et dans plusieurs contrées de l'Asie, on transporte le vin dans des outres en peau de bouc et on le conserve dans de grandes jarres de terre cuite d'un mètre de hauteur. Le séjour prolongé du vin dans des peaux de bouc lui donne un goût désagréable.

A Heidelberg, ville d'Allemagne, existe, dans l'une des caves du grand-duc de Bade, une tonne monumentale construite en 1751. Elle remplace une autre tonne plus ancienne, et est toujours remplie du meilleur vin du pays. Elle a dix mètres de longueur sur près de sept mètres de diamètre, et contient 140,000 litres de vin.

En résumé le tonneau est un chef-d'œuvre pour la force et la simplicité de sa construction. Malgré les progrès de l'industrie, on n'a rien trouvé à changer depuis des siècles, soit à la manière de le fabriquer soit à sa forme.

LE PHARMACIEN.

Honneur au pharmacien ! c'est l'auxiliaire du médecin : en effet, éprouvons-nous quelque malaise, avons-nous la fièvre, vite on appelle le médecin ; et celui-ci, après nous avoir interrogés sur ce que nous ressentons, et soigneusement exploré le pouls, demande une plume, de l'encre et du papier, et rédige une ordonnance qu'il faudra vite porter chez le pharmacien du voisinage.

Mais les beaux jours de celui-ci sont passés. Où est le temps où, sous le nom modeste d'apothicaire, il cumulait des fonctions réservées aujourd'hui aux gardes malades, fonctions, il est vrai, qu'il faisait remplir par ses garçons ; ce temps où, entassant drogues sur drogues, il composait des électuaires tels que l'orviétan, le mithridate, la thériaque, dans chacun desquels il n'entrait pas moins de soixante ingrédients? Peu lui importait que les propriétés de substances si variées se nuisissent les unes aux autres, car il obéissait aux prescriptions du Codex et à l'ordonnance du docteur.

16

Et les emplâtres et les onguents ! quelle source de richesse ! Voici l'emplâtre Diabotanuvi de Blondel qui réunit une soixantaine de drogues parmi lesquelles brille l'huile de briques et la fiente de pigeon. Citons encore le célèbre baume tranquille qu'on ne fabrique pas, si on veut être consciencieux, sans y faire entrer cinq ou six crapauds vivants, que l'on fait cuire dans de l'huile.

Ce ne sont pas seulement les crapauds que l'on prépare ainsi : on a également l'huile adoucissante de *petits chiens*, pour laquelle deux à six jeunes chiens sont nécessaires.

Imaginez encore qu'il fut un temps où la pharmacie empruntait des remèdes aux limaces, aux cloportes, aux vers de terre, aux scolopendres, aux fourmis, à la punaise et même à un sale insecte que nous nous abstenons de nommer.

Heureusement ces temps sont éloignés de nous de plus d'un siècle.

Les pharmaciens de nos jours sont des hommes instruits, passant des examens sérieux sur toutes les parties de leur art. D'ailleurs la médecine moderne a banni du traitement des maladies une foule de préparations barbares ou de remèdes sans vertus.

Toutefois cette grande réforme n'est pas favorable aux intérêts des pharmaciens. Le nombre de drogues considérablement diminué et leur préparation simplifiée, atténuent d'autant leurs bénéfices ; mais qu'ils se consolent. N'ont-ils pas pour remplacer les anciens electuaires, onguents et emplâtres et tout un boisseau de pilules, les remèdes secrets inventés par des médecins ou des pharmaciens de Bruxelles, de Gand, d'Anvers, de Paris et de Londres? Qui ne connaît les pâtes Regnault, le sirop pectoral, les pilules écossaises, les dragées et biscuits médicamentaux, etc., etc. ?

Voici une petite scène que nous empruntons au spirituel auteur de la Physiologie du goût, feu Brillat-Savarin. Elle fera mieux connaître le pharmacien de nos jours que tout ce que nous pourrions ajouter.

« Or donc un matin, j'allai faire une visite au général Bouvier des Éclats, mon ami et mon compatriote.

« Je le trouvai parcourant son appartement d'un air agité, et froissant dans ses mains un écrit que je pris pour une pièce de vers.

« Prenez, dit-il en me le présentant, et dites-moi votre avis ; vous vous y connaissez. »

« Je reçus le papier, et, l'ayant parcouru, je fus fort étonné de voir que c'était une note de médicaments fournis : de sorte que ce n'était pas en ma qualité de poète que j'étais requis, mais comme pharmaconome.

« Ma foi, mon ami, lui dis-je, en lui rendant sa propriété, vous connaissez l'habitude de la corporation que vous avez mise en œuvre ; les limites ont bien été peut-être un peu outrepassées ; mais pourquoi avez-vous un habit brodé, trois ordres, un chapeau à graines d'épinards ? Voilà trois circonstances aggravantes, et vous vous en tirerez mal. — Taisez-vous donc, me dit-il avec humeur, cet état est épouvantable. Au reste, vous allez voir mon écorcheur, je l'ai fait appeler ; il va venir, et vous me soutiendrez. »

Il parlait encore, quand la porte s'ouvrit, et nous vîmes entrer un homme d'environ cinquante-cinq ans, vêtu avec soin ; il avait la taille haute, la démarche grave, et toute sa physionomie aurait eu une teinte uniforme de sévérité, si le rapport de sa bouche à ses yeux n'y avait pas introduit quelque chose de sardonique.

Il s'approcha de la cheminée, refusa de s'asseoir : et je fus témoin auditeur du dialogue suivant que j'ai fidèlement retenu.

LE GÉNÉRAL. — Monsieur, la note que vous m'avez envoyée est un véritable compte d'apothicaire, et...

L'HOMME NOIR. — Monsieur, je ne suis point apothicaire.

LE GÉNÉRAL. — Et qu'êtes-vous donc, Monsieur ?

L'HOMME NOIR. — Monsieur, je suis pharmacien.

LE GÉNÉRAL. — Eh bien, Monsieur le pharmacien, votre garçon a dû vous dire...

L'HOMME NOIR. — Monsieur, je n'ai pas de garçon.

LE GÉNÉRAL. — Qu'était donc ce jeune homme ?

L'HOMME NOIR. — Monsieur, c'est un élève.

LE GÉNÉRAL. — Je voulais donc vous dire, Monsieur, que vos drogues...

L'HOMME NOIR. — Monsieur, je ne vends pas de drogues.

LE GÉNÉRAL. — Que vendez-vous donc, Monsieur ?

L'HOMME NOIR. — Monsieur, je vends des médicaments.

Là finit la discussion. Le général, honteux d'avoir fait tant de solécismes et d'être si peu avancé dans la connaissance de la langue pharmaceutique, se troubla, oublia ce qu'il avait à dire, et paya tout ce qu'on voulut.

LE DENTISTE.

Les dentistes sont partout les mêmes : à Bruxelles, à Londres, à Paris, c'est le même type. Entre l'opérateur en plein air et celui qui occupe un somptueux appartement, il y a toujours quelque ressemblance.

Approchez, Messieurs et Mesdames, dit l'arracheur de dents, grimpé sur un cabriolet que traîne un maigre cheval; — musique, faites silence ! Que ceux qui ont mal aux dents viennent à moi, et je les guérirai; j'ai l'inestimable honneur d'être le premier médecin dentiste du schah de Perse; il a daigné m'accorder un congé afin que je puisse faire jouir ma patrie de mon expérience et de mes talents. Avant mon départ le schah m'a décoré du grand cordon de l'Ordre de l'éléphant d'Orient. En même temps, le charlatan entr'ouvre la pelisse galonnée qui le recouvre, et fait voir un ordre fantastique formé avec des pierres fausses et des morceaux de clinquant.

C'est moi, Messieurs et Mesdames, qui ai inventé le célèbre élixir de Pyrêtre, lequel guérit les maux de dents et arrête leur carie. Toutefois j'offre de les extirper sans douleur aux personnes qui préfèrent ce moyen plus expéditif; mais hâtez-vous, je n'ai que peu de jours à vous consacrer, car la France me réclame.

Passons à l'autre dentiste ; arrêtons-nous devant cette porte, à côté de laquelle se groupe une foule de personnes. Que regarde-t-on là ? c'est une tête de femme en cire et de grandeur naturelle. Tiens ! sa bouche s'ouvre ;

elle est garnie de dents charmantes ; cette figure présente vraiment un ensemble fort agréable ; mais voilà que la bouche se ferme, attendons quelques moments ; elle va se rouvrir en effet, mais plus de dents; on ne voit que des gencives dégarnies, et le visage a perdu tout son charme.

Tel est le moyen employé par un dentiste, pour engager les personnes qui ont eu le malheur de perdre leurs dents à s'adresser à lui.

La plupart des dentistes ont recours à la publicité des journaux en faisant des annonces, où ils se prodiguent les louanges les plus exagérées. Un de ces messieurs imagina un excellent moyen pour répandre son nom et sa demeure ; il fit confectionner une adresse qui, pour la grandeur, le papier et la disposition des dessins, ressemblait à s'y méprendre à un billet de banque. On y lisait, en petites lettres, BON POUR UN RATELIER DE et plus gros, dans les mêmes caractères que ceux du précieux billet : CINQ CENTS FRANCS. Le reste, toujours disposé comme dans le billet de banque, contenait l'adresse du dentiste et son éloge.

Il est arrivé bien des fois sans doute que de pauvres diables, n'en sachant que tout juste assez pour lire CINQ CENTS FRANCS, ont cru leur fortune faite en trouvant dans la rue l'adresse d'un dentiste (*).

Dans un coin de la place, auprès d'une auberge à l'enseigne du *Lion*, était un charlatan singulièrement vêtu et qui portait au cou une chaîne de dents humains. Le bouffon qui le servait, soufflait dans une

____

(*) Nos jeunes lecteurs liront sans doute avec plaisir cet extrait de la GUERRE DES PAYSANS qui vient ici fort à propos.

trompette, et, dans un langage ronflant, il racontait

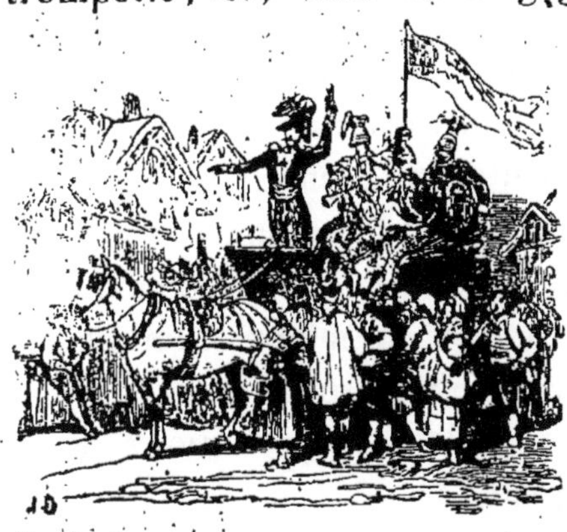

les merveilles inouïes que son maître avait accomplies dans tous les pays du monde. Comme preuve de ce qu'il avançait, il montrait des feuilles de parchemin ornées de sceaux rouges et sur lesquelles étaient écrits en langues étran-gères, des certificats que personne naturellement ne pouvait ni lire ni comprendre.

A peine le Jean-potage en était-il à la moitié de sa harangue, qu'il se présenta un paysan dont la joue en-flée faisait assez voir de quel mal il souffrait.

« Eh bien ! François, lui demanda quelqu'un, qu'allez-vous faire ? le drôle va vous martyriser. — Peu importe, murmura François, je ne puis plus y tenir : il faut que la dent saute, dût-il m'arracher la tête ! »

Le charlatan, observant cette proie, se frotta les mains, fit taire son bouffon, et pendant qu'il saisissait le paysan par l'épaule et l'attirait à lui, il dit à la foule avec un sérieux plein de majesté : « Vous allez voir, res-pectables auditeurs, que je ne suis pas venu ici comme d'autres charlatans, inspecteurs d'urines, arracheurs de dents, et extracteurs de cors au pied, qui jamais n'ont fait d'études, et qui, avec votre dent, vous arracheront de la bouche la moitié de la mâchoire. Non, non, faites bien attention, vous allez voir comment maître Nico-phorus entend son métier ! »

Il retroussa sa manche droite, fit claquer ses doigts comme un joueur de gobelets, fit asseoir le paysan sur une chaise, lui renversa la tête, saisit une pince de fer, et puis il s'écria : « Voyez, cette petite pince n'est ni de fer ni d'acier ; ce n'est qu'une plume : bien loin de vous faire mal, ça vous chatouille la gencive tout juste comme une mouche sur vos lèvres ; ni plus, ni moins. Admirez les talents de maître Nicophorus. Sept sous, pour chaque dent ! rien que sept sous ! je la tiens, attention, je la tiens ! une, deux, trois, pst !

Et le charlatan enleva en l'air la dent... avec quelque chose encore qu'il avait arraché.

Le paysan était tombé hurlant sur le sol, et quoiqu'il se lamentât comme si on le tuait, le bouffon soufflait de toute sa force dans sa trompette, tandis que maître Nicophorus triomphant, montrait aux assistants l'objet arraché, et s'écriait à travers le vacarme de la trompette : « Sans douleur ! sans la moindre douleur ! »

Pendant ce temps, le paysan se débattait à terre et criait au secours : la foule qui l'entourait ne faisait qu'en rire, s'imaginant sans doute qu'il agissait par feintise.

Le bouffon, qui commençait à craindre que l'abondante effusion de sang du villageois ne devînt la cause de quelque embarras, se mit à le rudoyer avec un semblant de colère, pendant que son maître adressait au peuple ce joyeux propos : « N'êtes-vous pas honteux, grand garçon, de rester là à terre, à pleurer comme un enfant. Vous croyez que cela vous fait mal ? ce n'est pas vrai.

Le paysan, les larmes dans les yeux, et la douleur lui faisant faire toutes sortes de grimaces, éleva deux doigts en l'air, et dit en murmurant : « Deux ! oh ! mon Dieu !

oh! mon Dieu! Deux : une mauvaise et une bonne! — Comment! deux! reprit le bouffon, sauve-toi, c'est sept sous par dent : mon maître te fera donner quatorze sous, le roi fût-il présent : sauve-toi, je lui dirai que tu m'as payé.

Le paysan ne se le fit pas dire deux fois, et traversant la foule, la main sur la bouche, il s'enfuit derrière l'église.

« Voyez, voyez, s'écria maître Nicophorus, en se rengorgeant, le voilà tout joyeux et courant comme un lièvre : je l'ai touché juste. — Que dis-je? je n'ai eu qu'à lui mettre le doigt dans la bouche, et au même instant la douleur a disparu.

LE MÉCANICIEN.

C'est au mécanicien que nous devons sans contredit la réalisation de toutes les merveilles de l'industrie. La filature, le tissage des étoffes, l'extraction des minerais, le travail du fer, les chemins de fer et une multitude d'autres industries lui sont redevables de leur succès et de leur rapide développement.

Quelques mécaniciens, tels que le belge Decoster qui a établi de magnifiques usines à Paris, Jannotin de Gand, etc., s'occupent de la confection de puissantes machines-outils, tels que les appareils à raboter le fer, à mortaiser, à aléser, à tailler les roues d'engrenage, etc. D'autres mécaniciens se consacrent à la construction des machines à vapeur, à celle des locomotives et à la fabrication des métiers employés dans la filature et dans l'impression des étoffes, aux presses typographiques, à celles que l'on emploie dans l'impression en taille-douce et dans la lithographie ; en un mot, on peut dire qu'il n'existe pas une industrie, un peu développée, qui n'emprunte le secours du mécanicien.

Si vous voulez jouir d'un spectacle aussi curieux que grandiose, entrez dans les vastes usines de MM. Cokerill, à Seraing, près de Liége. Là vous aurez une véritable idée de l'art du mécanicien et de la puissance des machines. Voyez-vous la gueule béante de ces fours où chauffent des masses de fer nommées *lopins* ? En voici une qu'on retire, et qu'à l'aide d'énormes tenailles, on entraîne sur ce petit chariot de fer. Vos yeux ne peuvent soutenir l'éclat de cette masse incandescente, et sa chaleur arrive jusqu'à vous ; cependant ces ouvriers bravent l'une et l'autre. Le chariot roulant sur un chemin de fer la transporte au laminoir dont les rouleaux cannelés présentent des gorges ou rainures.

La masse de fer saisie par les cylindres du laminoir passe et s'allonge, puis repasse de l'autre côté dans une rainure plus étroite, et revient vers nous pour rentrer immédiatement dans une autre rainure. Elle va toujours s'allongeant, et à présent on dirait un long serpent de feu qui s'agite dans l'air. La masse est devenue une barre de fer.

Passons de ce côté : regardez cette énorme cisaille mue par la vapeur. On lui présente une barre de fer plus grosse que votre jambe, elle la tranche sans bruit et comme sans effort. Ne semble-t-il pas, à la voir, qu'elle ne mord que sur de la cire ? Voyons ce que deviennent ces tronçons : voilà qu'on les porte sous le martinet, gros marteau pesant quatre cents kilogrammes et mis en mouvement par la vapeur. Ces tronçons amollis par la chaleur, s'élargissant et s'aplatissant sous les coups redoublés du gigantesque marteau, sont devenus des feuilles de forte tôle avec laquelle on fera un bateau de fer.

A gauche, est l'atelier où l'on fabrique les appareils à vapeur. Cette grande machine est un alésoir servant à agrandir, à rendre parfaitement cylindrique et à polir l'intérieur d'un cylindre de machines à vapeur. Près de là est le gros tour pour tourner les roues des wagons et des locomotives; puis une foule d'autres machines ou outils.

Vous êtes sans doute étonné de voir marcher simultanément ce nombre infini de machines, sans que la main de l'homme s'en approche; levez les yeux, et voyez cet arbre de couche en fer forgé. Il s'étend d'un bout à l'autre de l'immense atelier. De distance en distance il porte des poulies qu'une courroie met en communication avec la poulie d'une machine quelconque. La vapeur imprime un mouvement de rotation à l'arbre de couche et donne la vie à toutes ces machines. Veut-on arrêter ou suspendre isolément le travail de l'une d'elles, vite on fait glisser la courroie de sa poulie sur une autre poulie placée à côté et sur le même axe. Mais celle-ci est une *poulie folle*; elle tourne sans imprimer aucun mouvement à la machine:

Le spectacle intéressant que présentent les vastes usines de MM. Cockerill pourrait remplir plus d'une journée, mais le temps nous presse; car nous avons à nous occuper de plusieurs autres établissements belges et surtout des machines qu'ils ont envoyées à l'exposition universelle de Paris, machines qui, en excitant l'admiration générale, ont donné à la France et à l'Europe une haute opinion de l'industrie belge.

LE HOUILLEUR.

« La houille, depuis environ un demi-siècle, est devenue un objet tellement nécessaire qu'il semble que l'industrie humaine serait presque totalement interrompue, si cette précieuse matière venait à lui manquer. On ne conçoit pas que nos ancêtres aient pu la négliger si longtemps ; et l'on peut justement attribuer à son emploi notre immense supériorité sur eux à l'égard des manufactures. C'est le charbon qui met en jeu ces admirables machines à vapeur, dont la force laisse si loin derrière elle celle de la main-d'œuvre et des animaux de fatigue ; c'est elle qui fait mouvoir les marteaux, les tours, les scieries, les filatures, qui anime les roues de ces bateaux à vapeur qui remontent d'eux-mêmes les plus rapides courants, comme s'ils étaient doués de nageoires ainsi que les poissons ; c'est elle qui sert à fabriquer la plus grande partie du fer et de la fonte de fer, et qui nous donne, en les séparant de la gangue et des autres substances avec lesquelles ils se trouvaient mêlés, presque tous les métaux que nous employons à tant d'usages. Enfin, elle s'est introduite partout dans l'intérieur des ménages, et a remplacé, avec un double avantage, sous le rapport de la chaleur et sous celui de l'économie, le bois qui autrefois était seul admis au foyer domestique. Nous ajouterons qu'elle sert à produire le gaz hydrogène,

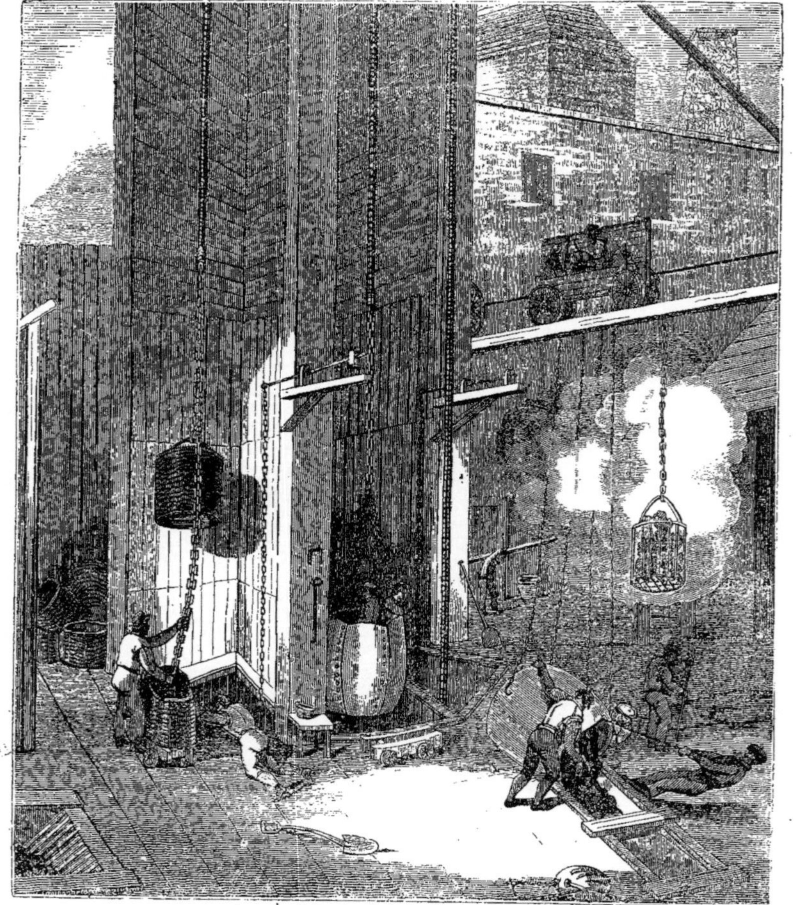

Extraction de la houille.

ce combustible gazeux si commode , qui court de lui-même par les conduits souterrains qui le guident , et qui , lorsque la nuit arrive , s'échappe du sein de ces tuyaux pour éclater en splendides illuminations dans les maisons et sur la voie publique. Quelques détails sur la manière dont la houille est située dans le sein de la terre, et sur les procédés que l'on emploie pour l'en extraire, ne sont donc ni sans intérêt ni sans utilité.

« La houille ne se trouve que dans quelques contrées; les terrains qui la contiennent reposent en général sur des terrains granitiques ou cristallins. Ces terrains , que l'on nomme *houillers*, consistent en couches de grès grisâtre , entremêlées de schistes , et atteignant souvent plusieurs centaines de mètres d'épaisseur. La houille est rangée par couches parallèles aux autres couches du terrain , et intercalées entre elles à diverses profondeurs. Tantôt on ne rencontre qu'une seule couche de houille ; tantôt, au contraire, et cela est presque toujours ainsi, on en rencontre un grand nombre qui se succèdent à des intervalles irréguliers : il y a des endroits où il existe plus de soixante couches de houille ainsi superposées l'une sur l'autre. Leur épaisseur est très-variable ; elle n'est pas toujours assez grande pour qu'il y ait avantage à les exploiter. Moyennement, cette épaisseur peut être évaluée à un mètre trente à un mètre soixante centimètres ; mais il y a des couches qui ont huit à dix mètres d'épaisseur, d'autres qui n'ont que quelques centimètres. La profondeur à laquelle la houille gît au-dessous du sol varie également entre des limites fort différentes : à certains endroits on va la chercher jusqu'à six cents mètres de profondeur ; dans d'autres mines on

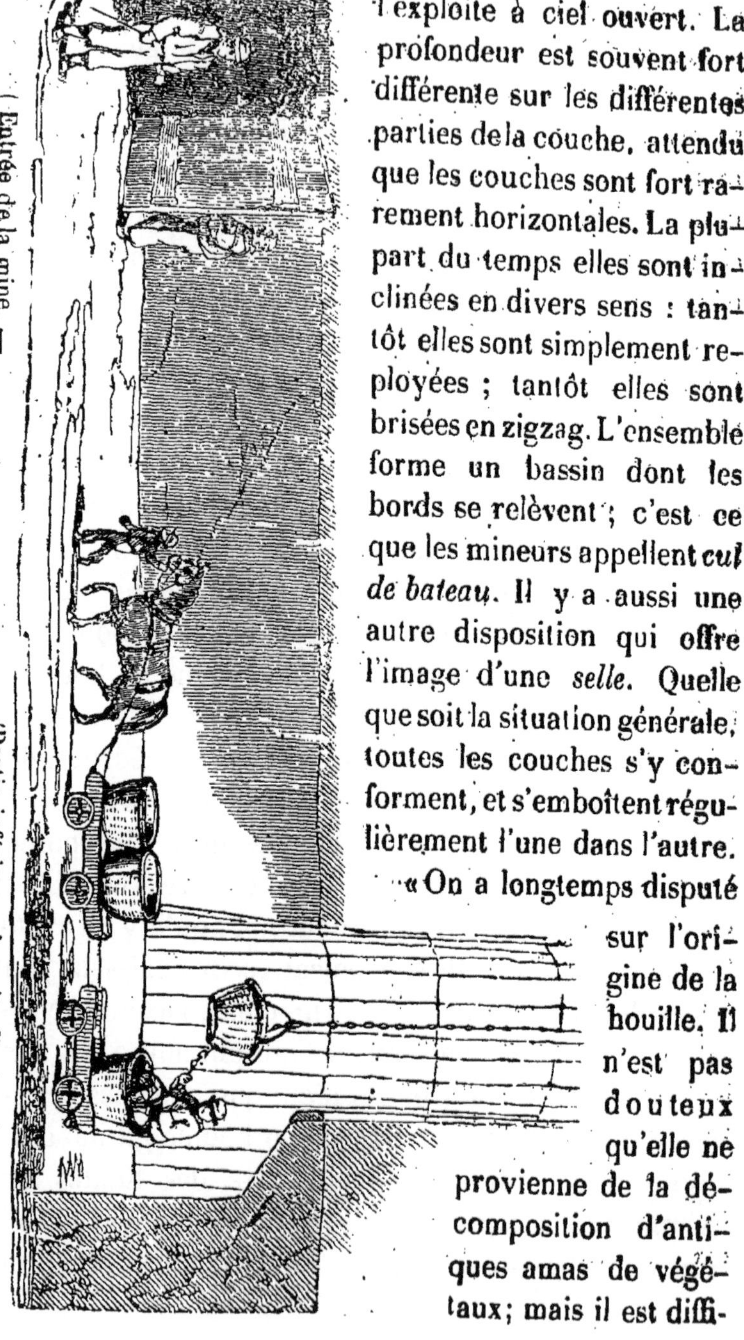

l'exploite à ciel ouvert. La profondeur est souvent fort différente sur les différentes parties de la couche, attendu que les couches sont fort rarement horizontales. La plupart du temps elles sont inclinées en divers sens : tantôt elles sont simplement reployées ; tantôt elles sont brisées en zigzag. L'ensemble forme un bassin dont les bords se relèvent ; c'est ce que les mineurs appellent *cul de bateau*. Il y a aussi une autre disposition qui offre l'image d'une *selle*. Quelle que soit la situation générale, toutes les couches s'y conforment, et s'emboîtent régulièrement l'une dans l'autre.

« On a longtemps disputé sur l'origine de la houille. Il n'est pas douteux qu'elle ne provienne de la décomposition d'antiques amas de végétaux; mais il est difficile d'apprécier exactement la cause qui les a réunis par si grandes masses. Les dernières observations faites par les savants tendent à démontrer que cette accumulation a eu lieu par le charriage des bois durant les grandes inondations de l'ancien monde. Des transports analogues se voient encore à l'embouchure de certains grands fleuves peu réglés dans leurs cours, tels que le Mississipi. On trouve dans la houille une multitude immense d'empreintes de feuilles et de troncs de végétaux qui ont disparu de notre globe. Nos lecteurs doivent en avoir déjà vu.

« On distingue, sous le rapport de l'usage industriel et domestique, deux espèces de houille : la *houille grasse* et la *houille maigre*.

« La houille grasse, que l'on nomme aussi charbon collant, charbon maréchal, est d'un noir éclatant et s'enflamme très-facilement : en brûlant, elle se gonfle, se ramollit, semble se fendre, et finit par s'agglutiner en une seule masse que l'on est obligé de briser pour donner passage à l'air et faire continuer le feu. Cette propriété est très-favorable pour le travail de la forge. La houille forme, en brûlant devant le tuyau du soufflet, une petite voûte ardente sous laquelle on fait chauffer les barreaux de fer sans avoir besoin de déranger le feu, et sans avoir à craindre qu'il ne se brûle par l'action du vent. La chaleur produite par cette houille est très-forte, et la flamme qu'elle donne est longue et d'une blancheur éclatante. C'est au bitume, dont elle contient une très-forte proportion, qu'elle doit ses principales qualités.

» La houille maigre contient moins de bitume que l'autre ; elle s'enflamme plus difficilement et ses morceaux ne s'agglutinent pas au feu. Comme elle donne peu d'odeur et encore moins de fumée, on l'emploie de préférence dans les usages domestiques.

» Les régions souterraines dans lesquelles on exploite la houille sont des champs non moins utiles à l'homme et non moins productifs que ceux qu'éclaire le soleil. Pénétrons-y donc un instant avec nos lecteurs à l'aide des gravures. Nous voici à six cents mètres sous terre, dans une couche horizontale épaisse de trois mètres ; nous y sommes descendus par un immense puits, dont les parois sont revêtues d'un boisage continu pour intercepter l'écoulement des eaux et empêcher les éboulements. La figure nous montre le bas du puits à l'endroit où il débouche dans la galerie de roulage ; un cheval, conduit par un enfant, amène sur un char les corbeilles pleines de houille, et ramène aux ateliers d'exploitation les corbeilles vides. La porte qu'un mineur tient entre-ouverte est une porte qui est destinée à forcer le courant d'air qui descend du puits, à faire un circuit dans la mine avant de se rendre aux travaux, résultat que l'on atteint aisément en lui formant le chemin direct.

» En suivant le chariot, nous sommes parvenus aux ateliers d'exploitation, ce que les mineurs nomment les *tailles*. Deux grandes entailles, dans chacune desquelles se trouvent deux hommes, ont été pratiquées en forme de cellules dans le massif de charbon. Entre ces deux cavités on a ménagé un gros pilier, plus ou moins considérable, suivant la solidité du terrain, qui est destiné à supporter le plafond. Pour continuer l'approfondissement de ces entailles, et profiter du charbon qu'elles contiennent, les mineurs commencent par pratiquer, au niveau du sol, une coupure profonde d'environ un mètre et demi et peu élevée ; cette coupure terminée, ils en pratiquent de pareilles latéralement, et obtiennent ainsi un énorme bloc de charbon qui n'adhère plus à la masse que par le plafond et par derrière. Dès lors rien n'est plus facile que de procéder à l'abattage. On peut faire un trou que l'on charge avec de la poudre, et qui en éclatant ébranle la masse et la fait tomber en partie ; on peut aussi se contenter d'enfoncer des coins à coups de masse dans le charbon ; c'est ce que l'on exécute, quand il n'est pas trop résistant. Cela fait, il ne reste plus qu'à ramasser le charbon et à le mettre dans des paniers que les rouleurs conduisent , soit au bas du puits , soit dans la galerie principale, où se trouvent les voitures à attelages, et souvent le chemin de fer.

» A force d'approfondir les entailles on finit par en faire de longues galeries , situées parallèlement l'une à côté de l'autre, et séparées par des murailles de houille demeurées intactes. Comme ces murailles ne sont pas nécessaires dans toute leur étendue pour maintenir la solidité du plafond, on les coupe de distance en distance par de nouvelles entailles pratiquées à angle droit sur les premières. De cette manière la couche de houille , lorsqu'on en a tiré tout ce qu'on peut en prendre sans compromettre la sûreté des travailleurs, se trouve changée en une vaste excavation, soutenue seulement de distance en distance et régulièrement par des piliers carrés de charbon. Il y a de ces mines qui présentent, vues à la lueur des flambeaux , le plus beau spectacle d'architecture souterraine que l'on puisse se figurer. Quelquefois on procède à ce que l'on nomme le *dépilement*,

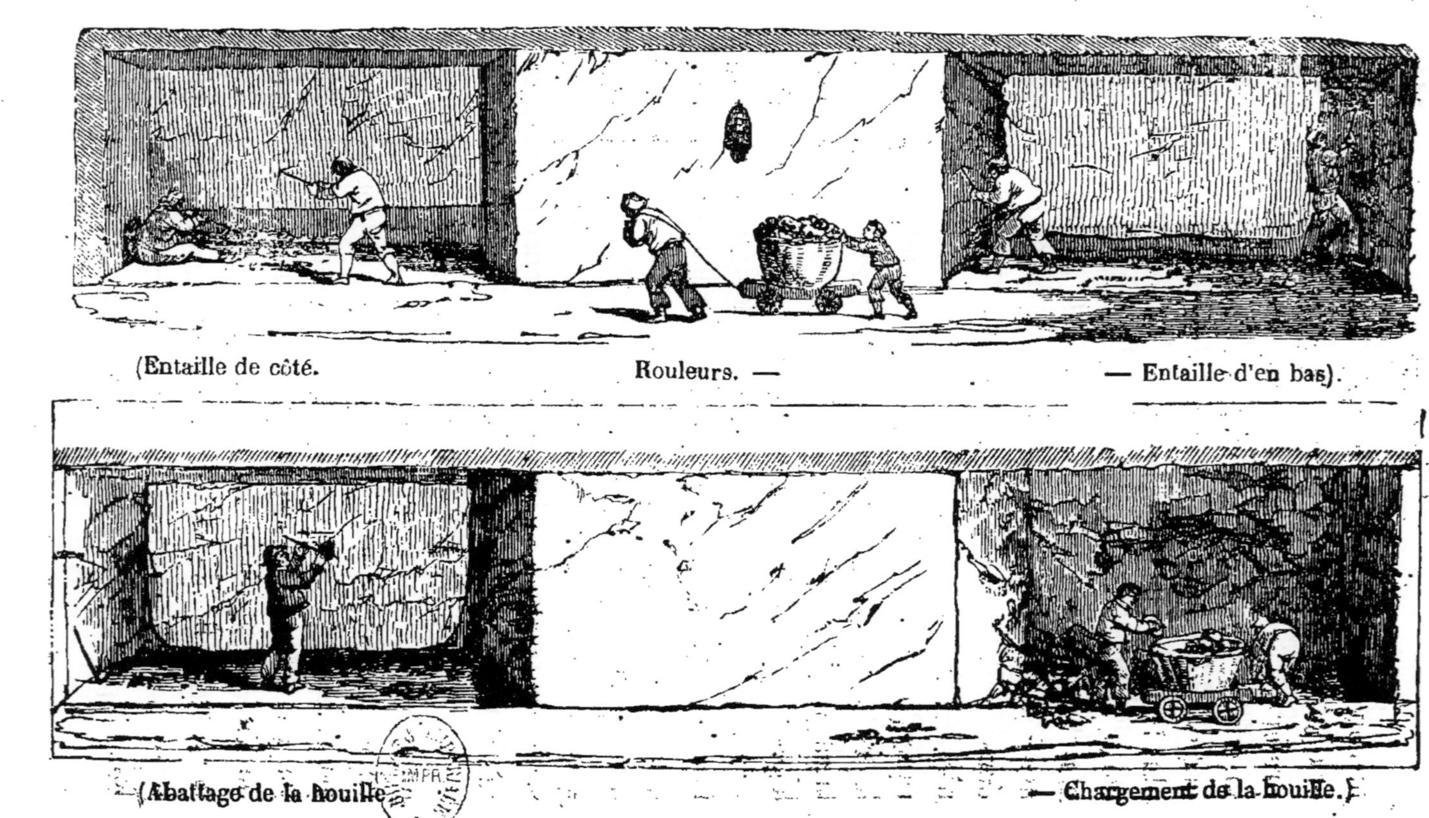

(Entaille de côté.   Rouleurs. —   — Entaille d'en bas).

(Abattage de la houille   — Chargement de la houille.)

c'est-à-dire que l'on enlève les piliers eux-mêmes. On soutient le plafond avec des pièces de bois tant que l'on travaille ; puis, la houille enlevée, on se retire en enlevant le plus de bois que l'on peut, et en laissant craquer le plafond qui s'abat dans ces cavités délaissées avec des éboulements épouvantables. On se ménage, bien entendu, les passages nécessaires pour arriver jusqu'aux puits.

» Après avoir assisté à l'enlèvement de la houille dans le sein même de la mine, nous allons nous transporter à l'ouverture, et avoir le spectacle de son arrivée au jour. Quand la mine est considérable, le puits principal est un centre énorme de mouvement. L'appareil de la construction est immense ; son seul établissement coûte souvent plusieurs centaines de mille francs. Dans quelques endroits, le même puits, divisé en plusieurs compartiments, sert à divers usages à la fois : il faut alors lui donner des dimensions très-étendues. Par l'un des compartiments descendent les mineurs, dans de grandes tonnes qui en contiennent souvent sept ou huit à la fois ; par d'autres compartiments, en plus ou moins grand nombre, suivant celui des champs d'exploitation, arrivent les chargements de houille ; enfin, il y a souvent un compartiment particulier qui contient les pompes et qui sert à l'épuisement des eaux. Quant à l'aérage, il peut également se faire par un seul puits ; l'air affluent entre par un des compartiments, et l'air sortant s'échappe par une autre ouverture surmontée d'une cheminée. Le mouvement est entretenu par des machines à vapeur dont la houille elle-même fait tous les frais : elle sort donc, pour ainsi dire, d'elle-même, au commandement de l'homme. Il suffit de quelques ouvriers qui décrochent les tonnes pleines, les attachent à un petit chariot suspendu, et les amènent au-dessus des trous aboutissant au lieu de chargement, après avoir remis en leur place dans le puits des tonnes vides.

» La houille, en sortant du puits, vient tomber sur des *haldes* ou grands tas, où on la ramasse au fur et à mesure que l'on en a besoin ; mais quand le service est bien organisé, on la fait tomber directement dans les chariots qui doivent la conduire dans les lieux de dépôt. Ces chariots, placés en ligne sur des chemins de fer, arrivent et se rangent tour à tour au-dessous des trous placés à portée du puits d'extraction. On vide les tonnes, et la houille se précipite dans les voitures qui lui sont destinées, en roulant sur des claies de fonte qui séparent le menu et ne laissent arriver jusqu'au bas que les morceaux un peu gros ; le menu est ramassé, et sert à faire du coke, quand il est d'assez bonne qualité pour s'agglutiner par le feu. Quant aux chariots, conduits eux-mêmes par des machines locomotives mues par la houille, ils se rendent, en suivant les voies qui leur ont été tracées, soit aux fonderies, soit aux navires, soit aux marchés.

» Telle est l'histoire de la houille. L'industrie, qui jadis se contentait de gratter avec beaucoup de dépenses et de dangers celle qui se trouvait au voisinage de la surface, et qui n'osait pas, de crainte des frais d'extraction et du déluge des eaux, se risquer dans les grandes profondeurs, en tire maintenant presque toute la houille dont elle se sert, et oblige cette houille à faire elle-même la meilleure partie des efforts nécessaires à l'exploitation. »

(Extrait du Magasin pittoresque.)

L'EXTRACTEUR DE FER.

Un pays, tel que la Belgique, est plus riche par ses mines de fer et de houille que le Pérou et le Mexique ne l'ont jamais été par leurs mines d'or et d'argent. Il n'a donc point à se plaindre de la part que le Créateur lui a faite dans les richesses que recèlent les entrailles de la terre.

C'est à MM. Cockerill, Hannonet-Gendarme, Huart, Privat et Warocqué qu'on doit l'introduction sur le continent de la fabrication du fer par le coke, pratiquée depuis longtemps en Angleterre.

En ce moment, la Belgique possède quarante-deux hauts-fourneaux au coke (14 dans la province de Liége et 28 dans le Hainaut). Elle compte également quatre-vingts hauts-fourneaux au bois.

La prodigieuse consommation de fer nécessitée par l'établissement des chemins de fer et par l'introduction de ce métal dans une foule de constructions, a donné une grande activité à la production du fer en Belgique.

Cette production pourrait s'élever à deux cent mille tonnes par année, en supposant toutes ses usines en activité. En effet on commence à remplacer les poutres et les solives en bois par des charpentes en fer dans les constructions civiles.

Un navire emportait, il y a peu de temps, de Londres à la Jamaïque, un fanal tout en fer, de 33 mètres de haut. Les murs seuls exceptés, les portes, les planchers, la toiture, tout est en fer ou en fonte. Enfin on ne finirait pas, si l'on énumérait tous les objets aujourd'hui en fer et pour lesquels on employait jadis d'autres matériaux.

Entrons maintenant dans quelques détails sur la manière d'extraire le minerai dont on retire le fer.

Les minerais de fer sont variés. Les uns présentent un éclat métallique gris d'acier ; les autres , au contraire , et ce sont les plus abondants , ont l'apparence d'une terre argileuse jaune , couleur de rouille , et ne rappelant nullement l'idée de fer. Chacune de ces espèces de minerai exige des travaux différents pour en retirer le fer qu'elles contiennent.

Les minerais de fer se trouvent , ou à la surface de la terre , ou cachés dans son sein ; dans le premier cas, ils ne sont recouverts que de quelques pieds de terre végétale, et il suffit , pour les exploiter ; d'une simple tranchée à ciel ouvert. Le plus ordinairement il faut s'enfoncer assez profondément pour parvenir au minerai ; alors on perce un puits large et profond. Les pierres ou roches qu'on doit traverser pour approfondir le puits étant souvent fort dures , le pic et le coin ne suffisent pas pour ce travail, et l'on est obligé de miner le rocher , opération qui consiste à faire un trou, avec une espèce de ciseau, de trente à soixante centimètres et de deux centimètres et demi à cinq centimètres de diamètre ; ensuite on remplit ce trou à moitié de poudre , on le bourre avec de la terre, en ayant soin d'y laisser une petite ouverture pour y introduire la mèche, morceau de coton soufré , dont la longueur doit être assez grande pour que l'ouvrier ait le temps de se mettre à l'abri de l'explosion.

Les fragments de rochers détachés par la mine sont

mis dans une tonne, et sont élevés à la surface du sol au moyen d'un *treuil*, ou moulinet placé au haut du puits. L'ouvrier continue ainsi à approfondir le puits jusqu'à ce qu'il soit arrivé à la masse du minerai ; alors il fait des excavations dans différents sens.

Le minerai extrait du sein de la terre est rarement pur. Il faut, avant de le fondre, l'isoler des matières étrangères. On le lave d'abord à grande eau pour enlever la terre qui le recouvre ; puis on le sépare des portions de roches qui y sont adhérentes, en le brisant avec des masses en fer. Après le triage, le minerai est porté à la fonte.

Les fourneaux destinés à la fonte du fer portent le nom de *hauts-fourneaux* ; ce sont de grands massifs de maçonnerie, des espèces de tours de huit à vingt mètres de hauteur. Leur forme intérieure est celle de deux cônes réunis suivant leur base, de manière que le milieu, qu'on appelle *ventre*, soit beaucoup plus large que les extrémités. C'est par la partie supérieure ou *gueulard*, qu'on charge le fourneau, en y jetant le combustible et le minerai à fondre. Les matières fondues se réunissent dans la partie inférieure ou *creuset*.

Quoique le vide intérieur du haut-fourneau soit peu considérable, cependant le massif ou muraille qui en forme les parois, doit être très-épais en raison de la haute température à laquelle il est soumis. Il doit même être relié de distance en distance par de grosses barres de fer.

Ces massifs sont toujours percés de deux grandes ouvertures voûtées, auxquelles on donne le nom d'*embrasures*. L'une sert à faire couler la fonte, l'autre à introduire les soufflets qui doivent fournir l'air qui alimente la combustion. Ces deux ouvertures sont recouvertes d'un hangard destiné à mettre les ouvriers à l'abri des injures de l'air.

Les fourneaux étant élevés au-dessus du sol, on construit un chemin incliné pour monter le minerai et le charbon au gueulard. Dans beaucoup de pays, on profite de la proximité d'une montagne pour éviter la construction de ce chemin incliné ; et, pour arriver plus commodément au haut du fourneau, on l'adosse à la montagne.

L'approvisionnement en minerai et en combustible étant fait pour toute la campagne, on commence à fondre, en ayant soin, avant de charger en minerai, d'allumer du feu pendant au moins quinze jours dans le fourneau, afin de le sécher et pour élever peu à peu sa température. Quand on juge que le massif est assez échauffé, on remplit le fourneau de charbon, et l'on met la première charge de minerai. A mesure que le charbon se consume, on ajoute par le *gueulard* des charges successives de minerai et de charbon, de manière qu'une couche de minerai soit toujours entre deux couches de charbon. On fait aller les machines soufflantes. Le métal fondu coule à travers le charbon et tombe dans le creuset.

Le fer retiré des hauts fourneaux est cassant, et ne peut servir que pour des objets qui ne doivent pas éprouver de grandes résistances. En cet état on l'appelle *fonte* ; pour transformer la fonte en fer pur, il faut lui faire subir une opération.

Ce travail s'exécute dans les usines appelées *forges* ;

elles sont composées d'un ou de plusieurs petits fourneaux à affiner, et d'un gros marteau du poids de six cents à mille kilogrammes, qui sert à forger e 'fer quand il est ramolli.

Le fourneau a beaucoup d'analogie avec la forge des forgerons ordinaires, qu'il vous sera facile d'examiner en entrant chez un serrurier; seulement la sole est un peu plus large, et présente un enfoncement, nommé *creuset*, de deux pieds à deux pieds et demi en carré, dans lequel la fonte se réunit à mesure qu'elle coule.

Le marteau est mu par un courant d'eau, ou par une machine à vapeur.

Pour *affiner* le fer, on remplit d'abord le fourneau de charbon, on met la fonte sur la sole du fourneau, et on fait aller les soufflets. La fonte se fond peu à peu et coule goutte à goutte dans le creuset ; les scories qu'elle contenait se séparent, et forment une couche de verre terreux qui recouvre le métal. On brasse la fonte avec de grandes barres de fer nommées *ringards*, de manière qu'elle soit exposée à l'action des soufflets. Bientôt elle s'affine, sa fusibilité diminue ; elle forme alors une masse pâteuse au fond du creuset : on la retire, et on la porte sous le martinet, pour être *cinglée*, opération qui a pour but de chasser les scories qui sont interposées entre les molécules de fer, et de les rapprocher entre elles. Après avoir été cinglé, le fer est de nouveau chauffé dans le même fourneau, puis forgé en barres ou laminé.

Pour faciliter la fonte, on ajoute au minerai un fondant qu'on appelle *castine* ou une terre calcaire. Lorsque le creuset est rempli de fonte, on arrête la soufflerie, puis on débouche avec un *ringard* (longue barre de fer)

18

le trou qui se trouve au bas du creuset, après avoir tracé dans un lit de sable les rigoles qui doivent servir de moule pour la fonte. Celle-ci coule aussitôt en forme de fleuve enflammé dont l'éclat est si vif que les yeux ne peuvent le soutenir. La fonte refroidie dans son moule de sable prend le nom de *gueuse*. Quand le creuset est ainsi vidé, on rebouche le trou ; on fait aller la soufflerie, et un nouveau fondage va commencer.

Quelquefois, au lieu de couler le fer en gueuses, on en remplit des moules qui ont la forme des objets que l'on veut obtenir. Cette fonte, qui prend le nom de fonte de première fusion, étant très-impure, on la purifie par une seconde fusion dans la plupart des cas.

LES CHEMINS DE FER.

Les chemins du fer sont les voies de communication les plus parfaites qui existent. Ils offrent sur les canaux, les rivières et les routes, l'inappréciable avantage d'un service fixe, constant et régulier, complètement à l'abri des intempéries de l'air et des saisons.

La première idée de ces voies de communication est due à l'Angleterre et date du commencement du XVIIᵉ siècle. On commença d'abord par établir une voie composée de deux lignes de madriers de bois parallèles sur laquelle portaient les roues des voitures ; l'effet des roues usant promptement le bois, on imagina de le recouvrir de bandes de fer ; mais en 1767 le fer fut entièrement substitué au bois. Telle fut la première origine du chemin de fer.

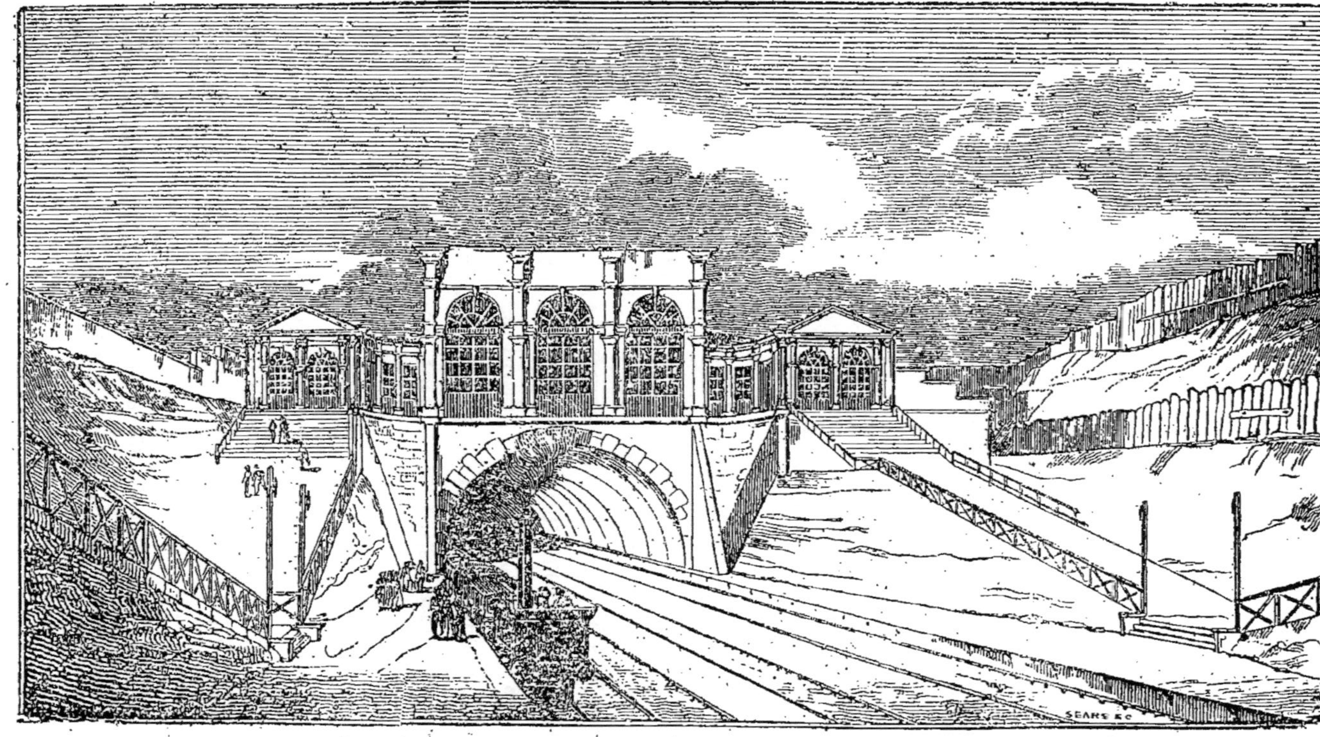

Entrée du chemin de fer de Paris à Saint-Germain.

Le but de cette disposition était de présenter aux
roues une surface résistante et capable de diminuer l'effort du tirage. Cet effort sur nos chemins de fer actuels
n'est que la 250e partie du poids total, tandis qu'il est
de la 42e sur une route bien pavée et également de
niveau, de la 25e sur une route en cailloutis, de la 12e
1/2 sur les grandes routes ordinaires et de la 6e partie au
moins sur nos chemins de terre.

On a essayé plusieurs formes de rails, mais on a fini
par adopter assez généralement les rails à doubles cham-
pignons. Les rails ne se posent pas directement sur le
sol, mais sur des pièces de fonte nommées *coussinets* :
les coussinets sont eux-mêmes fixés à l'aide de chevilles
sur des dés en pierre ou des madriers de bois.

Pour se faire une idée de ce système, il n'y a qu'à
jeter les yeux sur les figures qui suivent.

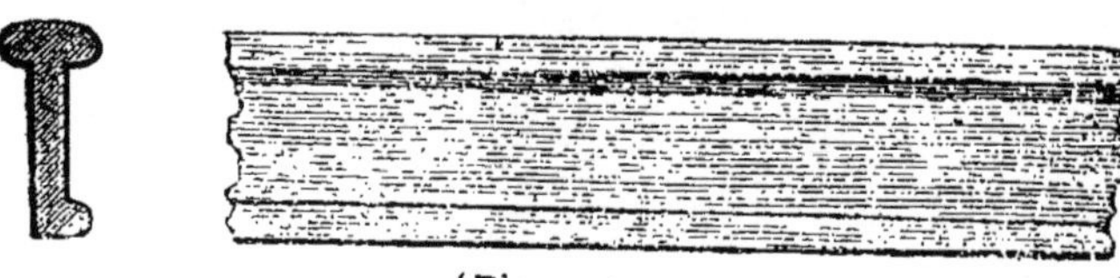

(Fig. 1 et 2.)

Les figures 1 et 2 représentent une coupe de rail dans
le sens transversal et une dans le sens de sa longueur.

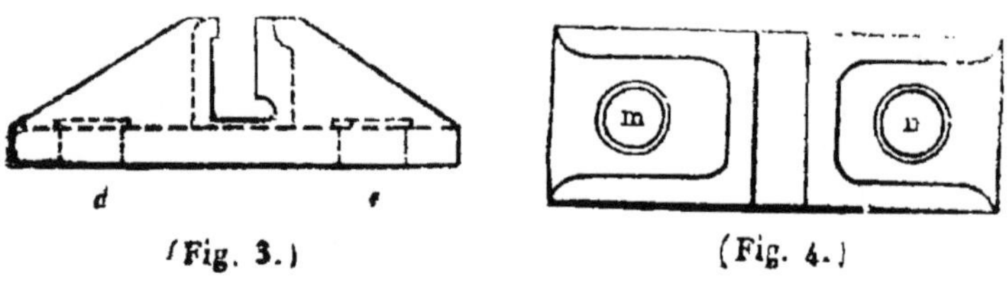

/Fig. 3.)   (Fig. 4.)

Les figures 3 et 4 représentent, l'une l'élévation, et l'autre la base du coussinet.

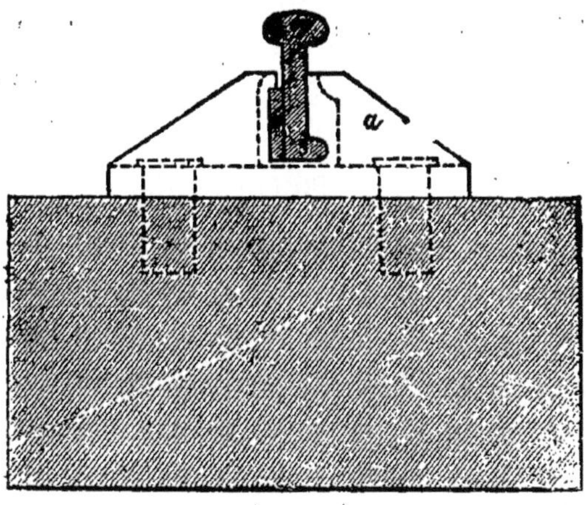

(Fig. 5.)

La fig. 5 représente l'ensemble du rail, du coussinet et du dé en pierre posés l'un sur l'autre.

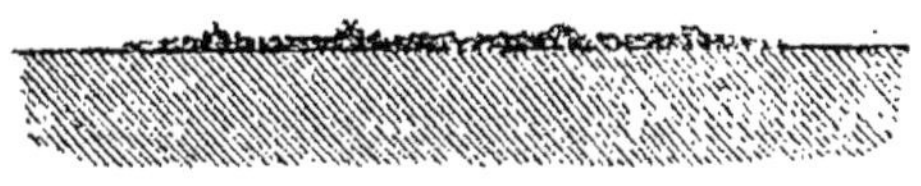

(Fig. 5 bis.)

Enfin la fig. 5 *bis* représente un chemin de fer tout construit.

Pour se rendre compte des fig. 3, 4, 5, il faut savoir que le rail *b* est serré contre le coussinet *a* par un coin *c*, et que le coussinet est maintenu sur le dé par deux chevilles *d*, *e*, qui entrent à frottement dans les trous *m* et *n* du coussinet, et dans des trous correspondants pratiqués dans le dé.

Ces notions préliminaires étant bien comprises, il va être facile de concevoir comment s'effectuent les transports.

18*

La plupart des chemins de fer sont à double voie.

Une voie se compose de deux rangs de rails, dont la distance est ordinairement d'à peu près $1^m 49$.

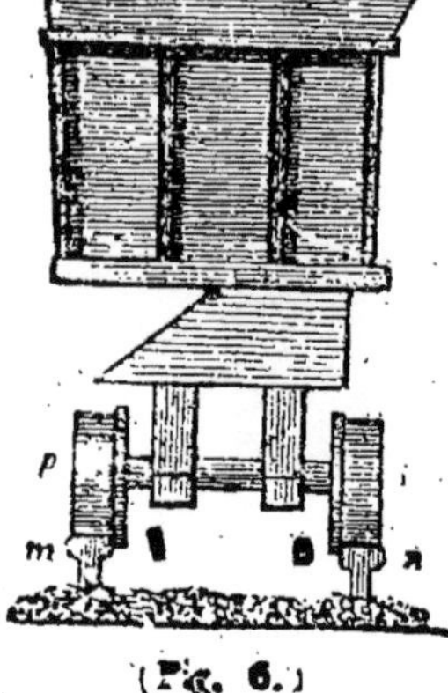

(Fig. 6.)

La fig. 6 montre comment les chars s'ajustent sur les rails ; m et n représentent les deux rails qui composent une même voie ; p et q sont les deux roues du char : on voit qu'elles sont retenues sur les rails par des rebords.

Les chars destinés à parcourir les chemins de fer portent le nom spécial de *wagons*, qui est tiré, comme le mot rail, de la langue anglaise.

Les wagons ne doivent, dans aucun cas, sortir des rails, de sorte que si deux wagons marchant en sens contraire viennent à se rencontrer en un même point de la voie, il en résulte ordinairement un choc terrible et la régularité du service est interrompue. Aussi, lorsqu'on veut aller et venir sur un chemin de fer à toutes les heures de la journée, est-il nécessaire de le composer de deux voies, dont l'une est destinée à être exclusivement parcourue par les wagons qui vont dans un sens, et l'autre par les wagons qui vont dans le sens contraire.

Sur quelques chemins d'importance très-secondaire, on n'établit quelquefois qu'une seule voie ; mais alors on pratique, de distance en distance, une double voie nommée *croisière*, où se garent les convois ou *trains* pour éviter une rencontre.

Voici le mécanisme à l'aide duquel se font les changements de voie , soit dans les chemins dont je viens de parler, soit dans les chemins à double voie.

Je suppose que AE et A'E' (fig. 7) représentent la fin de la voie unique ; le wagon y est parvenu , et je veux le faire passer dans la croisière. Cette croisière se compose de 2 voies ; l'une d'elles est diri

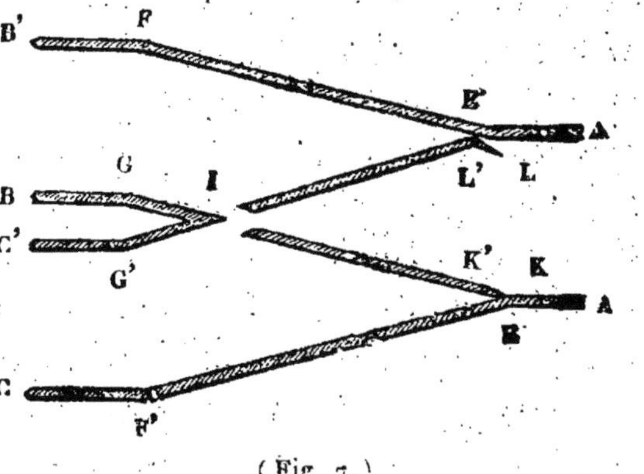

(Fig. 7.)

gée suivant les lignes FB' et GB ; l'autre suivant les lignes C'G' et CF'. Il s'agit , par exemple, de faire entrer le wagon dans la première.

Aux points E et E' se trouvent deux rails , L'I , K'I , qui vont se croiser au point I ; ces rails sont terminés par deux aiguilles L'L , K'K , mobiles autour des points L' et K. Le conducteur ouvre la première et ferme la seconde , et les met dans la position qu'elles ont dans la figure. Les deux roues du wagon étant munies de rebords intérieurs , l'une d'elles suit naturellement la ligne A'E'F , et l'autre la ligne AK'G et le wagon passe dans la croisière.

Pour terminer ces premières notions sur les chemins de fer, nous allons parler des moteurs qui servent à traîner les wagons , des pentes et des sinuosités que peut présenter la route.

Les moteurs employés sur les chemins de fer sont au nombre de trois : tantôt on se sert de chevaux qu'on attelle aux wagons à la manière ordinaire ; tantôt on emploie des machines à vapeur nommées *locomotives* ; tantôt enfin, on dispose sur le chemin, à des distances variables, des machines à vapeur fixes, qui attirent les wagons à elles à l'aide d'un câble.

La pente qu'on donne aux chemins de fer peut être plus ou moins considérable, suivant la nature du moteur qu'on emploie. Elle peut être très-grande, si on se sert de machines fixes ; elle doit être au contraire excessivement faible, si l'on se sert de machines locomotives, et ne peut guère excéder 5 millimètres par mètre.

Les parties de chemin de fer qui ont des pentes très-fortes portent le nom spécial de *plans inclinés*. Généralement, les wagons les franchissent par le moyen d'une machine à vapeur fixe et placée au sommet du plan, qui les remorque à l'aide d'une corde enroulée sur un tambour. La machine sert non-seulement à traîner les wagons montants, mais encore à retenir les wagons descendants, qui, sans ce secours, arriveraient au pied du plan incliné avec une vitesse telle qu'ils seraient infailliblement brisés.

Ce mécanisme n'a point tardé à être perfectionné : à l'aide d'une poulie et d'une corde, on a fait servir les wagons descendants à remonter les wagons montants, de même que, dans un puits, le seau vide sert à remonter le seau plein ; seulement, la corde d'un plan incliné, au lieu d'être verticale comme celle d'un puits, suit la direction du plan incliné lui-même. Mais il est facile de concevoir que la machine à vapeur n'a plus qu'à vaincre la différence entre la force nécessaire pour élever le premier wagon, et la force avec laquelle le second tend à descendre.

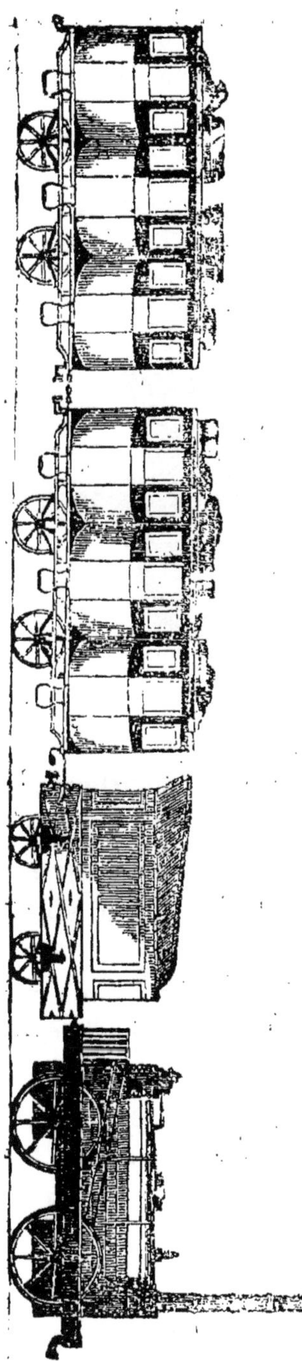

Ce système suppose que le plan incliné est à deux voies, dont l'une sert pour les wagons montants et l'autre pour les wagons descendants.

Des souterrains ou *tunnels.* — Il arrive souvent qu'un chemin de fer doit franchir une éminence trop considérable pour qu'il soit possible de l'abattre. — En pareil cas, il y a deux moyens à employer : tantôt on s'élève au sommet de l'éminence par un plan incliné, et on en redescend de la même manière, tantôt on la perce de part en part par une galerie souterraine. Le second moyen est infiniment plus dispendieux que le premier ; mais aussi il permet d'effectuer les transports avec plus de promptitude et une dépense bien moindre.

Des wagons. Le mot anglais *wagon* signifie chariot à quatre roues. On l'emploie pour désigner sur les chemins de fer les voitures destinées au transport des marchandises et celles affectées aux voyageurs de troisième classe. Leurs roues en fonte sont fixées sur des essieux qui tournent dans des collets.

Cette disposition qui est l'inverse de celle des roues ordinaires permet de rendre plus facilement la voie des wagons constante.

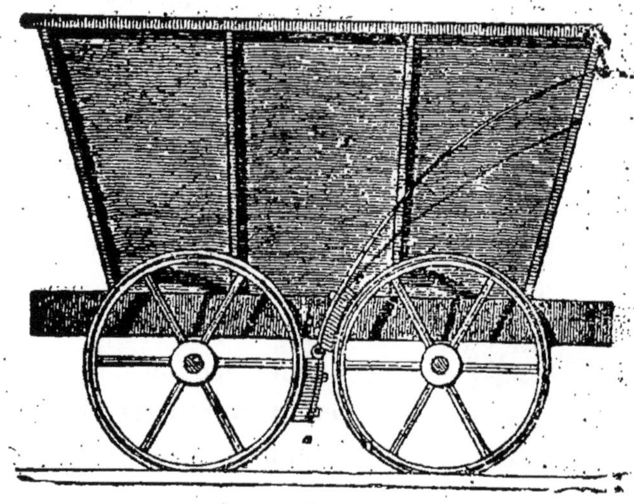

(Wagon).

On ajuste quelquefois aux wagons, mais surtout aux wagons des voyageurs et particulièrement au *tender*, dont nous parlerons plus loin, un appareil nommé *frein*, qui sert à ralentir sa vitesse et même à l'arrêter complètement.

Le frein se compose d'une tige de fer *a b c m*, qui peut tourner autour du point fixe *b*, et à laquelle sont ajustées deux pièces de bois *a* et *c*. Lorsque le conducteur veut arrêter le wagon, il n'a qu'à abaisser le point *m*; aussitôt les deux pièces de bois frottent contre les roues et les arrêtent.

DE LA MACHINE A VAPEUR LOCOMOTIVE.

Parmi les sept sages de la Grèce, les uns disaient que l'eau était l'origine de toute chose ; d'autres soutenaient que c'était le feu. S'ils revenaient au monde , ils seraient bien surpris de trouver qu'ils avaient presque raison les uns aussi bien que les autres, car il est peu de merveilles que ne puissent réaliser l'eau et le feu convenablement associés. Qu'est-ce , en effet , que la vapeur , sinon une association de l'eau avec le principe du feu , ou, comme disent les savants, avec le calorique ?

Les machines à vapeur, qui travaillent pour l'homme et qu'un habile mécanicien manie , si puissantes qu'elles soient, comme un enfant sa toupie, nous permettront un jour de créer des ouvrages qui feront pâlir les gigantesques constructions des Égyptiens eux-mêmes. Combien d'années n'a-t-il pas fallu pour achever les Pyramides , ces monuments qui bravent les âges ? Combien de milliers d'hommes ont sué sang et eau pour en élever les pierres, d'assise en assise ? Eh bien ! l'on a calculé que les seules machines à vapeur de l'Angleterre , mises en action par trente mille hommes , extrairaient la même quantité de pierres des carrières , et les élèveraient à la même hauteur que la grande Pyramide dans le court espace de temps de 18 heures.

Jusqu'à ces derniers temps , les machines à vapeur étaient à poste fixe. Les Anglais ont imaginé d'en faire qui marchent ou plutôt qui galopent aussi vite que les chevaux de course dans le Champ de Mars. C'est par là qu'ils ont rendu les chemins de fer si intéressants et si utiles Au moyen de ces machines à vapeur , qu'on appelle *locomotives*, l'on peut sans se gêner faire cinq myriamètres à l'heure. Et même M. Stephenson, qui a fait le célèbre chemin de fer de Liverpool à Manchester, dit qu'il ne sera content que lorsqu'on ira en deux ou trois heures de Londres à Liverpool. La distance est de 33 myriamètres. On a vu à Paris, à l'exposition universelle de 1855, une locomotive prussienne pouvant faire 50 lieues à l'heure.

Magellan et Cook ont été bien fiers de faire le tour du monde. De leur temps, c'était une affaire d'un an au moins, sans compter les détours. Le tour du monde n'est pourtant que quatre mille myriamètres. Si l'on pouvait faire le voyage en chemin de fer, et qu'on allât nuit et jour comme font les navires, ce ne serait plus qu'une affaire de six semaines. Avec les chemins de fer, il ne faudra guère plus de vingt-quatre heures pour aller à Berlin ; en soixante heures on sera à Saint-Pétersbourg. Un collégien, à qui les médecins auront recommandé de changer d'air pendant les vacances, partira de Paris le 1er septembre, ira respirer l'air de Coblentz, de Varsovie, de Moscou, poussera, s'il lui plaît, jusqu'en Sibérie, entrera en Chine, se reposera huit jours à Pékin, reviendra par Astrakan, Constantinople et Vienne, s'arrêtera un jour ou deux dans chaque capitale, et sera de retour, avant la rentrée des classes, au 15 octobre. Décidément, quand ce temps sera venu, chacun aura le droit de se plaindre, comme Alexandre, de ce que le monde est trop petit.

Quand un enfant s'est amusé quelques instants avec un jouet nouveau, quand il l'a bien tourné et observé en tous sens, il lui prend un désir impatient de l'ouvrir et d'en voir le mécanisme. Cette curiosité lui coûte souvent des larmes , et cependant qu'il serait fâcheux qu'elle ne fût pas en lui ! car ce n'est pas là seulement un aveugle instinct de la destruction , comme on le dit communément ; c'est un des premiers signes du besoin de connaître, de comprendre , de pénétrer au delà des formes extérieures, de remonter des effets aux causes , de s'élever, en un mot, de la contemplation à l'étude, qui seule sépare l'homme des autres êtres , qui seule le rend progressif et lui fait dérober un à un les secrets de l'univers et de sa propre nature. Combien de gens gagneraient à prendre un peu pour eux-mêmes de ce défaut qu'ils corrigent dans les enfants ! Combien l'instruction , dans toutes les séries du savoir humain , se répandrait avec plus de rapidité et de profit, si l'on pouvait inspirer à la foule plus de honte de sa frivolité et de son insouciance! — Ces réflexions nous occupaient quand le chemin de fer de Malines à Bruxelles fut construit. Chacun des voyageurs exprimait à sa manière ses impressions. Celui-ci s'étonnait que , malgré tant de rapidité , il lui fût aussi aisé de respirer que s'il eût marché sur terre à pas lents ; celui-là s'extasiait à la pensée qu'il ne sentait aucun mouvement : il lui semblait être assis dans sa chambre ; un autre faisait remarquer qu'il était impossible d'avoir le temps de distinguer à trois pas , sur le sable , un insecte de la grosseur d'une abeille , ou de reconnaître les traits d'un ami ; un autre enfin se réjouissait de l'attitude étonnée des habitants de la campagne , au passage de cette colonne de fumée et de cette longue traînée de voitures sans chevaux , glissant avec un léger bourdonnement , et disparaissant presque aussitôt dans le lointain. De plus graves déclaraient incalculables les bienfaits de cette invention. Pendant ce temps, la machine rasait le sol. On arrive : on descend. Le groupe du wagon chemine, sans se séparer, jusqu'à la locomotive. Là un jeune garçon d'environ douze ans s'arrête, et montrant du doigt la machine, demande à son père « comment il se fait que *cela qui ne vit pas* puisse avan-» cer tout seul ainsi qu'un cheval, et entraîner si vite » tant de voitures. » Le père fit l'aveu de son ignorance, et proposa la question de son fils à ses voisins : mais ceux-ci se hâtèrent de s'éloigner ; évidemment ils auraient été fort embarrassés pour répondre. — Il est assez triste de penser que parmi les milliers de personnes qui font route sur les chemins de fer belges, une vingtaine au plus peut-être ont pris la peine d'étudier le mystère du mouvement qui les emporte, et sont en état d'en parler avec quelque clarté.

Nous allons essayer de donner la description d'une locomotive ; pour la comprendre, il suffira de ne pas perdre de vue ce que nous avons dit précédemment.

DESCRIPTION D'UNE LOCOMOTIVE.

La figure 1 est une vue de côté d'une locomotive ; elle est placée sur les rails, et la flèche indique le sens de la marche.

Cette machine a quelquefois quatre roues comme une voiture ordinaire ; mais plus ordinairement elles en ont six. Afin qu'il n'y ait point de déviation latérale, ces roues portent intérieurement, à l'espace compris entre les deux lignes de rails, des rebords saillants ; ces re-

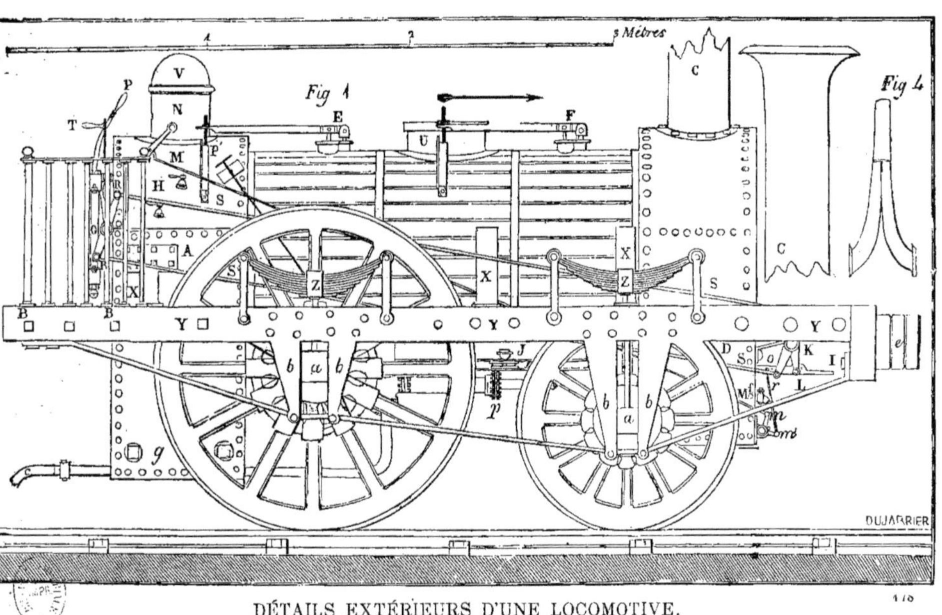

DÉTAILS EXTÉRIEURS D'UNE LOCOMOTIVE.

EXPLOSIONS. — Une chaudière pourrait surtout éclater : 1° Par suite de l'abaissement du niveau de l'eau qui donnerait lieu à une vaporisation excessive et instantanée ; 2° Par suite d'un accroissement de tension de la vapeur provenant de ce qu'il se dépenserait moins de vapeur qu'il ne s'en produirait ; 3° Par suite de dépôts formés dans la chaudière, et résultant de ce que l'eau d'alimentation contient des sels en dissolution. On a dû, pour prévenir ces causes d'explosion, recourir à divers moyens : nous indiquerons ici les principaux.

Fig. 1. G Tube de verre à l'arrière de la locomotive, servant à vérifier le niveau de l'eau dans la chaudière. HH Robinets de sûreté affectés au même usage. L'un est placé au-dessus du niveau convenable, l'autre au-dessous. Le premier doit toujours donner de la vapeur, le second de l'eau ; s'il en est autrement, on est averti que la quantité d'eau doit être augmentée ou diminuée. p Pompes aspirantes et foulantes placées en dessous de la machine. Elles aspirent d'une part l'eau du fourgon d'approvisionnement par le tuyau flexible c, et d'autre part elles la refoulent dans la chaudière. — p' Robinet de sûreté qui sert à s'assurer si ces pompes fonctionnent régulièrement.

bords ou mentonnets suffisent pour maintenir la machine dans la voie.

Si l'on sciait la machine dans le sens de sa longueur, on obtiendrait ce qu'on appelle sa *coupe* (fig. 2). On a laissé de côté, dans le dessin de cette figure, une foule de pièces accessoires qui n'étaient pas absolument indispensables à l'intelligence de l'ensemble.

Cela posé, nous allons examiner successivement *comment se forme la vapeur*, — *comment elle se distribue*, — *comment la pression qu'elle exerce se transmet aux roues et fait rouler la voiture sur les rails.*

Génération de la vapeur. — Pour former de la vapeur, il faut, en général, un foyer et une chaudière. En jetant un coup d'œil sur les fig. 1 et 2, on remarque facilement que la machine se compose de trois compartiments. Les deux compartiments extrêmes ont à peu près la même apparence, et se trouvent symétriquement placés par rapport au compartiment du milieu, lequel a la forme d'un grand cylindre d'un mètre de diamètre environ sur deux mètres de longueur. Le premier compartiment, celui de l'avant, porte deux cylindres et la cheminée C. On distingue l'un des deux cylindres, 1, 2, P, fig. 2. Ce compartiment est séparé des deux autres par une cloison *tt*. Le troisième, celui de l'arrière, porte le foyer *e* ; le second, celui du milieu, porte la plus grande partie de l'eau et une centaine de tubes horizontaux *é e*, dont nous connaîtrons bientôt l'usage. Ces deux derniers compartiments sont entretenus constamment pleins d'eau jusqu'à une certaine hauteur *cd*.

Le foyer. — On voit dans le compartiment d'arrière une boîte carrée *e*, dont la coupe, est représentée fig. 3;

c'est là boîte à feu. Cette boîte laisse partout , entre ses parois latérales et celles du compartiment qui la contient, un espace qq , lequel est en libre communication avec le reste de la chaudière , et se trouve par conséquent rempli d'eau. Cette boîte inférieure est soutenue dans le compartiment qui la contient et réunie à lui par de forts rivets, qu'on distingue bien clairement sur les fig. 2 et 3. Cette boîte à feu serait environnée d'eau de toutes parts, si ce n'était l'ouverture l , qui forme la porte du foyer , et le dessous de la boîte , qui est occupé par une grille dont on voit les barreaux nn suivant leur longueur fig. 2, et suivant leur largeur fig. 3. Près de cette porte l est placée une forte planche de support qui , dans la fig. 1 , se trouve en BB. Cette planche supporte le machiniste, qui peut , suivant le besoin, jeter du coke dans le foyer par la porte l. La provision de combustible pour les voyages un peu long est placée dans le *tender* ou fourgon d'approvisionnement qui suit immédiatement la machine. Le tender porte aussi l'eau qui doit remplacer celle qui s'est vaporisée dans la chaudière.

La partie inférieure nn du foyer , étant occupée par une grille , reste ainsi exposée à l'air extérieur qui alimente la combustion. Mais cette combustion serait assez lente, si l'on n'avait pris les moyens de l'activer par un tirage très-fort ; c'est dans ce but , et aussi pour augmenter la surface de chauffe, que le compartiment du milieu a été traversé par une centaine de tubes $e\ e'$ (fig. 2 et 3, dans la même planche) qui mettent en communication directe le premier et le dernier des compartiments. Il résulte de cette ingénieuse disposition que, dès que le feu est allumé sur la grille , toutes les parois

intérieures du foyer *e* sont fortement chauffées, et que
la flamme si l'on brûle de la houille, ou les produits
de la combustion si l'on brûle du coke, se précipitent
par les tubes, en échauffant l'eau qu'ils traversent, pour
aller sortir à l'autre extrémité, se répandre dans le
grand espace du compartiment des cylindres qu'ils trouvent libre, l'échauffer lui-même en passant, et s'échapper enfin par la cheminée C. Toutefois, ce tirage ne
serait point encore assez actif pour produire la quantité
de vapeur nécessaire à une marche rapide ; nous verrons tout à l'heure comment on y a suppléé. Cette chaudière à tubes, forme à laquelle on doit la surprenante
puissance des machines locomotives, est d'invention
française ; elle est due à M. Séguin, ingénieur civil à
Annonay.

Distribution de la vapeur. — La vapeur occupe toute
la partie de la chaudière comprise entre le niveau de
l'eau *cd* et le segment cylindrique EF ; elle s'accumule
dans cet espace, où on lui laisse prendre une tension de
3, 4, 5 atmosphères en sus de la pression atmosphé-
rique. La température de la vapeur correspondante à
cette tension est de 148° centigrades, soit une fois et
demie la chaleur de l'eau bouillante. Voyons comment
cette vapeur se distribue aux pistons placés dans les
cylindres : 1, 2, P. Au-dessus du sommet de la chaudière, vers la partie qui se rapproche du foyer, s'élève
un petit dôme en cuivre V (fig. 1 et 2). Sous ce dôme
se trouve l'embouchure V (fig. 2) d'un tuyau vertical ;
ce tuyau est en communication avec un autre tuyau
horizontal V'V' entièrement plongé dans la vapeur. Ce
dernier enfin porte vers son extrémité deux tubes à dou-

ble courbure v, qui communiquent chacun à une boîte X, dite boîte à tiroir, laquelle distribue, comme nous le verrons, la vapeur tantôt en avant, tantôt en arrière des pistons P, en la laissant passer successivement par le conduit I ou par le conduit 2.

Ce tube V, qui a environ 0^m, 15 de diamètre, s'élève vers la partie supérieure du dôme, afin que les secousses de la voiture ou le bouillonnement ne puissent projeter l'eau de manière à la faire pénétrer dans son ouverture, qui ne devrait admettre que de la vapeur. De plus, afin de régler l'émission de celle-ci, le tube horizontal porte en V' un robinet que le conducteur ouvre plus ou moins à l'aide de la poignée extérieure T (fig. 1 et 2). On voit donc que, dès que la vapeur est parvenue au degré de tension convenable, le conducteur n'a plus qu'à tourner le robinet T pour qu'elle se précipite par l'ouverture V, pour qu'elle traverse le robinet, puis le tube horizontal, puis enfin l'un des tubes v. Nous allons la reprendre à ce point.

Chacun des tubes v aboutissant à une boîte à tiroir X, qui distribue la vapeur dans chaque cylindre, il suffit d'indiquer l'une de ces distributions. Or, la vapeur arrivée en v va se répandre dans tout l'espace ; elle traversera le conduit I, qui se trouve ouvert, se répandra dans le cylindre, en arrière du piston P, et poussera évidemment celui-ci dans le sens de la flèche. Le piston P parviendra ainsi jusqu'au fond de son cylindre ; arrivé là, il s'agit de le faire rétrograder, afin qu'il acquière le mouvement de va et vient qui doit faire marcher la machine. Eh bien, supposons que, par un moyen quelconque, la tige o soit à cet instant poussée de l'avant vers

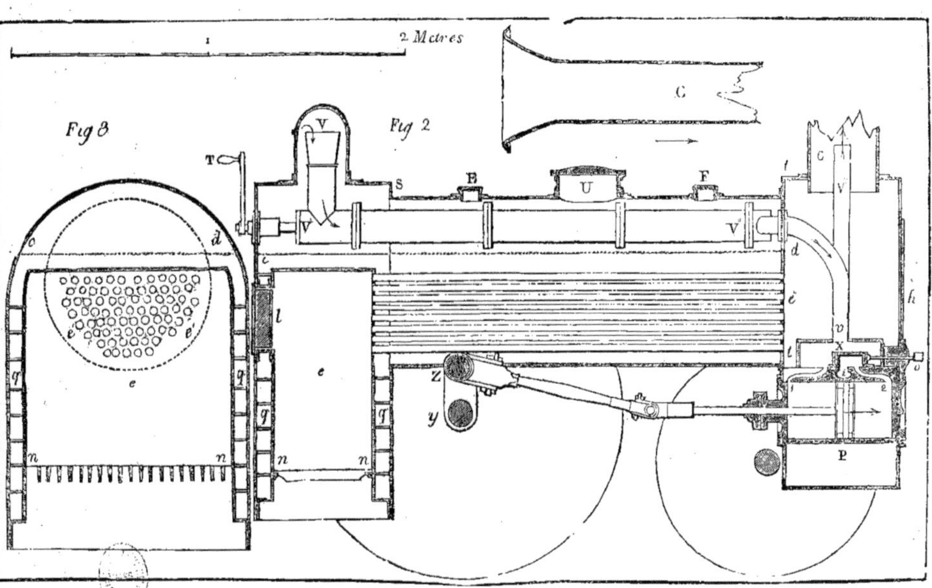

COUPE OU INTÉRIEUR D'UNE LOCOMOTIVE.

Fig 2 et 3. *nn* Grille du foyer, formée de barres isolées et simplement juxtaposées par leurs extrémités. Si l'on est averti par l'un des signes indiqués ci-dessus qu'une explosion est à craindre, on renverse immédiatement toutes ces barres à l'aide d'un crochet, et le feu tombe aussitôt sur la route.

Fig. 1 et 2. F F Soupapes de sûreté, servant à donner immédiatement issue à la quantité de vapeur qui se formerait au-delà des besoins de la machine. u Ouverture fermée par une plaque boulonnée, et servant à pénétrer dans la chaudière pour la nettoyer et empêcher qu'il ne s'y forme des dépôts.

Fig. 1. *g* Autre ouverture fermée par un bouchon métallique, et par laquelle on introduit un grattoir et on injecte de l'eau dans le double fond de la boîte du foyer, afin d'en chasser les dépôts.

l'arrière, cette tige entraînera la pièce X dans son mouvement, celle-ci rompra la communication entre la boîte et le conduit 1, en même temps elle démasquera l'ouverture du conduit 2, et en même temps aussi une communication s'établira entre l'arrière du piston et le petit conduit i ; donc la vapeur qui était demeurée derrière le piston s'échappera par le petit canal de sortie i en passant par le conduit 1, et celle qui entre par le conduit 2 poussera, de l'avant à l'arrière, le piston P en sens inverse de la flèche, jusqu'à ce qu'il parvienne à l'autre bout du cylindre. Supposons encore maintenant que la tige o soit ramenée par une cause quelconque de l'arrière vers l'avant, dans la position indiquée par la figure, le conduit 1 sera démasqué et la vapeur se précipitera en arrière du piston ; en même temps la communication s'établira par le conduit 2 entre l'avant du piston et le canal de sortie i ; donc la vapeur de l'avant s'échappera par ce canal, et celle de l'arrière poussera le piston dans le sens de la flèche, jusqu'à l'extrémité de sa course. Voilà donc le mouvement de va et vient des pistons P établi ; ce mouvement se transmet à leurs tiges respectives. Nous le reprendrons tout à l'heure sur celles-ci, en expliquant comment s'effectue celui de la petite tige o, qui ouvre et ferme successivement les conduits 1, 2, i.

Voyons d'abord ce que devient la vapeur qui s'échappe par les conduits i. On pourrait croire que tout est fini pour elle, et qu'après avoir agi sur les pistons, elle n'a plus de service à rendre ; il n'en est rien, et l'on va voir que c'est elle qui *souffle le feu*. Comme elle conserve encore une certaine élasticité, on en a tiré partie en mettant en communication chacun des canaux de sortie *i* correspondant à chaque piston, avec les extrémités inférieures de la pièce fig. 4 qui est représentée de face. Cette pièce est le soufflet, et son extrémité supérieure se voit en V''' dans la fig. 2.

Lorsque la vapeur a produit son effet sur le piston, elle s'élance en passant par *i* à travers cette buse, chasse devant elle avec une grande vitesse la colonne d'air qui remplissait la cheminée C, et par conséquent laisse un vide derrière elle. Ce vide est aussitôt comblé par une masse d'air extérieur qui se précipite au travers du foyer pour aller remplir l'espace où ce vide a été fait ; aussi à chaque aspiration ainsi produite voit-on le combustible que contient le foyer devenir blanc d'incandescence. C'est un effet analogue à celui d'un soufflet qui anime-rait constamment le feu en agissant par *inspiration* au lieu d'agir par *expiration* comme les soufflets ordinaires. Le courant artificiel créé dans le foyer par ce moyen est d'une telle efficacité, que si cette espèce de buse était rompue, la machine deviendrait à peu près inutile. Du reste, cette pièce paraîtra bien autrement importante quand on saura qu'aucun système de soufflet mobile n'avait pu réussir. C'est donc à elle seule qu'on doit la possibilité de maintenir une très-grande vitesse. Passons maintenant à la transmission du mouvement.

Transmission du mouvement. — Si l'on a suivi cette description avec quelque patience, l'on sait maintenant comment les tiges de chaque piston P ont un mouvement de va et vient horizontal, de l'arrière vers l'avant et de l'avant vers l'arrière. Il faut examiner comment on a transformé ce mouvement, pour faire avancer les roues sur les rails.

Pour cela on a invariablement fixé les roues de derrière, ou grandes roues, à leur essieu ; ces roues et cet essieu ne faisant qu'un corps , il est clair que si l'on peut imprimer à l'essieu un mouvement de rotation , les roues tourneront avec lui et feront un tour entier en même temps que lui. Or , pour donner à l'arrière-train ce mouvement de rotation il a suffi de *couder* l'essieu *y*, et de réunir sa coudure Z (fig. 2) à l'extrémité de la tige du piston , et comme il y a deux pistons , l'essieu aura deux coudures. Il suffit d'examiner un de ces deux systèmes pour comprendre l'autre. Le piston est , dans la position P (fig. 2) , au milieu de sa course , et l'une des coudures de l'essieu est en ce moment au-dessus de l'essieu *y*. Le piston marche dans le sens de la flèche, il entraîne sa tige après lui ; celle-ci tire l'une des extrémités de la *bielle* de communication ; cette traction se transmet à la coudure Z , que l'autre extrémité de la bielle embrasse à frottement doux. Arrivé au fond antérieur de son cylindre , le piston a donc fait décrire à la coudure, à l'essieu et à la roue un quart de cercle ; en revenant de l'avant à l'arrière , il fera décrire à *y* Z un autre demi-cercle ; enfin , en revenant de l'arrière au milieu de sa course , il ramènera la coudure *y* Z par un quart de cercle dans la position où elle se trouve fig. 2. Donc , le piston aura parcouru deux fois la longueur de sa course, et la roue aura fait un tour entier. La tête de la tige de chaque piston glisse d'ailleurs entre des guides horizontaux J (fig. 1), qui assurent son mouvement dans l'axe du cylindre et la soutiennent en même temps. On voit aussi en J, au-dessus du guide , un petit godet à siphon, qui contient une mèche de coton constamment imbibée d'huile, destinée à faciliter le jeu des pièces. Ces godets se trouvent partout où il y a des joints de quelque importance.

Expliquons maintenant le mouvement de la tige o, qui ouvre passage à la vapeur, tantôt en arrière, tantôt en avant du piston. Attachons la tige o de la figure 2 à l'extrémité d'un levier à bascule tournant sur le point fixe K (fig. 1) (le cadre Y empêche de voir l'extrémité de ce levier et celui de la tige o) ; à l'autre bout L du levier à bascule, fixons une tige horizontale dont on voit l'extrémité en I, et dont le prolongement en arrière passe sous la voiture : il est clair que si l'on donne à cette tige un mouvement de va et vient vers l'avant et vers l'arrière, le point L du levier la suivra dans tous ces mouvements ; mais ce levier tournant sur K, son autre extrémité prendra des positions inverses, de telle sorte que L marchant en avant, l'extrémité (invisible) marchera en arrière, et que L marchant en arrière, cette extrémité marchera en avant ; mais elle est liée à la tige o (fig. 2) : donc la tige o participera à tous ces mouvements ; elle fera glisser le tiroir X tantôt en avant, tantôt en arrière ; elle fermera et ouvrira successivement les passages 1, 2 et i. Reste à montrer comment la grande tige I L (fig. 1) peut se mouvoir de l'avant à l'arrière et de l'arrière à l'avant.

Pour cela, supposez qu'elle se prolonge au-dessous de la voiture jusqu'à une petite distance de l'essieu de derrière ; que là, elle se termine par un anneau à charnière qui puisse s'ouvrir et se fermer à volonté. Supposons-le ouvert ; fixons maintenant irrévocablement sur l'essieu, entre les coutures dont il a été question plus haut, un disque d'un diamètre égal à celui de l'*intérieur* de l'anneau et qui tournera avec l'essieu ; toutefois fixons ce disque de manière que son centre *ne corresponde pas* avec le centre de l'essieu, ce sera un *excentrique*. Fermons maintenant l'anneau de manière qu'il embrasse le disque sans le serrer trop fort, ou, en d'autres termes, de manière que le disque puisse tourner dans l'intérieur de l'anneau et sans le quitter ; un peu de réflexion montrera alors, 1° que l'essieu en tournant entraînera le disque ; 2° que celui-ci étant enfilé par l'essieu ailleurs que par son centre, le point de sa circonférence le plus éloigné du centre de l'essieu passera une fois en avant, une fois en arrière de ce point à chaque tour de l'essieu ; 3° qu'enfin l'anneau, et par suite la tige I L, marcheront aussi une fois en avant, une fois en arrière pour chaque tour de roue. On peut très-facilement reproduire l'effet de cet excentrique en traçant au compas deux cercles concentriques sur une carte ; on découpera ensuite le tour du cercle extérieur, ce qui figurera l'anneau, on laissera fixé à celui-ci une petite bandelette de la carte pour figurer la tige I L ; cela fait, on placera, sur une table, le disque intérieur avec l'anneau qui l'embrasse ; on piquera le disque avec une épingle sur la table, par *tout autre point* que par son centre, on le fera tourner autour de l'épingle, en ayant soin de placer l'ongle contre le bord de la bandelette pour la maintenir, et l'on verra l'extrémité de cette bandelette se mouvoir comme la tige I L. Il est à peine nécessaire d'ajouter que, puisqu'il y a deux pistons, il y a deux tiges *o*, partant deux grandes tiges I L, et deux excentriques entre les deux coudures de l'essieu ; chaque excentrique forme d'ailleurs un angle droit avec la coudure qui lui correspond.

Voilà donc les roues qui tournent ; de là à la progression de la voiture, il n'y a qu'un pas. Cependant il a fallu de nombreux essais pour le franchir.

Mode de suspension de la voiture. — Tout l'ensemble de la chaudière, du foyer, de la cheminée, etc. (fig. 1), repose sur un cadre en bois très-solide, et s'y trouve maintenu par des supports en fer X, X, X.

Ce cadre porte de chaque côté des ressorts Z, Z ; on distingue au-dessous des Z des broches verticales qui traversent les jumelles Y, Y, et qui viennent porter en a sur l'extrémité des essieux des roues ; $b\,b$ sont des guides entre lesquels la boîte de roue a peut monter ou descendre à mesure que les ressorts ploient plus ou moins sous le poids de la machine. Le poids ordinaire d'une locomotive est de 25 mille kilogrammes.

L'ORFÈVRE.

L'orfévrerie, qui se lie intimement à l'art du ciseleur, a pour objet la fabrication de la vaisselle d'or et d'argent, des vases sacrés, des bassins, des coupes et d'une foule d'autres productions de luxe ornées de bas-reliefs et de figures allégoriques.

L'art de l'orfévrerie a été, de temps immémorial, pratiqué avec succès en Belgique. Les comptes des ducs de Bourgogne conservés aux archives de Lille et de Bruxelles, font foi qu'il y avait à cette époque, dans nos principales villes, des orfèvres qui exécutaient tous les ouvrages nécessaires, à la maison et à la cour de ces princes, si renommés par leur magnificence. En parlant des fêtes qui eurent lieu à Bruges à l'occasion du mariage de Charles le Hardi avec la duchesse Marguerite d'Yorck, on dit : « A la vérité, monsieur de Bourgogne pouvait bien servir sa fête largement en vaisselle d'argent, car le duc Philippe (dont Dieu ait l'ame, lui en laissa pour provision plus de soixante mille marcs, ouvrés et prets à servir. »

On voit, dans un manuscrit conservé à la bibliothèque de Bourgogne, qu'au dix-septième siècle, lorsque le célèbre Claude Ballin avait porté l'orfévrerie, en France, à un tel degré de perfection , que ses ouvrages , quoique d'un poids et d'une dimension considérables, étaient estimés à plus de dix fois la valeur de la matière, Charles II, roi d'Angleterre, lui préféra cependant les orfèvres de la Belgique et de l'Italie pour la confection de sa riche vaisselle, et qu'il confia la direction de cette importante entreprise aux frères Van Vianen, nos compatriotes.

La supériorité des ciseleurs belges est encore attestée par les monuments conservés dans nos églises. Nous nous contenterons de citer un bas-relief en cuivre doré , représentant le divin Sauveur descendu de la croix , exécuté au seizième siècle par Wolfganck, et conservé dans la cathédrale de Bruges ; le tabernacle de la chapelle du Saint-Sang, dans la même ville, orné des emblêmes des évangélistes et surmonté d'un calvaire, ouvrage de douze pieds de hauteur , fait en 1750 par François Ryelandt ; une châsse, en forme de temple, style de la renaissance, ornée d'émaux et de pierreries , qui , dans la chapelle nommée ci-dessus , renferme la précieuse relique : ce riche morceau d'orfévrerie, exécuté par Jean Crabbe , échevin et trésorier de la ville, est particulièrement remarquable, en ce qu'il prouve les connaissances de son auteur en architecture. Nous pourrions signaler aussi les ouvrages de Botte, de Mons, et de Lefebvre, de Tournai, exécutés vers la fin du dix-huitième siècle.

La suppression des abbayes et le bouleversement des fortunes qui suivirent l'invasion de la Belgique par la France y amenèrent la décadence presque totale de la ciselure. Pendant toute la durée du régime français, elle ne put parvenir à se relever : ce ne fut même qu'assez longtemps après le retour de la paix, qu'on la vit renaître ; on se souvient que, à l'exposition des produits de l'industrie nationale de 1820, rien n'annonçait encore qu'elle eût reparu parmi nous. Depuis quelques années, cet art, jadis si florissant dans nos provinces, donne des signes manifestes de vie et de progrès : l'arrêté royal du 20 janvier 1833, qui, en instituant à Bruxelles une exposition triennale des beaux-arts, a appelé les ciseleurs à y concourir avec les peintres et les sculpteurs, les efforts de quelques institutions particulières, notamment de l'académie de Bruges, dirigés vers le même but, ont exercé à cet égard une influence salutaire.

La bijouterie, comme nous l'avons dit en commençant cet article, a une connexité intime avec l'orfévrerie : c'est l'art réduit à de petites proportions. Dans tous les temps, chez tous les peuples, on a porté des ornements. Il n'y a pas un siècle, que l'usage général s'en est répandu en Belgique ; auparavant les bijoux étaient réservés chez nous aux classes supérieures de la société. La France a été longtemps en possession de nous fournir ces articles de luxe : mais nous nous sommes insen-

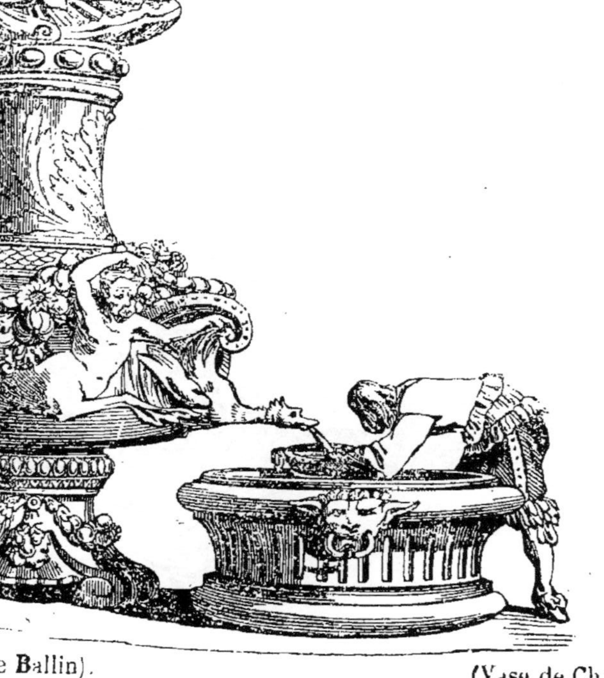

(Vase de Ballin).

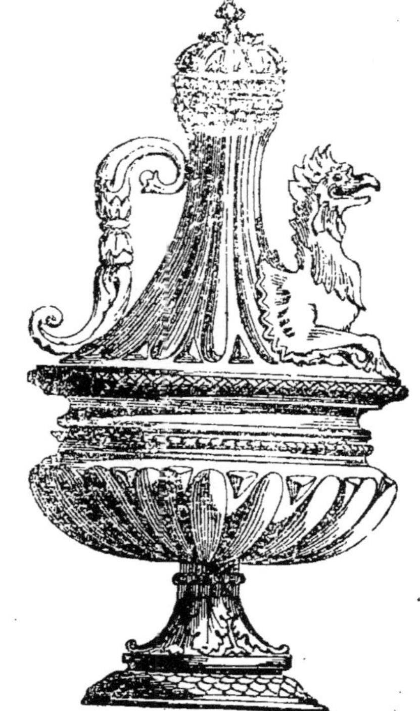

(Vase de Charton, orfèvre français du XVIIIe siècle.)

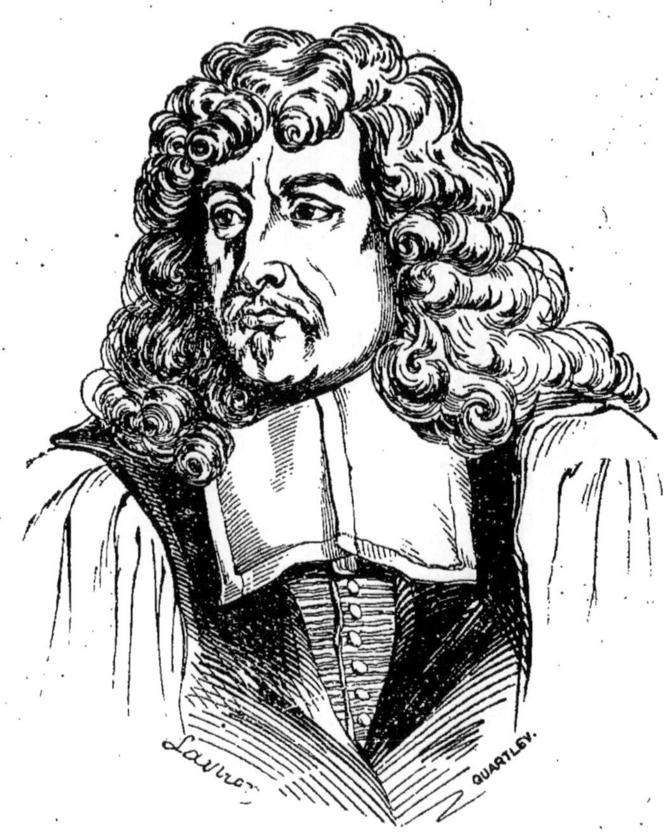

Ballin, orfèvre français du xviiᵉ siècle.

siblement affranchis de ce tribut, et aujourd'hui l'industrie nationale satisfait à presque tous nos besoins.

A l'exposition universelle de 1855 à Paris, on a beaucoup admiré un calice et un ostensoir gothique exécuté
à Anvers.

L'art du ciseleur, le complément de l'orfévrerie, était
connu des anciens. La Grèce surtout atteignit un haut
degré de perfection dans ce genre de travail. Le ciseleur

est un véritable artiste , soit qu'il achève et répare un vase , un bas-relief, une statuette jetés en moule . soit qu'il travaille une pièce d'orfévrerie au repoussoir. Ce dernier procédé est employé pour des pièces à parois minces , sur lesquelles on commence par dessiner, à l'extérieur, les contours des objets , puis on ramène ces sujets en bosse au moyen de bigornes de différentes

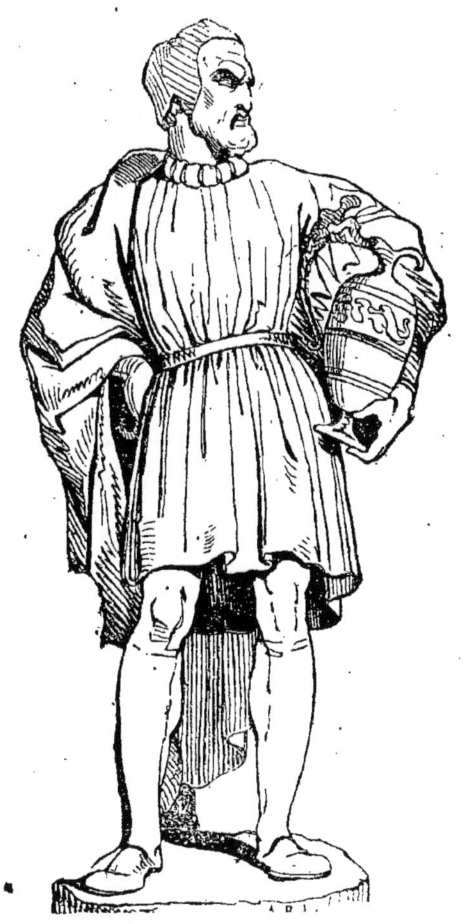

(Benvenuto Cellini, célèbre orfèvre,)

formes. On appuie ces bigornes à l'intérieur sur les points qui doivent faire saillie et l'on frappe de manière à faire rentrer le métal tout autour et à donner le relief convenable aux diverses parties d'un sujet ou d'un ornement. Ces parties sont ensuite ciselées et terminées avec différentes sortes d'outils.

Les principaux outils du ciseleur sont , outre les bigornes et les marteaux , des burins, des ciselets et des riffloirs , sortes de limes de formes variées , et dont l'extrémité est recourbée.

Nous donnons ci-dessus le portrait en pied de Benvenuto Cellini, orfèvre et sculpteur florentin, mort en 1570, et que son admirable talent a placé au premier rang des artistes. François Ier l'attira en France et le combla de bienfaits. Cellini se distingua également par sa bravoure. Il défendit le château Saint-Ange , assiégé par le connétable de Bourbon qu'il tua , dit-on , lui-même d'un coup d'arquebuse.

Ballin et Thomas Germains, orfèvres, français, jouirent d'une grande réputation dans le XVIIe siècle. Charton, qui florissait dans le siècle suivant , partagea la même renommée.

L'HORLOGER.

Les anciens ne font pas mention d'horloges avant celle que le pape Paul Ier envoya à Pépin-le-Bref en 760. En 807 le calife Haroun-al-Raschid en fit présent d'une à Charlemagne.

La première horloge publique se vit à Paris ; c'est

celle qui est placée à l'angle du Palais de Justice, vis-à-vis le marché aux fleurs.

La Belgique possède des horloges publiques fort remarquables et d'une grande antiquité.

Suivant quelques auteurs, les montres sont dues à un horloger de Leyde ; d'autres font honneur de cette invention à un habitant de Nuremberg, vers l'an 1500. Quoiqu'il en soit, une montre fut présentée à Charlemagne, comme un objet très-rare et très-curieux. Le célèbre Huyghens apporta de grands perfectionnements à l'horlogerie.

Vers 1680, on vit à Londres les premières montres à répétition, dont l'invention est due à Barlow.

Il n'y a pas encore un bien grand nombre d'années que les montres étaient inconnues dans plusieurs contrées de notre Europe. On raconte que, pendant la guerre d'Amérique qui signala la fin du dix-huitième siècle, un officier français fait prisonnier par un higlander écossais, se vit enlever sa montre. Le français ayant prié un chef d'intervenir pour lui faire rendre ce bijou auquel il tenait beaucoup, offrant d'ailleurs d'indemniser le capteur, celui-ci rendit la montre d'un air insouciant, en disant : *cela m'est égal, car la bête est morte.* On comprend que la montre qu'il prenait pour un être animé, avait cessé de marcher faute d'être montée.

Afin de donner à nos jeunes lecteurs une idée des diverses parties qui composent une montre ordinaire, nous joignons ici une série de figures représentant les rouages de cette montre, avec une explication sommaire de leurs fonctions. Cet aperçu pourra, jusqu'à un certain point, les initier dans le mécanisme merveilleux de ce chef-d'œuvre de l'industrie humaine.

La cage d'une montre est formée par deux platines circulaires, réunies par quatre piliers, figurés en EEEE dans la figure 1re. La plus grande partie des organes d'une montre se trouve comprise entre ces deux platines.

Figure 1. A barillet, boîte cylindrique de cuivre, renfermant le *grand ressort*, force motrice de la montre.

F, fusée, espèce de poulie conique garnie d'une gorge en spirale dans laquelle s'enroule la chaîne D fixée par une de ses extrémités au barillet.

Lorsqu'on monte la montre, le grand ressort se tend ; en se détendant peu à peu, il fait tourner la grande roue ou roue de fusée G.

e, petit levier qui vient butter contre l'épaulement *g*, lorsque la quantité nécessaire de chaîne a été enroulée sur la fusée, lorsqu'on monte la montre.

f, ressort qui règle le mouvement du levier *e*.

h, roue de centre ou grande roue moyenne de 54 dents engrenant avec un pignon de 6 dents.

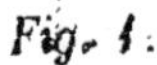

Fig. 1.

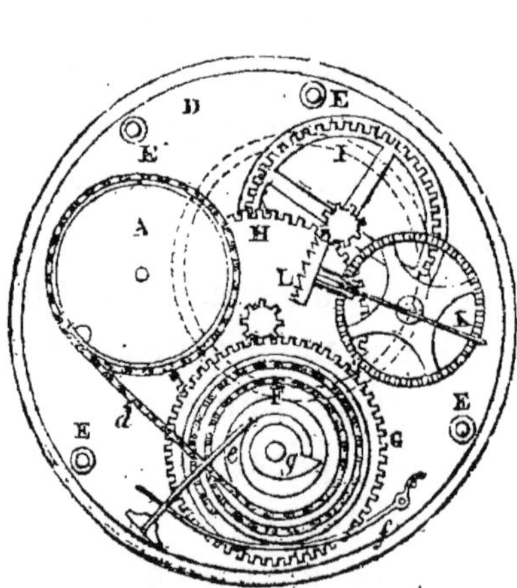

i, petite roue moyenne de 48 dents sur l'axe de laquelle est fixé ce pignon. Elle engrène avec un autre pignon que porte l'axe de la roue suivante.

k, roue de champ ayant 48 dents parallèles à son axe. Elle engrène avec un pignon fixé sur l'axe de la roue de rencontre, figurée en 4 et ayant 15 dents. Ces dents sont en couronne et coupées obliquement ; c'est leur rencontre qui détermine le mouvement de va et vient du balancier.

Figure 2. Elle montre sur une plus grande échelle l'action de la roue de rencontre sur les palettes *m n* de la verge du balancier.

Fig. 2.

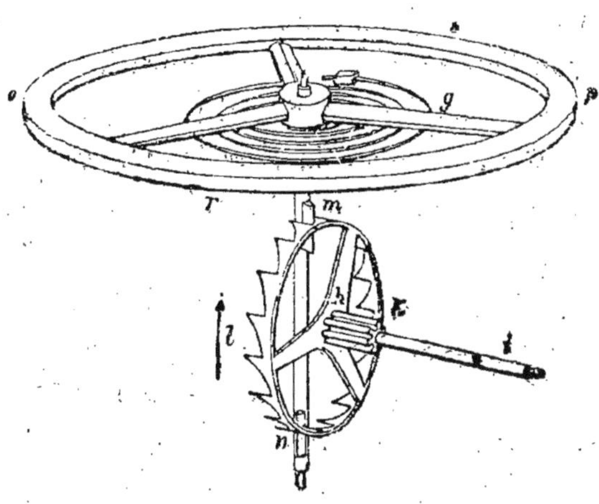

h, pignon de l'axe de la roue de rencontre lequel reçoit son mouvement de la roue de champ et le communique au balancier, en lui faisant faire une révolution dans la direction des lettres *p*, *o*, *s*, *p*. Ce mouvement du balancier tend le petit ressort *g*, mais une des extrémités de ce ressort étant fixée à la platine supérieure, et l'autre à la verge du balancier, il arrête la révolution de ce balancier et le fait revenir en arrière. Ainsi, en résumé, la roue de rencontre agissant sur les palettes, pousse le balancier dans un sens et le ressort *g*, qu'on nomme la *spirale*, le ramène en sens inverse.

Cet appareil sert de régulateur au mouvement imprimé à toute la série de roues par le grand ressort.

Figure 3. Elle nous montre le dessus de la platine supérieure sur laquelle oscille le balancier. Nous avons dit qu'une des extrémités de la spirale *g* (fig. 2), est fixée sur la platine *c* et l'autre à la verge du balancier. Si on raccourcit cette spirale, il est évident que les oscillations du balancier seront moins grandes et par conséquent en plus grand nombre, pendant un temps donné. Si on l'allonge, le contraire aura lieu. Pour faire avancer ou retarder la montre, il ne s'agit donc que de raccourcir ou d'allonger la spirale. On y parvient au moyen d'un petit levier *z* à l'extrémité duquel est un trou par lequel passe le tour extérieur de la spirale. Ce levier est guidé par l'anneau mobile *rr*. Un arc de cercle gradué sert à mesurer la marche du levier. Si on le fait marcher vers l'extrémité du cercle marqué d'un A (*avance*), une portion plus grande de la spirale sera interceptée

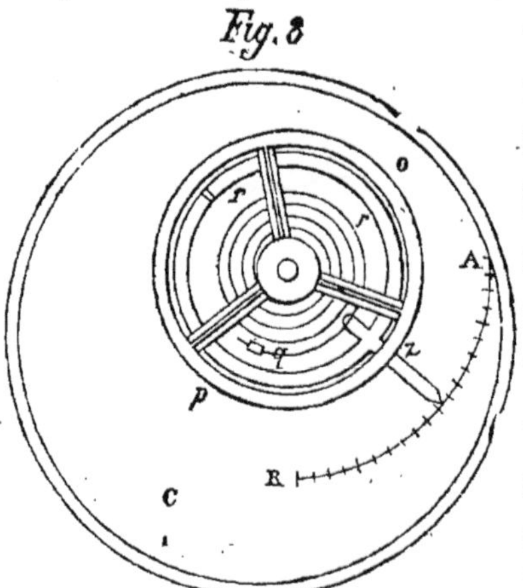

par le bout du levier, et elle se trouvera raccourcie. Le contraire aura lieu, si on fait marcher le levier vers l'extrémité opposée de l'arc de cercle où se trouve un R (*retard*).

Figure 4. Vue de côté de l'intérieur d'une montre. Les différentes parties qui la composent portent les mêmes lettres indicatives que les figures 1 et 2. W et Z sont les aiguilles des heures et des minutes. En N on voit

Fig. 4.

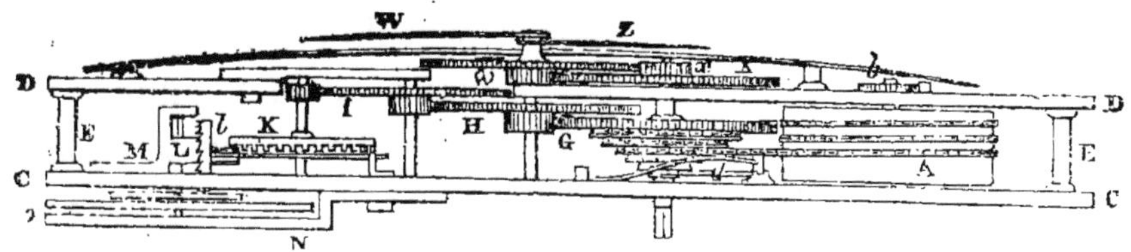

la coupe du coq . espèce de couvercle à jour qui s'étend au-dessus du balancier pour le préserver de tout choc.

Figure 5. A, grand ressort séparé du barillet. A, point d'attache du barillet. B , axe qui traverse le barillet et auquel est fixé l'un des bouts du ressort.

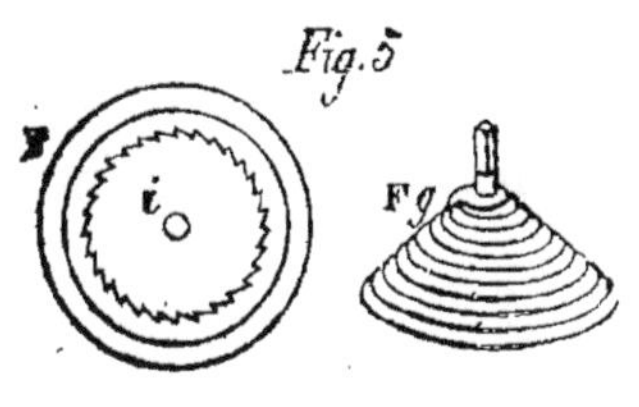

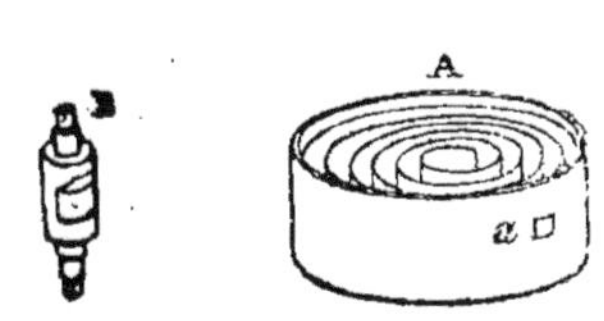

F , partie inférieure de la fusée , où l'on voit la roue à rochet I qui, au moyen d'un cliquet, empêche la grande roue G d'être entraînée par la fusée lorsqu'on remonte la montre. A côté est la même fusée, vue de profil.

Figure 6. M, pièce nommée *potence* et supportant la roue de rencontre.

G , roue de fusée vue séparément. Le trou qui est au centre reçoit l'axe de la fusée. H est un anneau en relief correspondant à une cavité placée à la base de la fusée.

Fig. 6.

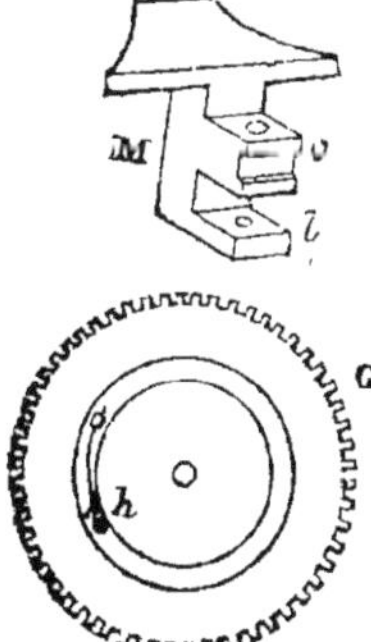

Figure 7. Cette figure représente la platine supérieure. X, Roue de minuterie de 48 dents dont le pignon X engrène avec la roue des heures Y qui a

Fig. 7.

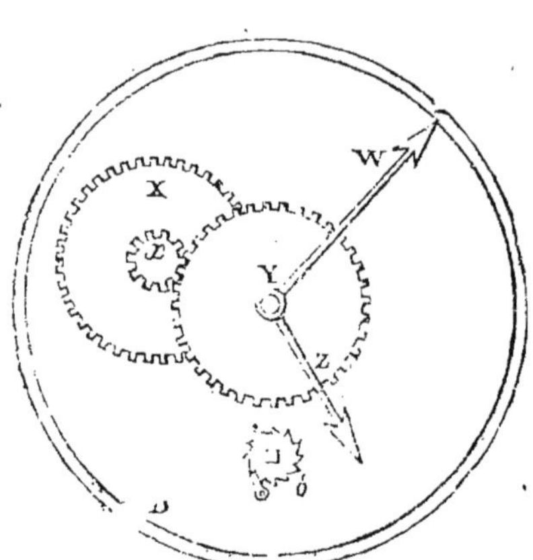

le même nombre de dents. Il résulte de l'arrangement de ces roues et pignons et du nombre de leurs dents que la roue des minutes fait douze révolutions pendant que la roue des heures n'en fait qu'une seule.

Cette disposition s'appelle *cadrature*.

Figure 8. Cette figure représente une autre espèce de cadrature dont le principe est le même que celle dont nous venons de parler.

Fig. 8

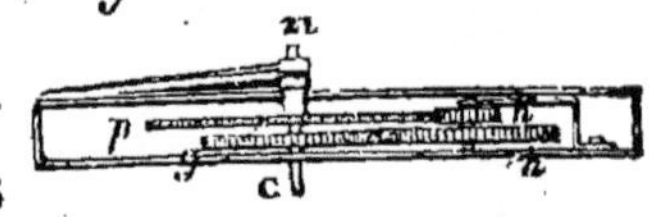

Comme la rotation continuelle des pivots d'acier de ces roues, dans des trous percés dans le cuivre, finit à la longue par élargir ceux-ci, en sorte que la montre finit par marcher moins bien ou ne plus marcher du tout, on a imaginé de percer ces trous dans des pierres fines très-dures et particulièrement dans le rubis, et de les encastrer de manière à recevoir les pivots. Il y a des montres qui ont jusqu'à huit trous percés dans des rubis, mais ce perfectionnement en augmente beaucoup le prix.

Graham, horloger anglais, inventa un appareil nommé *échappement à cylindre* que perfectionna le célèbre Bréguet; cet échappement remplace avantageusement celui à verge et palette représenté figure 7. Un des avantages de ce nouveau mécanisme, c'est qu'il est presque

insensible aux inégalités de la force motrice, en sorte
que dans les montres construites suivant ce nouveau système, dont l'emploi est devenu général, on a supprimé
la fusée et la chaîne.

Les mouvements de la plupart des montres et des
pendules que vendent les horlogers en Belgique, en France
et dans plusieurs pays de l'Europe, sortent généralement
de la Suisse et particulièrement du canton de Genève.
Là tout le monde est pour ainsi dire horloger; on voit,
pendant l'hiver, des paysans s'occuper à faire des pièces
d'horlogerie dans leurs chalets.

Des mouvements de montres et de pendules ainsi
préparés s'appellent des *mouvements en blanc*; c'est à
l'horloger des villes, soit en Belgique, soit ailleurs, à en
repasser toutes les pièces, à y mettre un cadran, des
aiguilles, une boîte, en un mot, à faire marcher une
montre. Le prix moyen d'un mouvement de montre à
cylindre en blanc est de 2 francs 50 centimes, et celui
d'une pendule ordinaire, de 6 francs. Ces prix si modi-
ques sont dus à l'extrême division du travail, car chacun
de ces travailleurs en horlogerie ne s'occupe que
d'une seule des nombreuses pièces d'une montre et ne
sait faire que celle-là.

LE FONDEUR.

L'art de jeter l'airain en fonte était connu des Grecs et
des Romains. Il nous reste plusieurs chefs-d'œuvre en ce
genre; ils coulaient également en bronze des ustensiles
de ménage et particulièrement des vases et des lampes,
enrichies de gracieux ornements.

Le célèbre colosse de Rodes était une statue d'airain massif qui représentait Apollon ou le soleil. Elle avait trente-trois mètres de hauteur. Ce colosse, œuvre de Charès de Linde et de Lachès, fut élevé 278 ans avant l'ère chrétienne ; un tremblement de terre le renversa au bout de 56 ans.

Les modernes ont également excellé dans l'art de jeter en fonte des statues et des bas-reliefs. En 1099 Baltasar Keller jeta en bronze une statue de Louis XIV qui n'avait pas moins de sept mètres de haut. Renversée en 1792 par la fureur démagogique, elle est aujourd'hui remplacée, au même endroit, par la célèbre colonne de la place Vendôme, dont le noyau, en pierre de taille, est recouvert par 276 plaques de bronze, faisant vingt-deux fois le tour de la colonne, et présentant une suite de bas-reliefs disposés en spirale.

Quand les statues sont d'une dimension trop considérable pour être fondues d'un seul jet, on les fond par pièces séparées, telles sont les statues de Marc-Aurèle à Rome et celle de saint Charles Borromée, près du lac majeur. La chaire de Saint-Pierre, à Rome, ouvrage admirable, de plus de 26 mètres de haut, est formée par un grand nombre de pièces fondues séparément et réunies par une armature en fer.

Voici un aperçu des procédés employés pour jeter une statue en fonte.

Le sculpteur ayant terminé son modèle en terre à modeler, on creuse dans l'atelier une fosse profonde. Dans cette fosse on établit en terre le noyau de la statue.

Lorsque ce noyau, qui est établi sur une grille en fer, est sec, on recouvre toutes ses parties de plaques de cire à modeler , d'une épaisseur égale à celle que doit avoir le bronze et auxquelles on a donné les contours extérieurs du modèle, au moyen de creux en plâtre pris sur celui-ci. Le sculpteur retouche alors cette enveloppe en cire et donne ainsi à sa statue tout le poli et toute la perfection désirée. Cela fait, le fondeur place les *jets* et les *évents*. Les premiers sont de longs rouleaux de cire, ménageant la place des conduits par où coulera le bronze et les seconds doivent seulement permettre la sortie de l'air que chassera le métal en fusion.

On enduit ensuite au pinceau, toute la statue, ainsi que les jets et les évents, de plusieurs couches d'argile finement broyée. A ces couches en succèdent d'autres de plus en plus consistantes, jusqu'à ce que cette enveloppe extérieure ait acquis une grande épaisseur et forme pour ainsi dire une espèce de maçonnerie ; des armatures en fer la solidifient d'ailleurs de toutes parts, et lui permettent de résister à l'énorme pression du métal en fusion.

Lorsque cette enveloppe est sèche, on allume du feu sous la grille sur laquelle repose le moule ; ce feu, continué pendant plusieurs jours, fait fondre la cire qui s'écoule entièrement, laissant entre le noyau et la couche de terre glaise dont elle a été enduite le creux que doit occuper le bronze.

Plusieurs fourneaux entourent la fosse qui a été entièrement comblée. Le maître fondeur a donné le signal ; on débouche avec de longues barres de fer les ouvertures des fourneaux par lesquelles doivent se faire les coulées. A l'instant même plusieurs courants de métal fondu, dont les yeux ne peuvent soutenir l'éclat , s'élancent dans l'*écheno* , bassin ménagé au-dessus du moule et où s'ouvrent les jets dont nous avons parlé. Le métal en fusion s'y engloutit et va remplir tous les vides laissés entre le noyau et le moule.

Voici le moment périlleux , car si le moule n'a point été complétement séché la prodigieuse chaleur du bronze en fusion peut, en dilatant la vapeur, occasionner l'explosion du moule et de tout ce qui l'entoure , en projetant sur les assistants d'effroyables jets de métal en fusion.

Les canons se fondent à peu près de la même manière, si ce n'est qu'on retire le noyau sur lequel le moule a été formé , vu qu'un canon coulé plein est ensuite foré. Dans les premiers temps de l'artillerie, les canons étaient composés de bandes disposées comme les douves d'un tonneau et consolidées de distance en distance par des cercles. Ces bombardes étaient quelquefois d'une dimension énorme et servaient alors à lancer des boulets de pierre. On voit à Gand sur la place du marché du vendredi un curieux échantillon de ce genre de canon.

L'établissement le plus important que l'on connaisse en ce genre est la fonderie royale de canons à Liége, dirigée par M. Frédérickx , lieutenant-colonel d'artillerie. Il fut fondé en 1802, par l'empereur Napoléon , sous la direction du célèbre Monge et de Perrier, membre de l'Institut , chargé de la confection des machines à vapeur et du mécanisme des foreries, qui furent prêtes à fonctionner en moins de trois mois de temps, ainsi que les fourneaux , fours , etc. , nécessaires au coulage des pièces.

Cette fonderie, établie sur une grande échelle , avec quatre machines à vapeur destinées à faire tourner les —

bancs de forerie, prit tout de suite beaucoup d'activité et coula, de 1803 à 1814, pour le service du gouvernement français, une quantité considérable de bouches à feu : canons de tout calibre, caronades et gros mortiers à plaque, pour servir à l'armement de la flottille de Boulogne, des vaisseaux de ligne construits à Anvers et des nombreuses et formidables batteries de côte des rives de l'Escaut et des îles de la Zélande.

Le gouvernement néerlandais maintint en grande activité, de 1815 à 1830, cette fonderie qui fournit pendant ces quinze ans un grand nombre de bouches à feu en fonte et en fer pour l'armement de la flotte et des places fortes du pays.

Depuis cette dernière époque, notre gouvernement n'a rien négligé pour rendre cet établissement aussi complet que possible. Sa direction fut confiée à M. Frédérickx qui, par des voyages en Angleterre, en France et en Allemagne, a augmenté la somme de ses connaissances théoriques et pratiques.

De notables perfectionnements ont été apportés dans les procédés du moulage, dans la construction des fourneaux, dans l'alliage des fontes, dans les moteurs et le mécanisme des bancs de forerie, et ont puissamment contribué à donner aux produits de cette fonderie un degré de résistance qu'ils n'avaient jamais atteint et une précision parfaite dans les dimensions extérieures et le forage de l'ame.

Des épreuves comparatives sur la durée des bouches à feu, résulte constamment la supériorité de résistance offerte par les pièces coulées à Liége sur celles de même calibre et de même poids fondues pour servir à ces épreuves, en France, en Angleterre et en Suède. ·

Aussi la réputation de cette fonderie et de ses produits s'est-elle répandue à l'étranger, et déjà quelques Etats lui ont fait des commandes considérables qui ont été promptement remplies à la satisfaction des officiers d'artillerie chargés des réceptions.

De nouveaux fourneaux construits pour la fusion du cuivre et de nouveaux procédés par le moulage des pièces en bronze, ont donné les moyens de couler aussi toutes espèces de pièces de ce métal.

Ainsi la fonderie de Liége fournit aujourd'hui au gouvernement tout ce qui lui est demandé en bouches à feu de fer et de bronze, en projectiles de toute espèce, en objets de tout genre en cuivre et en fer fondus, ainsi qu'en fers forgés, pour la confection des voitures et des attirails d'artillerie ; il peut, en outre, livrer aux gouvernements étrangers, toutefois avec l'autorisation de M. le ministre de la guerre, les objets d'artillerie qu'ils voudront lui commander, et à des prix bien au-dessous de ceux payés ailleurs.

Parlons maintenant de la fonte des cloches : ce travail demande une grande expérience de la part du fondeur, afin de donner exactement à chacune le son qui lui convient, ce qui se fait en observant des formes, des dimensions et des épaisseurs déterminées ; il faut aussi que l'alliage de cuivre et d'étain soit préparé dans les proportions convenables.

Nous dirons, à propos de cloches, deux mots de celle que l'on voit au palais du *Kremlin*, à Moscou. Cette cloche, que l'on doit considérer plutôt comme monument, pèse 215 mille kilogrammes ; jamais elle n'a été suspendue, ce qui n'est pas étonnant. Les Russes pourraient tout aussi bien essayer de suspendre un de leurs vaisseau de guerre avec tous ses canons, que cette véritable montagne de bronze. Un accident fâcheux lui est arrivé; un incendie ayant éclaté dans le Kremlin, les flammes atteignirent le bâtiment qu'on avait élevé au-dessus de la cavité qui la renferme, et le métal s'échauffa ; l'eau qu'on projeta pour éteindre le feu tomba sur la cloche, et y produisit la fracture qu'on voit aujourd'hui.

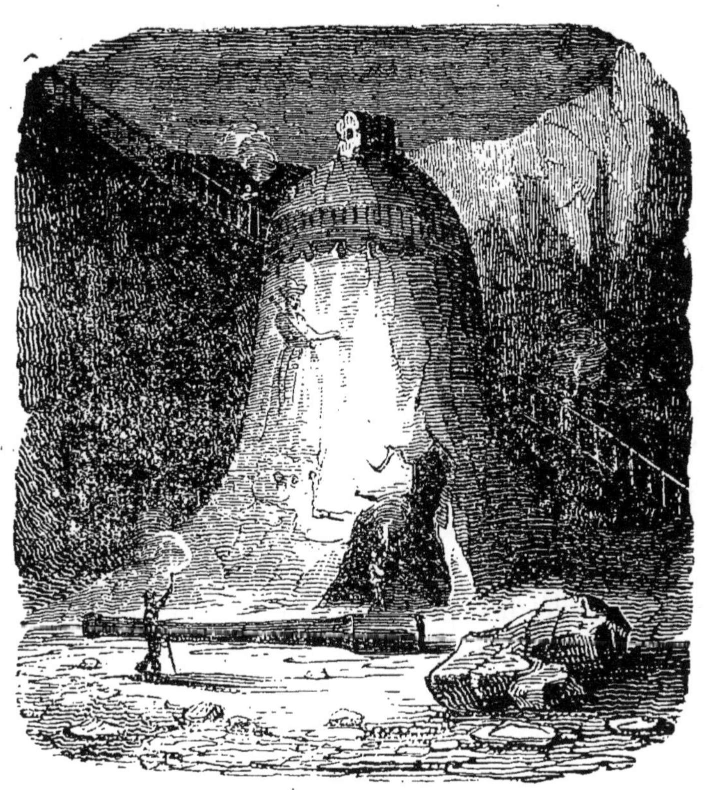

LE JOAILLIER ET LE LAPIDAIRE.

On donne le nom de joaillier à celui qui monte et vend les joyaux et les pierres fines.

Le lapidaire est l'ouvrier qui taille ces mêmes pierres.

Le bijoutier est le marchand qui vend toute espèce de bijoux, tels que bagues, pendants d'oreilles, colliers, bracelets avec ou sans pierres fines. Il tient ordinairement de l'orfévrerie et même de l'horlogerie.

La profession de joaillier demande infiniment de goût et d'adresse, surtout lorsqu'il s'agit d'assortir des pierres fines, de les enchâsser délicatement, et de manière à ce que la monture ne nuise pas à l'effet général d'une parure et qu'elle semble au contraire s'effacer entièrement sous l'éclat des diamants, des rubis ou des émeraudes ; enfin pour qu'une parure soit convenablement montée, il ne faut pas que l'œil aperçoive la monture.

Le métier de lapidaire demande autant de précision que d'intelligence, car il s'agit non-seulement de tailler régulièrement des facettes mais encore de disposer sa taille de la manière la plus propre à faire valoir une pierre précieuse.

Le diamant étant le corps le plus dur qui existe, ne peut être taillé que par lui-même. On y parvient en frottant deux diamants l'un contre l'autre, et on les polit au moyen de leur propre poussière, que l'on appelle *égrisée*. D'autres fois on abrège l'opération de la taille en sciant le diamant, au moyen d'un fil de fer très-délié, enduit d'égrisée.

Le diamant se polit donc avec de la poudre de diamant imbibée d'huile, sur une meule d'acier doux. L'égrisée est également employée pour les rubis, les saphirs et les topazes d'Orient ; mais la meule d'acier est ici remplacée par une meule de cuivre. Les facettes sont ensuite polies sur la même meule avec de l'émeri très-fin, puis du tripoli détrempé avec de l'eau.

Les pierres moins dures, telles que les émeraudes, les hyacinthes, les améthistes et les grenats, se taillent sur une meule de plomb avec de l'eau et de l'émeri. On les polit avec de la potée d'étain.

Le diamant se taille de deux manières, en rose ou en brillant.

Le *diamant rose* est plat par dessous ; le dessus s'élève en dôme et est taillé à facettes. Cette sorte de taille présente vingt-quatre facettes. La surface du diamant est divisée en deux parties dont la plus élevée s'appelle la *couronne*, et celle qui fait le tour, au-dessous de la première, se désigne sous le nom de *dentelle*.

Le *brillant* est toujours au moins trois fois plus épais que la rose. On divise son épaisseur en deux parties inégales ; un tiers est conservé pour le dessus du diamant, et les deux tiers restants pour la partie inférieure qu'on nomme la *culasse*. Celle-ci est encore taillée en facettes appelées *pavillons*.

A l'exposition universelle de Paris 1855, Bruxelles a apporté une magnifique couronne de diamants, un tour de tête également en diamants et une broche d'une rare élégance. Ces objets et quelques autres prouvent que la joaillerie belge est en progrès.

LE DOREUR.

L'art du doreur se compose d'une suite de procédés différents, suivant qu'il s'applique à l'argent, au cuivre, au fer, au bois, au cuir, au papier, au verre, à la porcelaine, etc.

Parmi ces procédés, on distingue la dorure à l'huile, qui s'emploie pour dorer les objets exposés aux injures de l'air, telles que les grilles, les croix qui couronnent les clochers, des figures monumentales de bronze ou de plomb, les rampes d'escalier, les balcons, etc. On dore également à l'huile, mais avec des procédés un peu différents, les équipages et certains meubles.

La dorure en détrempe ne s'applique qu'aux objets qui ne sont exposés ni à la pluie ni aux intempéries des saisons ; ainsi on dore de cette manière les cadres, les meubles, les ornements d'église, et quelques boiseries ou moulures dans les riches appartements.

Au lieu d'huile, on emploie, dans ce mode de dorure, une composition qu'on appelle l'*assiette* et qui, mouillée légèrement, happe l'or et le fixe à sa surface. La dorure terminée, on la brunit ou bien on la laisse mate.

La dorure sur le fer et l'acier poli s'exécute d'une manière très-simple. On chauffe légèrement le métal qu'on veut dorer et on y applique, au moyen d'un pinceau, une couche de chlorure d'or dissous dans l'éther. Le métal est précipité à l'instant sur la pièce, qu'il ne s'agit plus que de polir avec le brunissoir.

La dorure sur bronze et sur argent se fait avec un amalgame d'argent et le mercure. Cet amalgame, qui a la consistance d'une pâte, s'applique sur la pièce à dorer, qu'on expose ensuite à un feu de charbon. Le mercure se volatilise et l'or reste solidement appliqué sur le métal.

Ce mode de dorure est excessivement nuisible à la santé. Le mercure vaporisé et absorbé par la respiration est un véritable poison qui abrége la vie des pauvres ouvriers.

Heureusement, à l'aide du procédé *électro-chimique*, on peut, aujourd'hui, dorer ou argenter les métaux sans employer le mercure. Ce procédé, dû à MM. Ruolz et Elkington, est encore leur propriété ; mais lorsque le brevet d'invention sera expiré, il deviendra d'un usage général et rendra un grand service à l'humanité.

Le relieur fixe l'or, sur le plat et le dos des livres qu'il relie, à l'aide de la pression de fers, ou plutôt, de cuivres gravés en relief et préalablement chauffés. C'est par la chaleur portée au rouge que le porcelainier et le verrier incrustent, sur la couverte de la porcelaine et à la surface du verre, des dessins en or.

L'ARTIFICIER.

Avez-vous vu ces immenses gerbes de feu représentant des volcans, des palais, des apothéoses, des batailles, etc., qui s'épanouissent le soir des jours de fête publique.

C'est cependant pour votre plaisir que des hommes risquent leur vie en dirigeant ces magnifiques feux d'artifice. Non-seulement il y a du danger à les allumer, mais encore à les confectionner. On a d'abord à craindre les explosions malheureusement trop fréquentes ; puis le moment venu, quelle responsabilité pèse sur l'artificier ! il faut garantir les pièces contre les intempéries, veiller à ce que le feu n'y prenne pas avant le moment convenable, et disposer son foyer dans une direction telle, que le vent ne puisse occasionner d'accident en dirigeant les fusées volantes sur les spectateurs ou sur des matières inflammables.

La poudre dont on se sert pour charger les pièces d'artifices, est composée de poudre de guerre mêlée avec du charbon bien pulvérisé. On y ajoute du soufre pour les feux bleus, de l'antimoine pour les feux blancs, de l'oxide de cuivre pour les verts, de la strontiane pour les rouges, etc.

Les cartouches, moulées sur des cylindres de bois, sont faites avec du carton mince enduit de colle de pâte.

On a depuis peu d'années imaginé de remplir le corps de très-grosses fusées, avec une quantité de petits parachutes comme ceux avec lesquels les enfants s'amusent. Chacun de ces parachutes se déploie dans l'air, au moment où la fusée éclate, et descend lentement en supportant une étoile blanche, rouge ou bleue qui brûle longtemps en jetant autour d'elle un éclat admirable.

Les enfants ne doivent jamais jouer avec des pièces d'artifice, à moins qu'ils ne le fassent sous les yeux de personnes raisonnables qui préviendront les accidents.

L'ARQUEBUSIER.

L'arquebusier met en œuvre les pièces que fournit le fabricant ; il confectionne des fusils de chasse, des carabines, des pistolets ordinaires, des pistolets *revolver*, etc.

Il y a un grand nombre d'espèces de fusils de chasse. Les uns sont à canon simple, les autres à canon double. Il y en a qui se chargent par en haut, d'autres se chargent par la culasse ; parmi ceux-ci on cite les fusils suivant le système Montigny, de Fontaine-l'Évêque (Hainaut), et le système Lefaucheux. Quant aux *revolver*, dont nous venons de parler, ce sont des pistolets à six coups, c'est-à-dire qu'on peut tirer six coups de suite sans recharger.

Ce que les arquebusiers appellent *armes d'exportation*, se compose d'armes depuis le plus bas prix jusqu'à cinquante ou soixante francs. Rien n'est plus dangereux que de se servir de ces sortes d'armes, car un mauvais fusil peut crever entre vos mains et vous mutiler d'une manière cruelle.

On désigne sous le nom d'*armes courantes*, celles dont le prix varie entre soixante et deux cents francs. Pour ce prix, accessible à toutes les bourses, on peut avoir un bon fusil, surtout si l'on ne tient pas au bon marché.

Mais l'arme du véritable chasseur amateur, coûte de trois à six ou sept cents francs ; c'est une arme de luxe, exécutée avec le plus grand fini ; son prix varie d'après le mérite de la ciselure et de la damasquinure dont elle est ornée.

La Belgique s'est fait une grande réputation par sa fabrique d'armes de Liége connue de toute l'Europe , et par le talent de ses arquebusiers, parmi lesquels il faut citer, en première ligne, M. Mangeot , de Bruxelles.

Les prôneurs d'un arquebusier français mort depuis quelque temps , racontaient que les armes qui sortaient de chez lui possédaient une telle justesse qu'il était pres-qu'impossible à un bon tireur de manquer son but ; et, pour le prouver, ils ajoutaient la gasconnade suivante: les fils de l'arquebusier , armés chacun d'un pistolet chargé et bien en face l'un de l'autre, tiraient ensemble à un signal donné , et les deux balles se rencontrant à mi-che-min, tombaient aplaties entre les deux tireurs.

L'OPTICIEN.

L'opticien fabrique et vend des besicles , des longues vues, des télescopes, des microscopes, des daguerréoty-pes , des lanternes magiques , des thermomètres , des baromètres , des pèse-liqueurs et une foule d'objets curieux appartenant à la science de l'optique ou à la physique et servant à faire des expériences aussi curieu-ses qu'amusantes.

Les lunettes dites besicles furent inventées en 1296 , par Spina de Pise. Les lunettes d'approche sont dues au fils de Jacques Metius, fabricant de besicles à Alcmaer. Cet enfant , jouant avec des verres de lunettes que son père venait de polir, s'aperçut qu'en interposant d'abord un verre concave et puis à quelque distance un verre convexe, entre son œil et un objet quelconque, cet objet paraissait tout proche; il appela son père qui, après avoir vérifié le fait, se mit aussitôt à fabriquer des petites lunettes et fit sa fortune en peu de temps.

Kepler en 1611, et Euler en 1747, perfectionnèrent les lunettes; le célèbre Galilée, mort en 1642, inventa le télescope, c'est-à-dire les longues lunettes, à quatre verres, avec lesquelles il fit faire de grands progrès à l'astronomie. Le télescope, proprement dit, c'est-à-dire le télescope à réflexion, fut inventé par Newton en 1701.

On trouve encore beaucoup de villageois, dans les cantons éloignés des villes, pour lesquelles une lunette qui rapproche les objets, est une telle merveille qu'ils s'imaginent qu'elle renferme un peu de diablerie. Mettez-le devant un miroir concave, il aura peur en se voyant une tête énorme et qui semblera sortir du miroir. Enfin, si vous êtes à même de faire l'expérience de la *chambre noire*, vous jouirez de sa stupéfaction, lorsque ayant placé un canevas blanc bien tendu sous le petit trou par où passe la lumière et que ferme une lentille de verre, vous ferez apparaître sur ce canevas une foule de petites figures en mouvement, dans lesquelles il reconnaîtra ses voisins et ses connaissances. L'effet sera complet s'il fait du soleil, car les figures se dessineront avec plus de netteté et les couleurs seront plus vives.

L'OISELEUR.

Le métier de l'oiseleur consiste à courir les bois et à tendre des piéges aux petits oiseaux. Il porte avec lui plusieurs cages où il emprisonne chardonnerets, rouges-gorges, verdiers, bruants, tarins, bouvreuils, rossignols, fauvettes, pinsons, etc.

L'oiseleur ne doit prendre de petits oiseaux au nid que lorsqu'ils sont assez grands pour se passer de leur mère. Lorsque celle-ci est présente à cet enlèvement, elle jette des cris plaintifs en volant autour du ravisseur et semble lui reprocher sa cruauté.

Outre ce moyen de remplir ses cages, l'oiseleur est muni de toutes sortes de piéges et de filets, mais la meilleure méthode pour prendre beaucoup d'oiseaux, est la *pipée*. Voici comment on procède: l'oiseleur se construit au pied d'un arbre une cabane de feuillage dans laquelle il se cache, après avoir fixé sur les branchages de cette cabane, et sur l'arbre qui la domine, un grand nombre de gluaux, c'est-à-dire de petites branchettes enduites de glue. De sa retraite l'oiseleur, à l'aide d'un appeau ou avec la feuille d'une espèce de chiendent qu'il tient entre ses lèvres, contrefait le cri plaintif de la chouette. C'est la ruse la plus fatale pour les oiseaux. A ce cri ils accourent tous, gros et petits, et donnent la preuve de l'antipathie naturelle qu'ils ont pour les hiboux et les chouettes, en formant un concert de cris menaçants. A leur tête sont les merles, les geais et les pinsons ordinairement les agresseurs dans cette émeute volatile. Mais les pauvres oiseaux ne tardent pas à payer cher cette levée de boucliers contre l'ennemi commun, car, en se perchant sur l'arbre et sur la cabane de feuillage qui abrite un ennemi bien plus dangereux, ils s'engluent les ailes et les pattes de façon à être dans l'impossibilité de voler. Leurs cris changent alors de nature; ce ne sont plus des cris de colère, mais des cris de détresse qu'ils font entendre. C'est dans ce moment que se montre l'oiseleur; il s'empare de ses captifs dont le nombre est quelquefois si considérable qu'il est obligé d'étouffer les plus gros en les destinant à la cuisine.

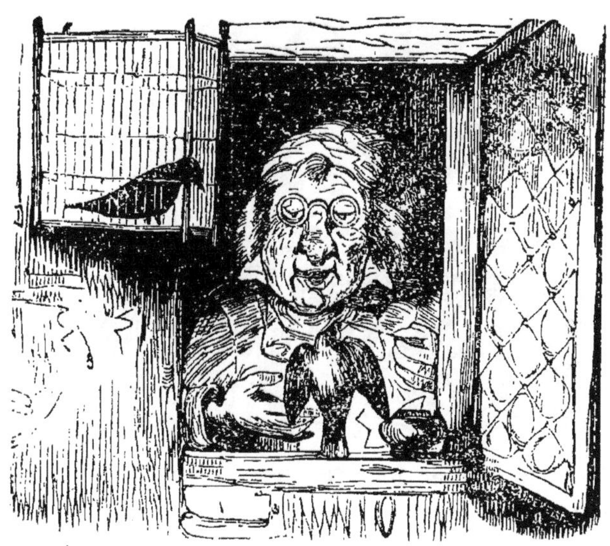

Outre les oiseaux de nos bois, les oiseleurs en boutique tiennent les oiseaux étrangers, tels que serins ou canaris, perroquets, aras, perruches, bengalis. Ils y joignent même quelques quadrupèdes, chiens, chats, singes, furets, écureuils et rats blancs.

LE FABRICANT DE TABAC.

Voici une industrie qu'il faut bien placer quelque part et que nous mettons à la suite de la section ALIMENTS. Ce ne sera pas du reste le chapitre le moins intéressant pour nos lecteurs. Tout ce qui dans cet état favorise la main-d'œuvre et le commerce , mérite de fixer notre attention, lors même qu'il s'agit d'un genre d'industrie, d'un usage qui pourrait sembler ridicule et bizarre.

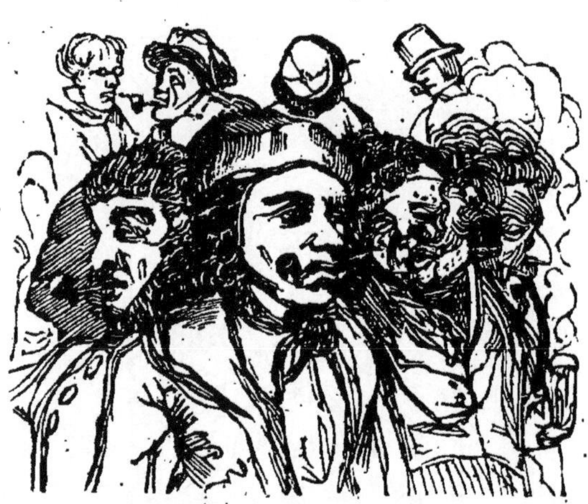

Le *tabac* est , de sa nature , une herbe âcre , caustique , narcotique et vénéneuse : toutefois , d'après les préparations que l'art a trouvé moyen de lui faire subir, il est devenu, dans l'espace d'un siècle, par la singularité de la mode et par l'empire de l'habitude, un objet de délices , et quelquefois de nécessité. On le prend , soit en poudre par le nez ; soit en fumée, à l'aide des *pipes* ou roulé en *cigares*, soit en *machicatoire*.

Cette plante, inconnue dans notre hémisphère avant la découverte de l'Amérique par les Espagnols, est maintenant la source d'une branche considérable d'agriculture, à raison de la consommation qui s'en fait. Son introduction sur notre continent fut accompagnée de circonstances curieuses que je vais vous raconter.

Les Espagnols connurent cette plante vers l'an 1520, à *Tabaco*, ville située dans le Mexique, où elle était nommée *pétun*. C'est là que, pour la première fois, ils en firent usage à l'imitation des Indiens, et qu'ils l'appelèrent *tabac*, du nom du lieu où ils l'avaient trouvée.

Transportée en Europe, elle fut livrée par un gentilhomme flamand à M. Nicot, ambassadeur français à la cour de Portugal ; de retour en France, il la présenta à la reine Catherine de Médicis, ce qui fit donner à cette plante le nom de *nicotiane* et d'*herbe à la reine*. Mise en réputation par M. le grand-prieur de Malte, elle reçut le nom d'*herbe de grand-prieur*. M. le cardinal de Sainte-Croix, nonce en Portugal, et Nicolas Tornabon, légat en France, l'ayant introduite en Italie, on lui donna encore le nom de *Sainte-Croix*, de *Tornabone*, et ensuite d'*herbe sainte*, à cause des vertus qu'on lui attribuait ; cependant, loin d'être accueillie de tout le monde, elle alluma en Europe une guerre très-vive entre les savants : les ignorants en grand nombre y prirent parti, et les femmes se déclarèrent pour ou contre son usage. On écrivit plus de cent volumes pour louer ou pour blâmer le *tabac*. On soutint même à Paris une thèse de médecine tendant à le proscrire ; mais, en dépit des adversaires qui en attaquèrent l'usage, ce luxe nouveau séduisit toutes les nations et se répandit presqu'en tous lieux.

Cependant on ne se contenta pas de le combattre avec la plume. Les plus puissants monarques le proscrivirent. Le grand Michel Frédérowitz, voyant que la capitale de ses états , bâtie de maisons de bois . avait été presque entièrement brûlée par un incendie, résultat de l'imprudence des fumeurs qui s'endormirent la pipe à la bouche, interdit l'entrée et l'usage du tabac dans ses États, sous peine de la bastonnade, châtiment très-cruel dans ce pays; ensuite sous peine d'avoir le nez coupé . et enfin sous peine de mort. Amurat IV, empereur des Turcs, et le roi de Perse, Scah-Sophi , firent les mêmes défenses dans leurs États et sous les mêmes peines. Plusieurs monarques d'Occident , plus habiles politiques , chargèrent de droits exorbitants l'entrée du *tabac* dans leurs royaumes , et laissèrent s'établir un usage qui leur procurait des sommes considérables . et qui est devenu si universel que les plantations de *tabac* se sont multipliées dans toutes les parties du monde.

L'usage du *tabac* en poudre peut offrir des inconvénients ; mais on ne saurait disconvenir que , pris en fumée, il ne soit très-utile pour rendre les soldats et les matelots moins sensibles à la disette des vivres , assez fréquente dans les armées ou vaisseaux, et surtout pour préserver les marins des attaques du scorbut.

Quoique originaire des pays chauds, le tabac croît facilement dans la plus grande partie de l'Europe. C'est une belle plante dont la tige, d'un mètre et demi de hauteur, est garnie de longues et larges feuilles. Les fleurs en entonnoir qui couronnent cette tige sont assez jolies; leur limbe d'une couleur purpurine est divisé en cinq parties.

Aux fleurs succèdent des fruits oblongs à deux loges remplis de semences rougeâtres.

En Belgique, on cultive le *tabac* avec assez de succès ; d'abord on le sème sur couches au mois de mars et d'avril, et, vers la fin de mai, on le transplante pour faire la récolte aux mois d'août et de septembre. Lorsque les tiges sont à leur degré de maturité, on les arrache et on les suspend sous des hangars, afin de les faire sécher ; après quoi on sépare les feuilles des tiges, et on les assemble au nombre de dix à douze, pour en former de petites bottes, qu'on renferme dans des sacs.

L'industrie libre du tabac, en Belgique, a multiplié, d'une manière extraordinaire, les fabriques où l'on fait subir à cette plante les diverses préparations qu'elle comporte. Les principales sont établies à Bruxelles, à Anvers, à Liége, à Gand et à Menin, où l'on imite le mieux les tabacs à fumer et à priser de France. C'est principalement sur les feuilles de tabacs étrangers que nos fabricants exercent leur industrie, car la culture de cette plante est aujourd'hui circonscrite dans les limites des deux Flandres et réduite au tiers de ce qu'elle était autrefois. La quantité que nous en tirons annuellement de l'étranger est assez bien connue ; mais celle que nous y envoyons, après lui avoir fait subir certaines préparations, est fort difficile à établir. On peut cependant admettre que nous avons consommé, en 1840, seulement en tabacs étrangers, l'énorme quantité de 5,604,455 kil., dont la valeur officielle est de 7,318,123 fr. C'est ainsi que nous célébrons la mémoire du *gentil homme flamand*, auquel on est redevable du tabac, dont les propriétés narcotiques seraient ainsi connues depuis l'an 1560.

Le tabac exige de nombreuses préparations pour être amené à l'état de tabac en poudre, de tabac à fumer ou de cigare.

On commence par trier les feuilles pour séparer les bonnes des mauvaises, puis on mouille les premières d'une espèce de saumure. Après avoir écoté les feuilles, c'est-à-dire enlevé les grosses côtes, on passe à l'opération du frisage qui consiste à hacher le tabac en lanières d'environ 1 millimètre de largeur ; c'est le tabac à fumer. Pour le tabac à priser, on procède au filage, c'est-à-dire on roule fortement du tabac frisé dans une demi-feuille de choix ; plusieurs de ces petits rouleaux forment une sorte de cordes avec lesquelles on remplit des moules de bois représentant deux moitiés de cônes cerclés en fer. Le tabac est soumis à une forte pression ; sorties du moule, les carottes de tabac sont entourées de ficelles très-serrées. On obtient ensuite du tabac à priser en rapant ces carottes.

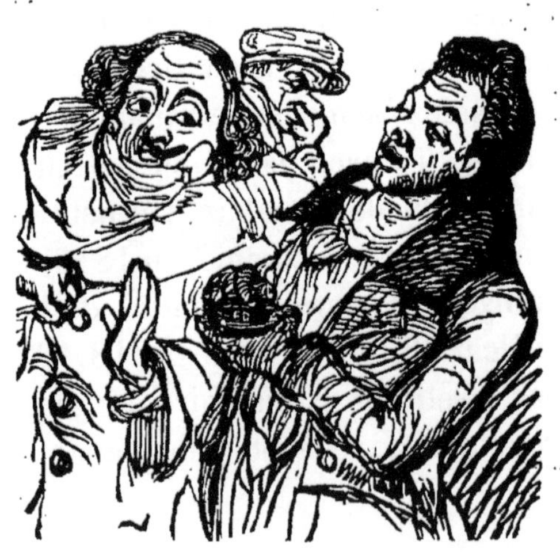

Dans les grandes manufactures de tabac, telles que celles de Paris, le tabac est mis en poudre au moyen des moulins mus par une machine à vapeur, dès qu'il a subi l'espèce de fermentation qui doit suivre l'écotage.

Les cigares forment une partie considérable de la fabrication du tabac à fumer. Ce sont en général des femmes qui s'occupent de ce travail.

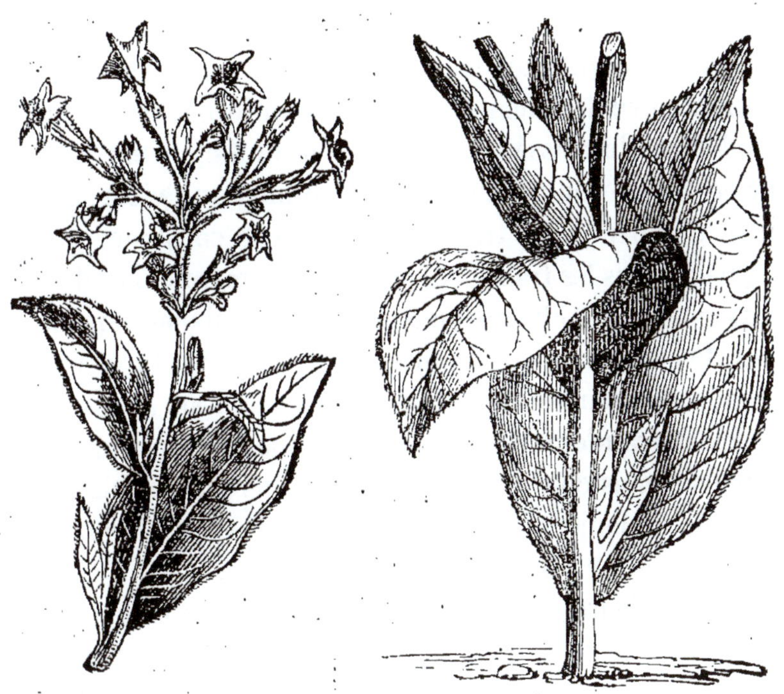

Une grande partie des cigares que l'on vend, proviennent des diverses contrées de l'Amérique.

En France, le gouvernement s'est attribué la fabrication et la vente exclusive du tabac, ce qui lui procure un revenu de 80 millions par an ; car il y est vendu quatre fois plus cher qu'en Belgique. Aussi les fraudeurs ne se font pas faute de franchir la frontière, bourrés des pieds à la tête de tabac belge, et cherchant par mille ruses à dépister les douanes françaises.

Ils ont de puissants auxiliaires dans leurs chiens ; ces animaux portent, attaché sur leur dos, un sac de tabac ; d'autres fois, une peau d'emprunt, artistement disposée par leur maître, recouvre un bon nombre de kilogrammes de contrebande. A la vue de l'uniforme du douanier, ils fuient avec vitesse ; malheureusement , celui-ci est souvent accompagné de chiens : alors commence un combat entre le chien de la douane et le pauvre chien fraudeur embarrassé, soit par sa peau d'emprunt, soit par le tabac dont il est chargé , combat que vient terminer d'une manière tragique un coup de carabine.

Quelquefois les fraudeurs portent eux-mêmes du tabac ainsi que leurs chiens tenus en lesse. Ils fixent alors le bout de la lesse à leur ceinture et si, par aventure, une brigade de douaniers paraît dans le lointain, aussitôt chiens et fraudeurs de fuir, les premiers entraînant les seconds ; mais ce procédé n'est pas sans inconvénients, car si un douanier plus alerte atteint un fuyard, l'homme et le chien sont alors pris en même temps.

Les fraudeurs de profession ont un moyen fort ingénieux pour faire l'éducation de leurs chiens. Imaginez-vous qu'en France, dans une chaumière écartée, rendez-vous général des fraudeurs, on héberge un certain nombre de chiens destinés à la contrebande ; là, ils sont largement nourris, bien choyés et caressés. Au bout d'un certain temps, les mêmes chiens sont menés en Belgique dans une autre chaumière ; mais ici la scène change. Un contrebandier , habillé en douanier français , leur

administre, trois ou quatre fois par jour, des volées de
coups de fouet, et de plus, il les laisse presque mourir de
faim. Au bout de quelques jours de ce régime, on les
détache, puis on laisse la porte ouverte. Il ne faut pas
demander si les chiens ont hâte de fuir, et comme ils
ont beaucoup de mémoire pour le bien qu'on leur fait,
ils arrivent à travers champs, et par le chemin le plus
court, à la chaumière hospitalière. Voilà l'éducation
d'un chien faite, et on est sûr que dès qu'il verra un
douanier français, il fuira avec terreur.

L'IMPRIMEUR.

L'imprimerie est la plus magnifique conquête de
l'esprit humain, car c'est à elle qu'on doit les progrès
des sciences et des arts, et on lui devra encore ceux que
nous promet l'avenir. C'est par elle que, transmis de
siècle en siècle, les travaux du génie deviennent impé-
rissables.

Jean Guttemberg, inventeur de l'imprimerie, naquit
à Mayence, en 1400, d'une famille noble. Vers 1424, il
s'établit à Strasbourg et paraît avoir fait dans cette ville,
avec des planches en bois, les premiers essais de l'art
qu'il allait créer. Revenu à Mayence, en 1443, il s'y
associa avec l'orfèvre Fust, et publia une bible latine. Ils
firent d'abord usage de caractères mobiles en bois, puis
de caractères métalliques coulés dans des matrices également fondues. Pierre Schœffer, d'abord copiste à
Paris, et ouvrier de Fust, devint son gendre et son asso-
cié, à l'époque où celui-ci se sépara de Guttemberg. Ce

fut Schœffer qui substitua les poinçons aux matrices fondues (voyez le *fondeur de caractères*.) Le premier livre qu'ils imprimèrent fut une bible latine, en 1462.

Lors de la prise de Mayence, qui eut lieu cette même année, Fust et Schœffer se retirèrent à Paris où ils vendirent, comme faits à la main, des exemplaires de la Bible. Le Parlement, l'Université et le peuple s'émurent en voyant des exemplaires tellement semblables les uns aux autres que, selon l'opinion d'alors, ils ne pouvaient être que l'œuvre de la magie. Les associés furent donc jetés en prison; mais Louis XI, plus éclairé, leur fit rendre la liberté sous la condition de publier leur procédé.

Suivant quelques auteurs, Laurent Coster, sacristain à Harlem, serait l'inventeur de l'imprimerie. En 1473, Thierry Martens, d'Alost, introduisit cet art en Belgique. La ville d'Alost lui érige en ce moment une statue.

L'imprimerie ne tarda pas à se répandre dans les principales contrées de l'Europe. La Belgique ne resta pas en arrière dans ce grand mouvement. Parmi ses imprimeurs, on peut citer Christophe Plantin, que Philippe II nomma son premier imprimeur, et les célèbres Elzeviers, typographes hollandais, mais dont la famille est originaire de Louvain.

L'art de l'imprimerie comprend deux opérations distinctes : l'une consiste à assembler les caractères pour en former des mots, puis des lignes, des pages et enfin des feuilles. Cela s'appelle la *composition*.

L'autre a pour objet de reproduire ce travail sur le papier, au moyen de la presse typographique.

Composition. Les caractères d'imprimerie sont de petites lames métalliques étroites, longues d'environ

24 millimètres, portant à l'une de leurs extrémités une lettre ou un signe en relief. Ces lames, formées d'un alliage d'étain et d'antimoine, sont réparties dans les nombreux compartiments d'une boîte nommée *casse* et placée dans une position inclinée devant le compositeur. Celui-ci tient à la main un instrument nommé *composteur*, dans lequel il range les caractères à mesure qu'il les retire de la casse, dans l'ordre convenable pour former des mots. Il a sous les yeux la *copie* qu'il doit suivre. La longueur d'une ligne s'appelle *justification* ; cette longueur est déterminée par l'écartement donné au composteur.

On sépare les mots par de petites lames nommées *espaces*. Les lignes sont séparées par des interlignes, lames de la même longueur et fort minces.

A mesure que le compositeur termine une ligne, il la place sur une planche à rebords nommée *galée*. Lorsque celle-ci contient un nombre de lignes suffisant pour former une page, il entoure cette page avec de la ficelle pour former un paquet. Quand il y a assez de paquets pour une feuille, vient le metteur en page qui est également un compositeur. Il range les paquets sur le marbre, table de pierre bien unie, les divise en pages, met les folios, ajoute les titres courants, s'il y en a, et range ses pages dans l'ordre convenable.

Il prend alors deux châssis de fer, chacun desquels doit contenir les pages formant l'un des côtés de la feuille. On place les pages entre les barres de fer qui divisent ces châssis, et on les maintient avec des lingots nommés *garnitures*. Des coins chassés entre les garnitures suffisent pour serrer et pour maintenir les pages.

On se sert alors du *taquoir*, carré de bois tendre doublé de chêne pour recevoir les coups de marteau et avec lequel on met les lettres de niveau.

On appelle *feuillet* la réunion de deux pages, recto et verso ; *format*, le nombre de feuillets produits par une feuille pliée ; ainsi quatre feuillets ou huit pages, font un in-4° ; huit feuillets, un in-8° ; douze feuillets, un in-12 ; dix-huit feuillets, un in-18 ; une forme comprend les pages d'un côté d'une feuille.

Vient ensuite la correction. Les formes étant remises au pressier, il en est tiré une épreuve. Le correcteur attaché à l'imprimerie signale en marge les fautes ou les erreurs commises par le compositeur. Ces fautes corrigées par celui-ci, on tire une nouvelle épreuve que l'on envoie à l'auteur, lequel ne donne ordinairement son *bon à tirer* que sur une seconde et même sur une troisième épreuve. Enfin la dernière épreuve nommée *tierce* est la première bonne feuille tirée après les corrections. Le prote de l'imprimerie autorise la continuation du tirage, après s'être assuré que les dernières corrections ont été bien faites.

Passons actuellement au tirage. La forme est posée et fixée sur le marbre de la presse. C'est sur le marbre que s'abattent deux châssis qui, unis par une charnière, se posent l'un sur l'autre. Celui d'en haut, que l'on nomme *frisquette*, n'est autre chose qu'un léger cadre de fer, sur lequel une feuille de papier fort a été préalablement collée. On découpe cette feuille qui alors a assez l'air d'une fenêtre à 8, 12 ou 18 carreaux. En tombant sur l'autre châssis nommé *tympan*, lequel est matelassé d'un blanchet (tissu de laine) et de plusieurs feuilles de papier ou maculatures, la frisquette ne laisse visible, de la feuille à imprimer, placée entre ces deux châssis, que les endroits qui doivent toucher les caractères. Si l'on n'avait pas cette précaution, le rouleau élastique qui, en passant sur toute la forme dépose l'encre, pourrait en laisser dans les intervalles qui feraient inévitablement empreinte sur la feuille à imprimer. On rabat sur la forme le tympan et la frisquette ; l'un et l'autre, avec la forme et le marbre qui la supporte, sont roulés sous la platine au moyen d'une manivelle et d'une corde ; la platine s'abaisse, et la pression se trouve opérée au moyen d'une vis et d'un système de leviers que fait agir le barreau sur lequel agit l'ouvrier.

Diverses précautions ont été prises pour que le tirage fût égal et la pression convenable; la première feuille tirée (la tierce) lui a servi pour remédier aux nombreux petits inconvénients que le pressier rencontre. Ce n'est qu'après avoir achevé la *mise en train*, que celui-ci peut se mettre définitivement à l'œuvre; et, n'en soyez point surpris, maintenant qu'il a terminé ses petits préparatifs, deux mille feuilles au moins vont, en une seule journée, recevoir d'un côté l'empreinte des caractères. Imprimées d'un côté seulement, ces mêmes feuilles reçoivent d'une seconde *forme* l'autre impression; c'est ce qu'on nomme la *retiration*.

Un ouvrage tiré à 3,000 exemplaires, et composé comme celui-ci de 13 feuilles, exige 78,000 opérations semblables à celles que nous venons de décrire.

VUE DE L'ENSEMBLE D'UNE ANCIENNE IMPRIMERIE.

Jean Stradanus, de Bruges, peintre habile de la fin du xvi° siècle, a représenté, dans une collection de dessins, plusieurs opérations des arts industriels , tels qu'ils étaient pratiqués de son temps. C'est d'après lui qu'est gravée la vue de l'imprimerie hollandaise qui accompagne cet article. Bien qu'aujourd'hui la disposition des ateliers no soit plus la même, bien que la forme des presses, qui étaient alors en bois etsont maintenant en fer, soit aussi fort différente , cependant , en examinant les détails de cette curieuse gravure, le lecteur peut prendre une idée de l'ensemble des travaux qui s'exécutent dans une imprimerie.

Vers la gauche , plusieurs compositeurs sont assis fort commodément sur des bancs ; l'un d'eux même, celui qui est sur le premier plan , s'est muni d'un coussin ; il porte la dague au côté , et sa longue épée ést auprès de lui contre la colonne. Ce privilége , alors si important , dont jouissaient les compositeurs de tous les pays, ce droit de porter l'épée , montre assez en quelle estime leurs travaux étaient tenus. Et, en effet, ceux qui passent leur vie à contribuer aux progrès de l'enseignement et de la diffusion des connaissances humaines, ont un titre bien réel aux distinctions sociales.

Maintenant les compositeurs ne sont plus assis , comme ceux du tableau de Stradanus ; leurs mouvements ne seraient point assez libres , l'ouvrage n'irait point assez vite ; il leur faut être debout , malgré la fatigue de cette position. — Auprès de la colonne, on remarque un

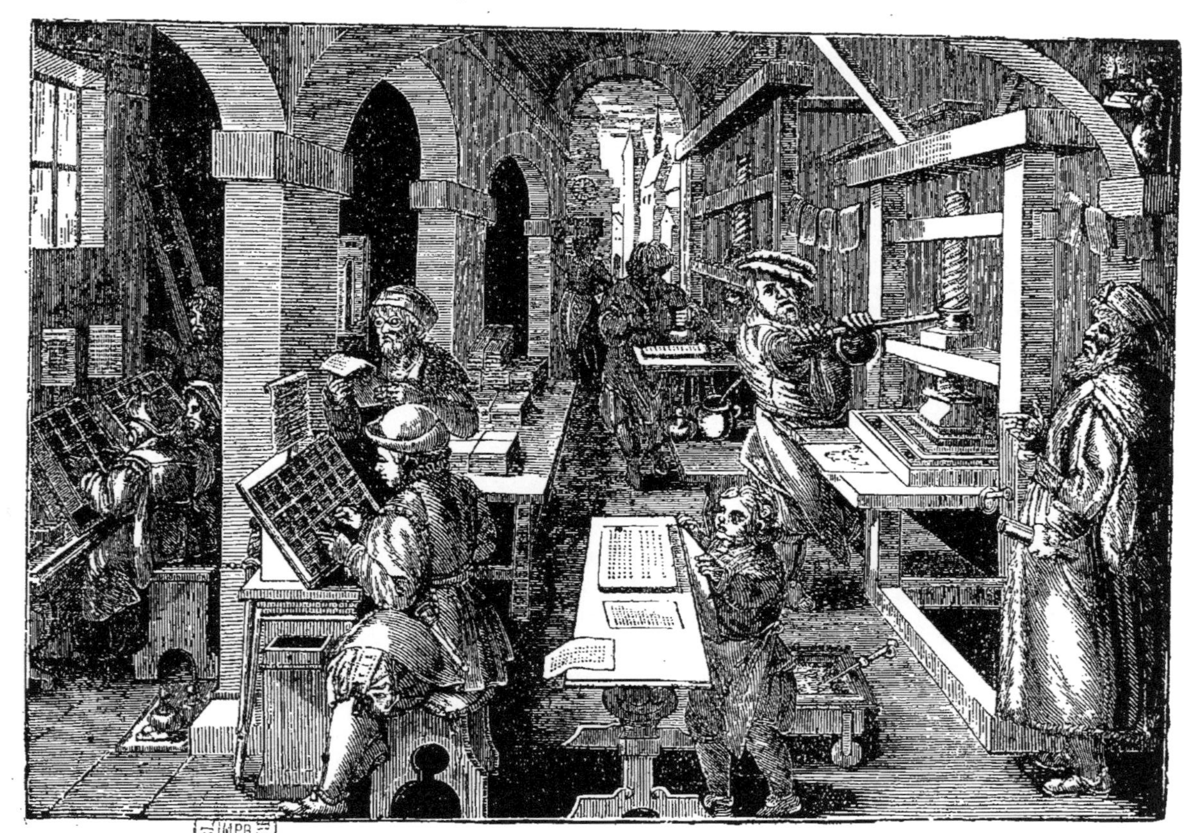

Vue de l'ensemble d'une ancienne imprimerie.

vieillard avec des lunettes; c'est probablement un des correcteurs d'épreuves qui a blanchi dans le métier. Si les journaux eussent été dès lors à la mode, comme aujourd'hui, on pourrait croire que la feuille qu'il lit avec tant d'attention lui donne les nouvelles du jour, et va lui fournir matière à dissertation ; ce qui arrive fréquemment en ce temps-ci, où l'on sacrifie volontiers quelques minutes de travail pour se tenir au courant des événements , et profiter des enseignements de la presse; cela vaut bien les instants qu'on perdait autrefois à se distraire au cabaret.

'A l'entrée, un homme est chargé de papier humide qu'il va déposer sur une table dressée entre les deux premières colonnes, pour le service des deux imprimeurs qui travaillent aux presses. Un de ces imprimeurs, le chapeau sur l'oreille, agit à l'extrémité d'un levier (*barreau*) et fait tourner une vis qui exerce sa pression sur une large planche carrée ; une feuille de papier humide est placée entre les caractères et la planche ; celle-ci, au-dessous de laquelle se trouve d'ailleurs une sorte de coussinet, presse moelleusement le papier sur les caractères , préalablement frottés d'encre. De là résulte une feuille imprimée que le jeune apprenti , en tablier et culotte courte, empile sur la table située au premier plan du tableau. L'autre *imprimeur*, à tête nue, est représenté au moment où il passe ses tampons imprégnés d'encre sur les caractères ; au-dessous de sa table est le pot à encre. Mais tout ce travail d'impression a été considérablement perfectionné ; et , comme nous avons vu plus haut , ces tampons ou balles sont maintenant remplacés par des rouleaux élastiques , qui déposent plus régulièrement sur les caractères l'encre dont ils sont garnis.

A droite, on aperçoit le chef de l'imprimerie, en robe fourrée, à longue barbe , couvert d'une sorte de turban, et tenant en main un rouleau de papier qui contribue à lui donner l'apparence d'un magicien. Véritable magicien, en effet ! plus puissant que ceux d'Égypte ; plus puissant avec ses caractères, ses presses et son papier , que s'il eût possédé la pierre philosophale ; car l'imprimerie a changé la face du monde.

Entre les deux presses, et au-dessus de la tête de l'imprimeur en chef, des feuilles de papier sont à sécher sur des cordes tendues ; et enfin, dans un petit coin, par une échappée, au-dessus des voûtes, on distingue le prote épiant les fautes d'impression à la clarté d'une lampe.

(Extrait du magasin pittoresque).

LE FONDEUR EN CARACTÈRES.

L'imprimerie, comme on l'a vu, p. **229**, a commencé par être *tabellaire* , c'est-à-dire que d'abord on gravait chaque page d'un livre sur une pièce de bois; mais on ne tarda pas à concevoir l'idée de former ces pages avec des lettres mobiles. On évitait ainsi l'embarras de conserver une énorme quantité de planches gravées que l'humidité détériorait , et on avait l'avantage de pouvoir consacrer à imprimer bien d'autres volumes les caractères qui avaient servi à imprimer le premier.

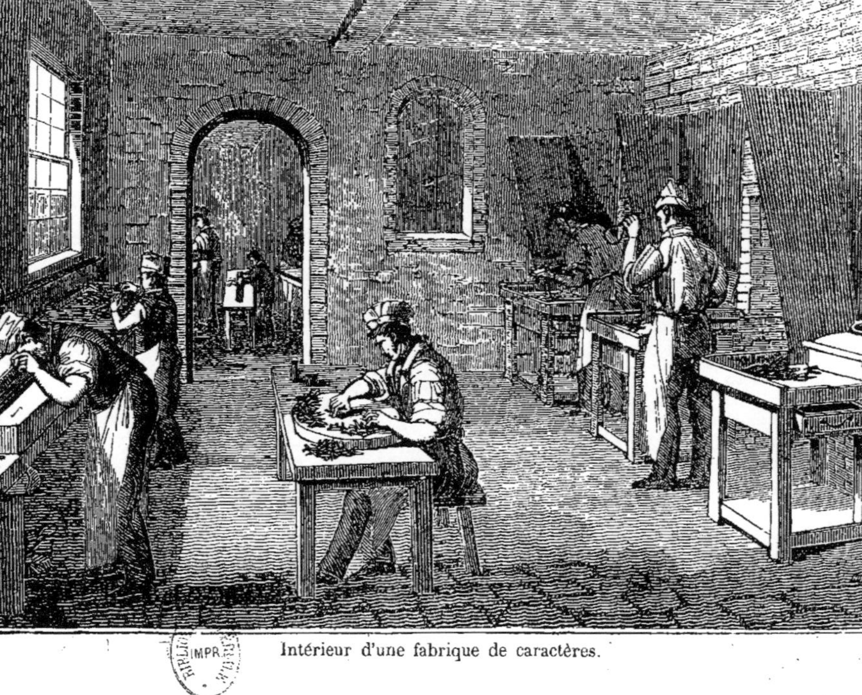

Intérieur d'une fabrique de caractères.

Les lettres mobiles étaient d'abord en bois ; on les fit ensuite en métal.

Nous allons indiquer les opérations principales de la fonte des *caractères*.

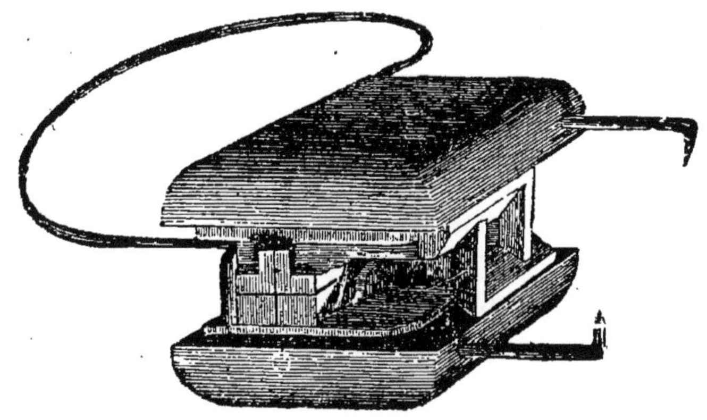

(Moule du fondeur).

On commence par graver sur l'acier des *poinçons en relief*, représentant chacun une lettre de l'alphabet. Avec ces poinçons trempés, on frappe sur une pièce de cuivre ou d'argent, qui représente alors la lettre en *creux* : celle-ci est renfermée dans un moule où le *fondeur* verse un alliage en fusion, composé généralement de plomb et d'antimoine en certaines proportions. On obtient ainsi une petite lame métallique longue de quelques lignes (10 ⁴⁄₉), beaucoup moins large, et encore moins épaisse ; elle porte à l'une de ses extrémités la lettre en relief : c'est le *caractère*.

Ce sont des lames terminées par des lettres que l'on assemble côte à côte pour former une ligne du livre ; puis on range une seconde ligne sous la première, une troisième sous la seconde, et ainsi de suite. — On conçoit déjà de quelle importance il est que les caractères soient tous de même hauteur et bien *dressés* à leur extrémité inférieure, pour que les lettres se trouvent établies sur une surface parfaitement plane et horizontale : on conçoit aussi que les deux faces de la largeur doivent être exactement *dressées*, pour que toutes les lettres d'une même ligne imprimée se collent l'une contre l'autre et forment une ligne droite : enfin on voit également bien que les faces de l'épaisseur de la lame demandent à être rigoureusement équarries, puisque sans cela la ligne inférieure ne s'appliquerait pas dans toutes ses parties le long de la ligne supérieure.

On est si bien parvenu à remplir toutes ces conditions, qu'une page, composée de caractères mobiles, semble ne plus former qu'un seul morceau de métal, et qu'il suffit de l'entourer de quelques tours un peu serrés d'une mince ficelle pour pouvoir l'enlever et la transporter dans tout l'atelier de l'imprimerie avec la plus grande aisance.

On peut voir dans la gravure en tête de l'article la forme du moule où l'empreinte doit être placée ; la grande gravure représente un atelier de fonderie. Sur la droite il y a trois fourneaux : au premier, on distingue le vase où le métal se fond ; au second, on aperçoit un fondeur venant de verser le métal dans son moule ; enfin au dernier, on assiste à la séparation des deux côtés du moule. — Au milieu de l'atelier, on polit les faces de chaque caractère. A gauche, on range tous les caractères l'un à côté de l'autre, pour avoir plus de facilité à les équarrir sur leurs tranches.

(Extrait du magasin pittoresque).

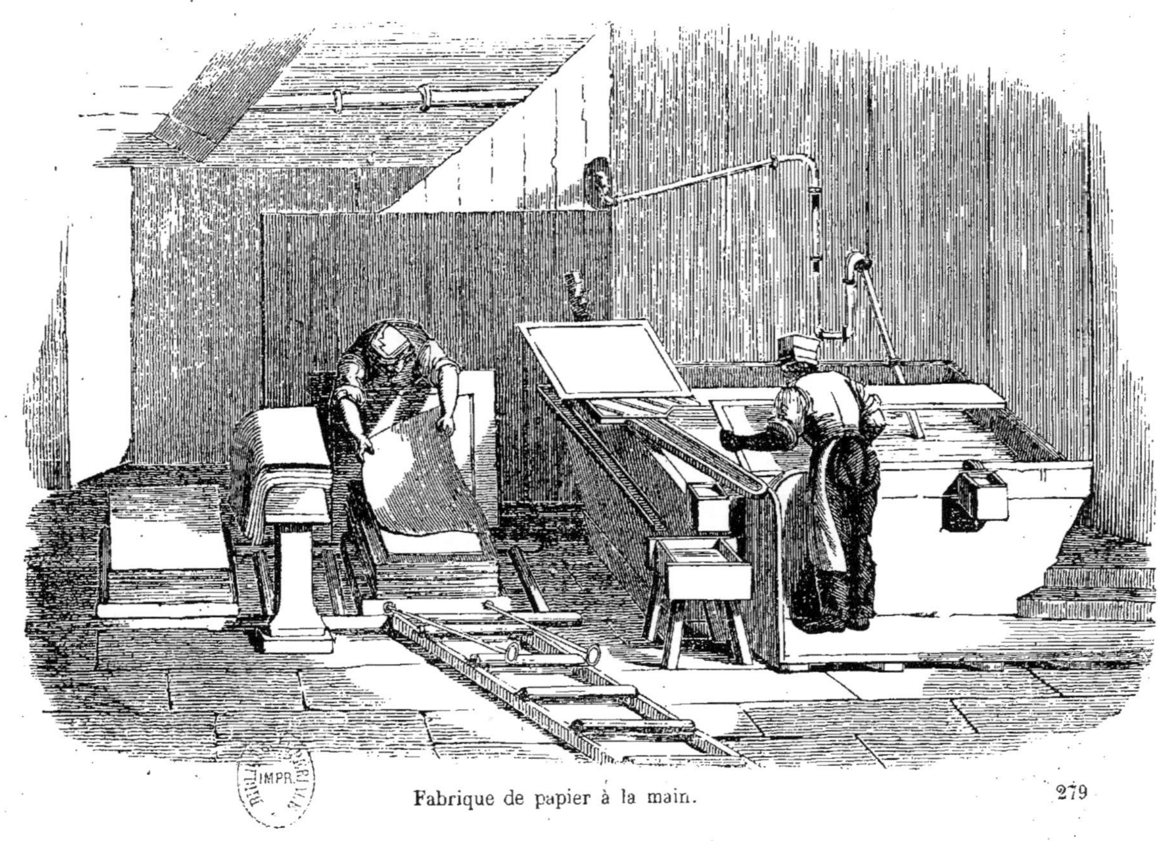

Fabrique de papier à la main.

LE FABRICANT DE PAPIER.

Nous venons de vous entretenir de « l'art de l'imprimerie », ou pour mieux dire « de la typographie » ; nous vous avons expliqué la fonderie des caractères qu'on y emploie ; l'art de fabriquer le papier qui s'y consomme est trop intéressant pour que nous n'en entretenions pas aussi le lecteur.

On a réussi à fabriquer du papier avec une foule de substances diverses. Nous ne parlerons ici que de celui qu'on fait avec les chiffons de vieux linge, en chanvre, en lin ou en coton.

« Lorsque les chiffons sont arrivés à la manufacture de papier, des femmes les trient et les séparent en différents lots, soit d'après le degré de blancheur ou de finesse de la toile, soit d'après leur usure plus ou moins grande, condition plus essentielle que la première pour avoir des papiers bien homogènes. Placées devant une table recouverte d'une toile métallique, ces femmes y frappent d'abord le chiffon pour en séparer la poussière qui tombe à travers cette toile dans une boîte placée par dessous ; puis, au moyen d'une lame tranchante fixée verticalement sur la table, elles découpent le chiffon en petits morceaux de trois à quatre pouces carrés, en ayant soin de n'y laisser ni ourlets ni coutures.

Au procédé malsain des anciens pourrissoirs, où l'on faisait macérer le chiffon pour le désagréger, on a substitué des procédés mécaniques pour opérer sa trituration. Le *cylindre* représenté dans la figure ci-contre, est aujourd'hui généralement employé dans ce but.

A est une auge de pierre ou de fer, d'environ 10 pieds de long, de 4 pieds et demi de large, et de 2 pieds de profondeur ; B est une cloison longitudinale; C un axe en fer, portant à une de ses extrémités un pignon qui engrène avec une plus grande roue qu'on ne voit pas dans la figure, et qui est mise en mouvement par un moteur quelconque; à cet axe C est fixé le cylindre qui occupe l'intervalle entre la cloison B et le bord de la caisse, et qui a environ 20 pouces de diamètre ; la circonférence en est garnie de lames métalliques. On peut, au moyen d'un mécanisme particulier, le rapprocher plus ou moins du fond de la caisse, qui, elle-même, porte des lames semblables à celles du cylindre. Enfin D est un appareil destiné à amener de l'eau pure dans la caisse et à en extraire l'eau salie par les chiffons.

» Le cylindre étant mis en mouvement avec une vitesse d'environ 120 tours par minute, on jette une certaine quantité de chiffons dans la caisse, où ils sont entraînés avec une grande rapidité par les lames du cylindre, qui les déchirent et les déposent sur le plan incliné E, formé d'une toile métallique, à travers laquelle l'eau salie s'écoule pendant que le tuyau D fournit de nouvelle eau pure à la caisse. La pâte produite par ce premier passage n'est pas encore assez fine pour être employée : on la porte à un autre cylindre plus rapproché du fond de la caisse, ou bien on lui fait subir un nouveau passage en abaissant davantage le premier cylindre. Cette opération se répète jusqu'à trois fois. Dans cet état, la pâte est bien lavée, mais elle conserve

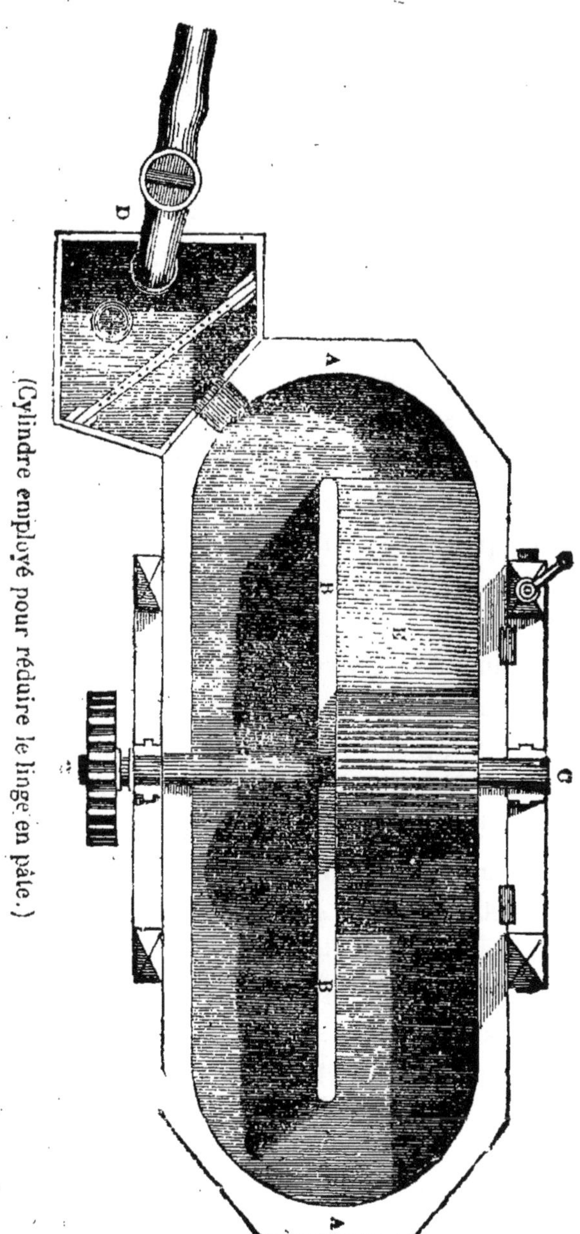

(Cylindre employé pour réduire le linge en pâte.)

encore une couleur qui dépend de celle qu'avaient les chiffons. Il s'agit de la blanchir. Dans ce but, on la met en presse pour lui enlever la plus grande partie possible de l'eau qu'elle contient ; on la place ensuite dans un réservoir hermétiquement fermé, où l'on fait affluer, au moyen de tuyaux, du chlore gazeux, qu'on obtient par l'application de la chaleur à un mélange, dans les proportions convenables, de péroxyde de manganèse, de sel commun et d'acide sulfurique. Au bout de quelques heures, le chlore a entièrement décoloré la pâte, qu'on fait ensuite repasser une ou plusieurs fois sous les cylindres, tant pour en séparer le chlore que pour la diviser davantage ; la pâte est alors prête à être transformée en papier. Deux procédés sont employés pour y parvenir : l'un *à la main*, que nous allons décrire ; et l'autre *à la mécanique*.

» En examinant la gravure ci-contre, on y voit un homme qui plonge une espèce de cadre dans une cuve. Cette cuve est remplie de pâte, dont la fluidité plus ou moins grande détermine l'épaisseur de la feuille de papier. Le cadre que tient l'ouvrier se nomme une *forme;* il se compose d'un châssis en bois, recouvert d'une toile métallique, en fils de cuivre qui sont placés en long, et dont les traces, que l'on aperçoit sur la feuille de papier quand on regarde le jour au travers, s'appellent des *vergeures*. Ces fils sont soutenus, de distance en distance, par d'autres fils plus gros, placés en travers, et dont les traces prennent le nom de *pontuseaux*. Enfin la marque du fabricant est figurée sur la forme par d'autres fils de cuivre, auxquels on donne le nom de *filigranes*, et qui laissent aussi leurs traces sur le papier. Sur les bords de la forme s'applique un autre cadre mobile, en tôle, appelé aussi *frisquette*, dont l'épaisseur, conjointement avec le plus ou moins de liquidité de la pâte, détermine l'épaisseur de la feuille de papier, et dont les autres dimensions déterminent la longueur et la largeur de cette même feuille. L'ouvrier, qu'on appelle *l'ouvreur*, ayant posé la frisquette sur la forme, plonge la forme dans la cuve, l'y dispose horizontalement, et la retire dans cette position ; alors il la secoue légèrement en la maintenant toujours horizontalement, et la pâte qui s'élève au-dessus des bords de la frisquette retombe dans la cuve, tandis que l'eau qu'elle contient passe à travers les vergeures de la forme. On conçoit qu'il faut à l'ouvreur une grande habitude du maniement de la forme pour étendre ainsi régulièrement la pâte sur toute son étendue, avant qu'elle ait perdu assez d'eau pour pouvoir se répandre uniformément. L'ouvreur pousse ensuite la forme sur un plan incliné, placé au bout de la cuve, et prend une autre forme sur laquelle il pose la même frisquette qu'il a enlevée à la première, et recommence une nouvelle feuille. Pendant ce temps, un autre ouvrier, appelé le *coucheur*, prend la forme abandonnée par l'ouvreur, et la renverse sur un morceau de drap appelé *blanchet* ; la feuille se détache facilement de la forme, reste sur le morceau de drap, et est recouverte par un autre blanchet prêt à recevoir une autre feuille. Les deux ouvriers procèdent ainsi successivement, se passant, tour à tour, la forme chargée d'une feuille et la forme vide, jusqu'à ce qu'ayant accumulé ainsi entre les blanchets un certain nombre de feuilles, formant un *porse*, on porte le tout sous une presse pour en faire sortir l'eau le plus possible. Des femmes séparent alors les blanchets des feuilles , et placent celles-ci les unes sur les autres. En cet état , on les presse encore fortement , puis on les met sécher par portions sur des cordes ou des tringles de bois. Lorsqu'elles sont sèches, on les colle (si le papier doit servir à l'écriture) en les plongeant , un certain nombre à la fois , dans une colle très-claire ; on les remet encore en presse pour forcer la colle à pénétrer également partout; on les fait de nouveau sécher , puis on les met en *mains* de 24 ou 25 feuilles, et enfin en *rames* de 20 mains.

» Dans quelques papeteries, on colle la pâte elle-même avant la fabrication.

L'activité incessante de la librairie belge , les besoins toujours croissants de la presse quotidienne, les progrès de l'instruction élémentaire , l'extension que prennent de plus en plus les relations des diverses classes de la société entre elles , toutes ces causes contribuent à augmenter , dans une proportion assez considérable , la consommation du papier en Belgique. Aussi le nombre des établissements qui exploitent cette branche d'industrie s'est-il beaucoup accru ; et , tandis que , en 1835, nous comptions à peine , dans nos fabriques , trois ou quatre machines à faire le papier continu, il s'y en trouve aujourd'hui plus de vingt en activité.

Si la fabrication du papier à la mécanique a reçu , dans ces dernières années , en France et en Angleterre , des perfectionnements notables , l'industrie belge , on doit le remarquer avec satisfaction , n'est pas restée , à cet égard , étrangère aux progrès qu'a faits celle de nos voisins. Nos fabricants ont amélioré la construction de leurs machines : le blanchîment du chiffon par le chlore, ou par l'évaporation de l'acide muriatique, le collage de la pâte au moyen d'un savon résino-alumineux, sont pratiqués par eux avec succès. Dans plusieurs de nos usines à papier, on emploie la vapeur comme force motrice, en faisant servir la vapeur perdue au chauffage des cylindres sécheurs et au lessivage des chiffons : procédé qui, entre autres résultats avantageux, a celui de maintenir, dans une égalité parfaite, la température des cylindres, et par suite, de procurer un papier séché d'une manière plus régulière et plus uniforme.

Les perfectionnements réalisés par nos industriels leur permettent de fabriquer aujourd'hui à la mécanique, et par conséquent de livrer au commerce à meilleur marché, plusieurs espèces de papiers que, dans les premières années, ils ne pouvaient faire qu'à la forme : tels sont les papiers à lithographier, les papiers à dessiner, le carton blanc, le papier pour cartes, etc.

Naguère encore, les fabriques françaises avaient en Belgique le monopole presque exclusif de la vente des papiers à écrire. Depuis que nos fabricants se sont approprié le procédé du collage dont nous avons parlé, l'importation des papiers français a sensiblement diminué. Dans le principe, et par suite de ce préjugé fâcheux, irréfléchi, qui fait, souvent sans examen, considérer les produits étrangers comme supérieurs à ceux de l'industrie nationale, les fabricants belges, voulant rendre plus facile la vente de leurs papiers à écrire, les revêtaient d'étiquettes françaises. Peu à peu les qualités de nos papiers ont été mieux appréciées ; on n'est déjà presque plus obligé de déguiser leur origine, et il y a lieu d'espérer que, si notre industrie continue de marcher dans la voie où elle est entrée, nous ne recevrons biéntôt plus de France que quelques espèces particulières de papier que le grand marché dont disposent les fabricants de ce pays, leur donnera toujours les moyens de produire avec plus d'avantage que nous.

« Nous essaierons de faire connaître au lecteur l'opération rapide, mais compliquée, qui convertit la pâte en un papier continu.

» A l'une des extrémités d'une longue série de roues, se trouve un courant de pâte, ayant à peu près la consistance du lait ; il tombe sur un plan mobile, et à l'autre extrémité cette pâte, devenue papier parfait, s'enroule autour d'un cylindre. Suivons les diverses périodes de cette opération :

Un réservoir rempli de pâte, remuée sans cesse par un agitateur, est maintenue constamment à la même hauteur par un autre. Au-dessous est la cuve dans laquelle la pâte s'écoule, et où elle conserve ainsi un niveau constant ; de là elle tombe en nappe régulière dans un chéneau qui a un mouvement de *va et vient*, et qui la distribue avec une régularité parfaite sur une toile métallique sans fin, dont la partie supérieure présente une surface plane. Cette toile se meut graduellement de gauche à droite, et entraîne successivement dans la même direction la pâte qui y est répandüe ; elle a, comme le chéneau, un léger mouvement de *va et vient* horizontal qui facilite l'écoulement de l'eau. Si nous touchons la pâte à l'extrémité du plan où elle est reçue, nous la trouvons fluide ; à son autre extrémité elle a déjà la solidité du papier mouillé. La pâte ne peut pas s'écou-

ler par les bords de la toile métallique, parce qu'il y a
deux lanières de cuir qui règlent la largeur de la feuille,
et font l'office de la *frisquette* dans la fabrication du
papier à la main. Après avoir dépassé les poulies sur
lesquelles s'enroulent ces lanières, le papier est suffisamment formé pour n'avoir plus besoin d'être limité par
elles, car la pâte a cessé d'être fluide ; mais elle est
encore humide et peu consistante, et elle conserve les
traces de la pression qu'exerce sur elle un cylindre. Le
papier n'a pas encore quitté la toile métallique, sur
laquelle il s'est formé : avant de s'en séparer, un autre
cylindre, garni d'étoffe, et sur lequel coule constamment un filet d'eau froide, lui fait subir une nouvelle
pression ; là il est reçu sur une pièce d'étoffe qui est
destinée à en absorber l'humidité, et qui, comme
la toile métallique, s'enroule sur deux cylindres pour
former une nouvelle toile sans fin dont la surface
supérieure forme un plan incliné. Il est ensuite entre
deux rouleaux, garnis d'étoffe, qui le pressent fortement
et passe sur un nouveau plan, au sortir duquel il est
encore comprimé entre deux nouveaux rouleaux également garnis d'étoffe. C'est alors qu'il entre dans la région
de la chaleur. En cet endroit, il est tout à fait formé ;
mais il est fragile et humide. Reçu sur un petit cylindre,
il est dirigé par lui sur la surface polie d'un gros cylindre échauffé : là il commence à fumer ; mais la chaleur
est proportionnée à sa consistance toujours croissante.
Du premier cylindre il s'enroule sur un second d'un
diamètre beaucoup plus grand, et qui est beaucoup plus
chaud : à mesure qu'il passe sur cette surface polie, on
voit disparaître ses irrégularités. Enfin, après avoir

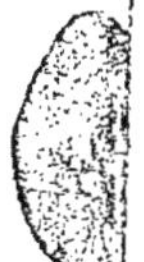

tourné sur un troisième cylindre encore plus chaud , et avoir subi la pression d'un rouleau supérieur, un dernier rouleau le dirige sur le dernier cylindre , où il se trouve terminé, et enroulé.

« Nous avons maintenant un immense rouleau de papier , de la largeur de quatre on cinq feuilles ordinaires, et dont la longueur n'est limitée , pour ainsi dire , que par la volonté du fabricant. Il faut , comme on le pense bien , diviser ce rouleau en feuilles propres aux divers besoins de la société. Pour y parvenir promptement , on a imaginé de le découper longitudinairement au moyen de couteaux circulaires adaptés au dernier cylindre de la machine. Nous obtenons, par ce procédé, quatre ou cinq rouleaux au lieu d'un. Transportés sur une grande table à rainures dans lesquelles passe un large couteau bien affilé , ces rouleaux sont divisés , comme par enchantement, en feuilles de la même dimension.

« Pour que la pâte liquide soit convertie en papier bon à employer et du format qu'on désire, deux minutes suffisent ; la toile métallique marche avec une vitesse qui fournit environ deux cents feuilles de papier par minute.

Si nous nous rappelons la fabrication à la main, nous verrons que, jusqu'à la formation de la pâte, le procédé est le même. Dans le papier à la main , l'ouvreur plonge sa forme dans la cuve, et produit une feuille molle , d'une épaisseur uniforme , au moyen de cette délicatesse de tact qui constitue le bon ouvreur ; mais cette régularité dépend de la dextérité de l'ouvrier, elle doit nécessairement être variable. Quant au papier à la mécanique , son épaisseur est réglée par la quantité de pâte qu'on laisse écouler de la cuve pendant un temps donné , et

par la régularité du mouvement de va et vient imprimé
au chéneau et à la toile métallique. Il suffit, pour rendre
cette épaisseur invariable, de donner à la machine une
vitesse constante.

(Extrait du magasin pittoresque.)

L'ARCHITECTE.

Un des premiers besoins de l'homme a été de se met—
tre à l'abri des intempéries. Les animaux se creusent
des terriers, les oiseaux se construisent des nids ; et avec
quel instinct admirable ces demeures sont établies !

L'homme doué de raison et d'intelligence devait donc
se construire un abri en rapport avec sa supériorité.

De simples huttes, des habitations en terre adossées à
des arbres et couvertes en paille furent ses premières
demeures; puis vinrent les maisons en bois, en pierre ou
en briques, et enfin des édifices en pierre de taille ou en
marbre et des palais magnifiques.

Ce sont les architectes qui dirigent ces importants travaux ; leur responsabilité est grande, car n'est-il pas
effrayant de songer, quand on passe devant une maison,
que si les règles de l'architecture n'étaient pas obser-
vées, cette façade pourrait s'écrouler et ensevelir les
passants sous ses ruines ; ou, à l'intérieur, les plafonds,
les planchers s'effondrer et écraser des familles entières.

Les architectes ne manquent pas, mais il faut savoir
en choisir un bon : tel architecte qu'on charge de bâtir
une maison, présentera un plan admirablement dessiné ;
on lui fait quelques objections, mais il a réponse à tout.

Comme on a une entière confiance en ses lumières, il finit par ne suivre que ses propres idées et construit une maison tout autre qu'on ne le désire, où tout est sacrifié à l'apparence extérieure, et en dépassant de beaucoup la somme qu'on voulait employer à cette construction. Heureux si, d'accord avec les entrepreneurs, il n'a pas employé de mauvais matériaux en place de ceux portés sur le mémoire, et si, par suite de cet abus de confiance, votre maison, menacée dans sa solidité, n'exige pas des réparations ruineuses.

Mais, Dieu merci, tous les architectes ne sont pas comme cela ; la plupart n'acceptent des matériaux que lorsqu'ils les jugent propres à la construction et ne cherchent point à enfler les mémoires.

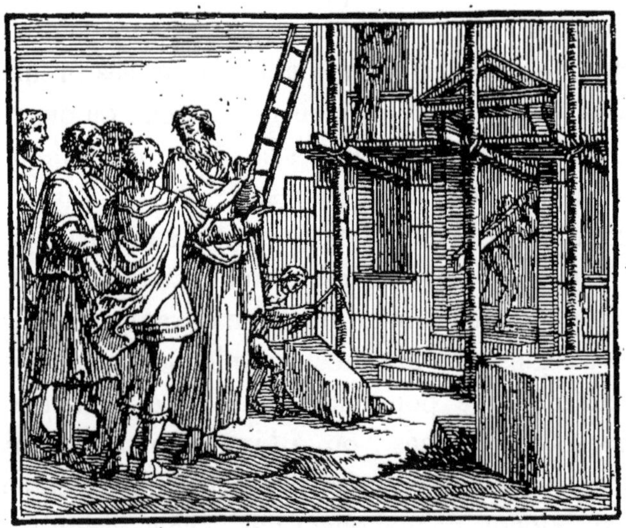

L'architecture a eu ses illustrations, comme tous les arts. L'époque moderne a été féconde en grands architectes ; mais s'ils ont égalé, ils n'ont pu surpasser les Grecs et les Romains, leurs premiers maîtres ; ni même ces admirables bâtisseurs du moyen âge, dont les immenses basiliques, construites dans le style gothique, subsistent depuis des siècles, comme un éternel hommage rendu au Créateur.

De nos jours, l'architecture s'applique surtout aux choses utiles, et les constructions particulières sont plus élégantes, plus commodes et mieux soignées qu'à aucune autre époque. Ce n'est point cependant que pour les constructions monumentales nous manquions d'hommes de talent, car, bien au contraire, la Belgique possède sous ce rapport des architectes du premier mérite.

LE SCULPTEUR.

La sculpture est l'art de représenter en relief, soit en marbre, en pierre, en bois ou en ivoire, les objets de la nature et particulièrement l'homme, les animaux et les ornements dont on enrichit l'architecture.

Mais, comme cet art demande dans son opération un travail long et difficile, on ne consacre le plus souvent la sculpture qu'à représenter des sujets choisis, des formes pures et bien étudiées, des ornements de bon goût.

Les anciens, et particulièrement les Grecs, ont excellé dans la sculpture ; plusieurs de leurs statues, parvenues jusqu'à nous, sont d'une beauté inexprimable. Il est peu de personnes qui n'aient vu, moulé en plâtre ou imité par la gravure, l'Apollon du Belvédère et le Laocoon, et qui n'aient pu, à l'aspect de ces chefs-d'œuvre, se former une idée de la perfection où la sculpture grecque était parvenue.

Les Romains sont restés inférieurs aux Grecs ; il n'y a point eu parmi eux de sculpteur comparable à Phidias et à Praxitèle ; cependant , ils ont également laissé des œuvres remarquables.

Les Égyptiens et les Assyriens avaient précédé les Grecs dans l'art de la sculpture, mais leurs ouvrages sont d'un ordre inférieur, quant à l'imitation de la belle nature.

Lors de la décadence de l'empire romain, les beaux-arts , en y comprenant la peinture et l'architecture , dégénérèrent promptement et, au moyen âge , la sculpture proprement dite , celle qui avait pour objet de représenter la figure humaine, était presque tombée dans la barbarie ; ses formes raides et mesquines s'éloignaient de l'imitation de la belle nature ; heureusement, à cette même époque , l'art chrétien vint ennoblir les beaux-arts, en élevant à la gloire de Dieu ces magnifiques basiliques qui , telles que la cathédrale d'Anvers, l'église de Sainte-Gudule à Bruxelles et celle de Notre-Dame de Tournai , font encore l'admiration des artistes et des archéologues. Si les figures méritent le reproche de raideur et de mesquinerie de forme, en revanche elles ont une naïveté que n'ont pas souvent les statues modernes et, de plus , les ornements architecturaux sont exécutés avec un fini et une richesse admirables.

Ce fut à l'époque de François I que la sculpture se releva complètement, et arriva par degrés au point où elle est parvenu de nos jours.

La Belgique possède d'excellents sculpteurs ; à l'exposition universelle de Paris, plusieurs artistes belges ont mérité les suffrages du public : il suffira de citer les noms de MM. Dumont, Frison, Fraikin, Geefs, Goyen, etc.

Pour créer une statue, le sculpteur commence par la modeler en terre glaise ; lorsque ce travail est terminé, et qu'il est satisfait de son œuvre, il la fait mouler en plâtre. Cela fait, il s'agit de tailler ce modèle dans le marbre. Le rude travail de dégrossir le bloc, et de l'amener presque à l'état de statue, est ordinairement confié à un sculpteur d'un ordre inférieur, auquel on donne le nom de *praticien*. Le sculpteur vient alors achever lui-même son œuvre : il adoucit les contours, termine les traits du visage et les parties délicates, dont le praticien n'avait fait qu'approcher.

Lorsque la statue doit être fondue en bronze, le sculpteur ne pousse son travail que jusqu'au modèle en plâtre ; le reste appartient à la profession du fondeur.

Une belle mission du sculpteur est celle de retracer, dans une statue, les traits d'un grand homme ou celle d'un bienfaiteur de l'humanité; mais c'est surtout lorsqu'il représente les objets de l'adoration des fidèles, que son art acquiert un nouveau mérite ; il devient sublime, quand il reproduit avec l'inspiration chrétienne le Sauveur mourant sur la croix pour le salut des hommes ou la très-sainte Vierge, portant dans ses bras l'enfant rédempteur du monde.

A l'exposition universelle de Paris (1855), on a remarqué de magnifiques sculptures ecclésiastiques sur bois. M. Dumont, de Bruges, a exposé un dais de bois de chêne avec une statue de la Vierge, et M. Goyen, de Louvain, un très-bel autel de bois sculpté dans le genre gothique.

Mais, comme sculpteur, le lauréat de cette exposition a été M. Geefs.

Parmi ses œuvres nous citerons trois statues sculptées en bois et plus grandes que nature, faisant partie de la magnifique exposition d'ornements ecclésiastiques de M. Joseph Van Halle, de Bruxelles. Voici à ce sujet comment s'exprime un journal français (l'*Illustration*) :

« Les produits de la Belgique, profondément remarquables, attestent dans son industrie proprement dite autant de sentiment de l'art et du grand luxe qu'il en faut, pour occuper la place élevée que lui assigne déjà l'admiration publique : dentelles incomparables, draps, belles armes, toiles, chefs-d'œuvre de goût, de conscience et de bon marché. Nous ne voulons parler que de ses ornements ecclésiastiques, dont la richesse inouïe, le style éminemment catholique et la quantité considérable, rappellent les splendides chapelles du temps de la domination espagnole, et semblent être, dans la vitrine du transept où M. Joseph Van Halle les expose, moins le trophée d'une exposition particulière qu'une espèce de musée sacerdotal composé à plaisir dans les trésors historiques de Burgos, de Tolède, de Milan ou d'Aix-la-Chapelle.

« Les trois statues de M. Geefs sont placées sous un dais que, seul, on estime 20,000 francs. L'une de ces statues est Notre-Seigneur Jésus-Christ donnant les clefs du ciel à saint Pierre, à côté duquel est agenouillé monseigneur le cardinal Sterckx, archevêque actuel de Malines, et primat de la Belgique.

« De l'autre côté du baldaquin, seront placés monseigneur l'archevêque actuel d'Utrecht, et l'archevêque de Paris, victime héroïque des journées de juin.

« Nous renonçons à peindre l'incroyable richesse de cette vitrine ; nous dirons seulement qu'on évalue à plus d'un million les valeurs de ce qu'elle renferme. Les ornements seuls de l'archevêque de Malines valent 250,000 francs, tant pour le travail immense qu'ils ont exigé que pour l'or, les diamants et les autres pierres précieuses qui les couvrent.

LE PEINTRE.

La peinture est un art sublime, puisqu'il peut retracer à nos yeux les traits d'un personnage célèbre ou ceux d'un ami absent ; il rend avec fidélité la vue d'un lieu qui nous est cher, enfin il pourra représenter quelques faits importants de l'histoire de notre pays. C'est au talent des peintres que nous devons ces tableaux qui ornent nos églises, et que nous sommes redevables de la représentation parlante des mystères de notre foi.

Cet art était connu dès les temps les plus reculés en Chine, mais il y est resté à l'état d'enfance ; les Chinois ne comprennent ni la science du clair-obscur (c'est-à-dire l'art de faire tourner un objet au moyen des ombres), ni la perspective. C'est au point que, lors de l'ambassade de lord Macartney, un beau portrait du roi d'Angleterre excita la surprise des Chinois. En voyant ombré le côté de la figure opposé au jour, ils demandèrent sérieusement à l'ambassadeur si son maître avait en effet une joue blanche et une joue brune. Ils critiquè-

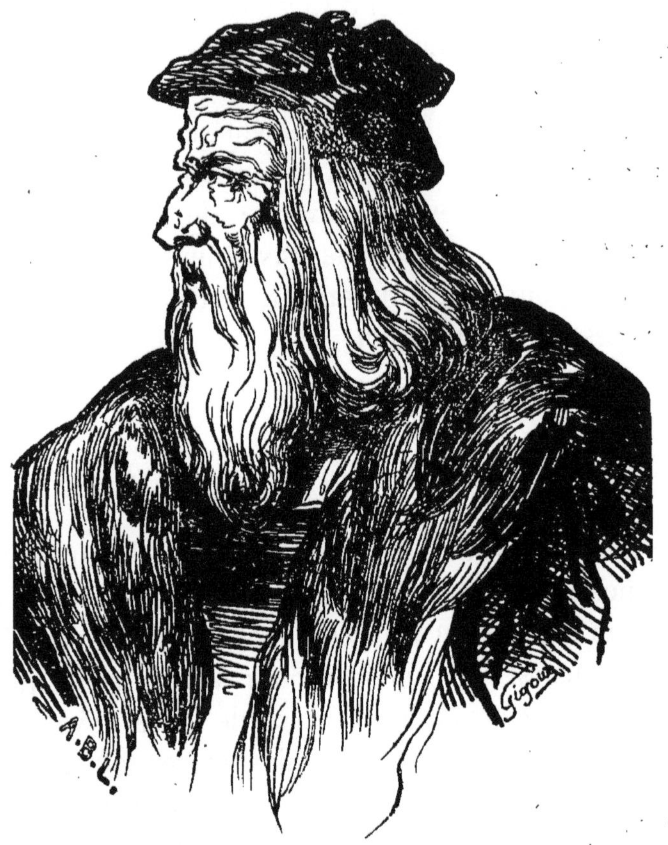

(Léonard de Vinci, né en 1452, près de Florence, mort en 1519 à
Amboise, peintre, sculpteur et ingénieur.

rent également une vue de Londres , parce qu'on avait
fait les personnages des derniers plans plus petits que
ceux de devant.

Nous n'avons qu'une idée très-imparfaite de l'état de
la peinture chez les Grecs et les Romains. Xeuxis et
Apelles furent les plus célèbres peintres de la Grèce,
mais leurs œuvres ne sont point parvenues jusqu'à nous.

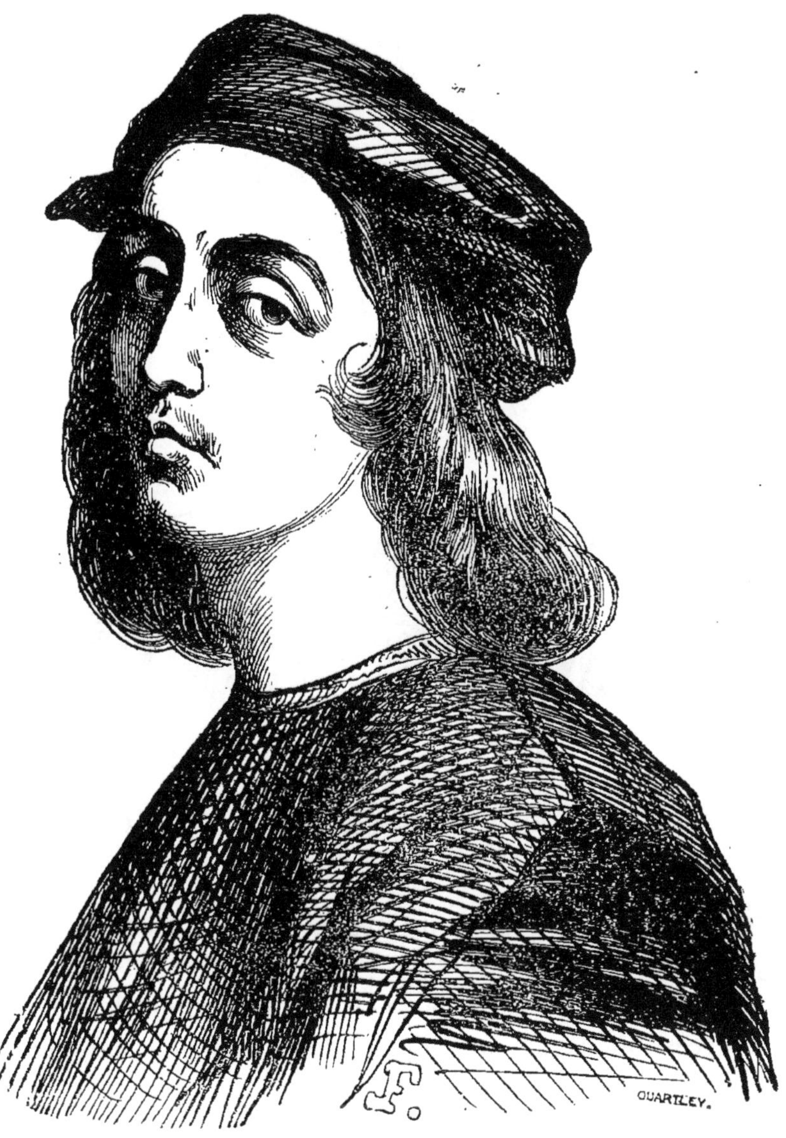

Raphaël, le plus grand des peintres modernes, né en 1483 à
Urbin, mort en 1520, à 37 ans.

On a néanmoins trouvé dans les ruines d'Herculanum et

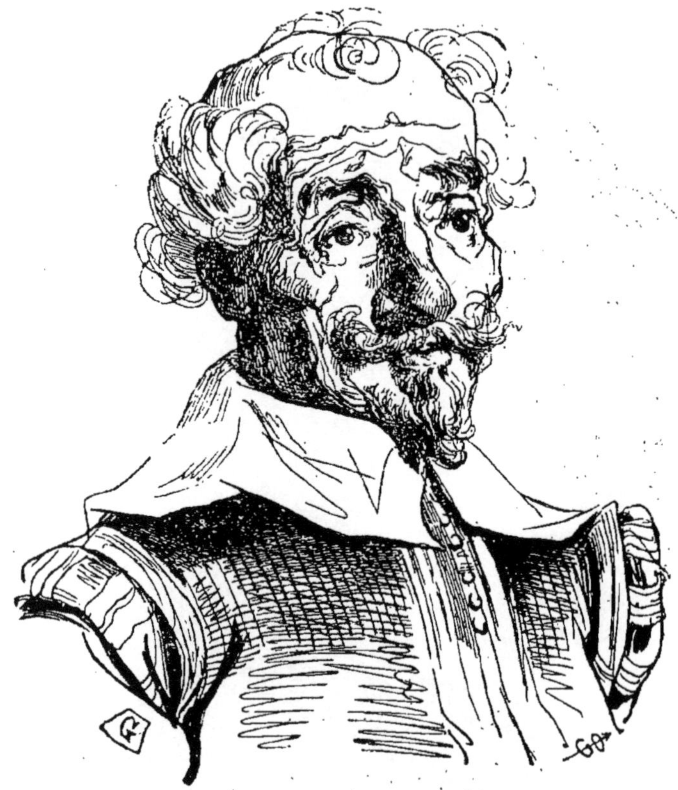

Le Guide (Guido Reni), né à Bologne en 1575, mort en 1642,
célèbre peintre italien.

de Pompéi quelques peintures à fresque d'un dessin
gracieux.

Ne nous arrêtons point en Orient, et surtout dans les
contrées où règne la religion de Mahomet, car elle
défend expressément la représentation de figures d'hommes ou d'animaux, et la peinture est forcée de choisir
ses modèles parmi les fleurs ou les ornements. Voici ce
qui donne une idée de l'absurde fanatisme des Turcs. Le
duc de Choiseul, ambassadeur de France en Turquie,

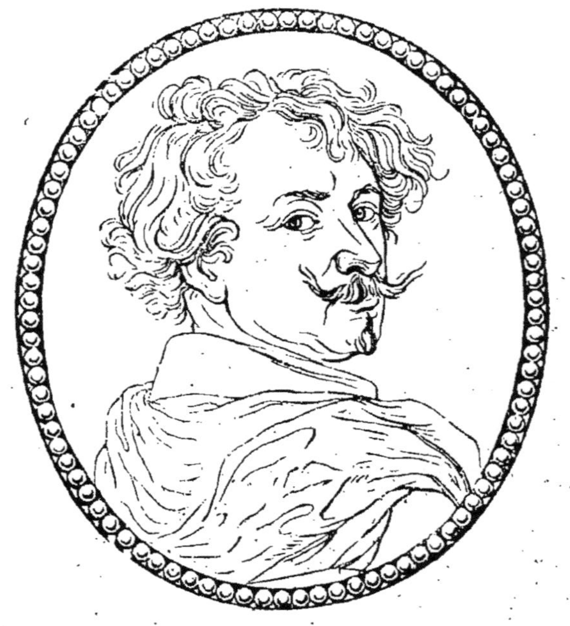

Van Dyck (Antoine), né à Anvers en 1599, mort
à Londres en 1641.

Rubens (Pierre-Paul) né en 1577, mort en 1640,
le plus grand peintre du XVIIe siècle.

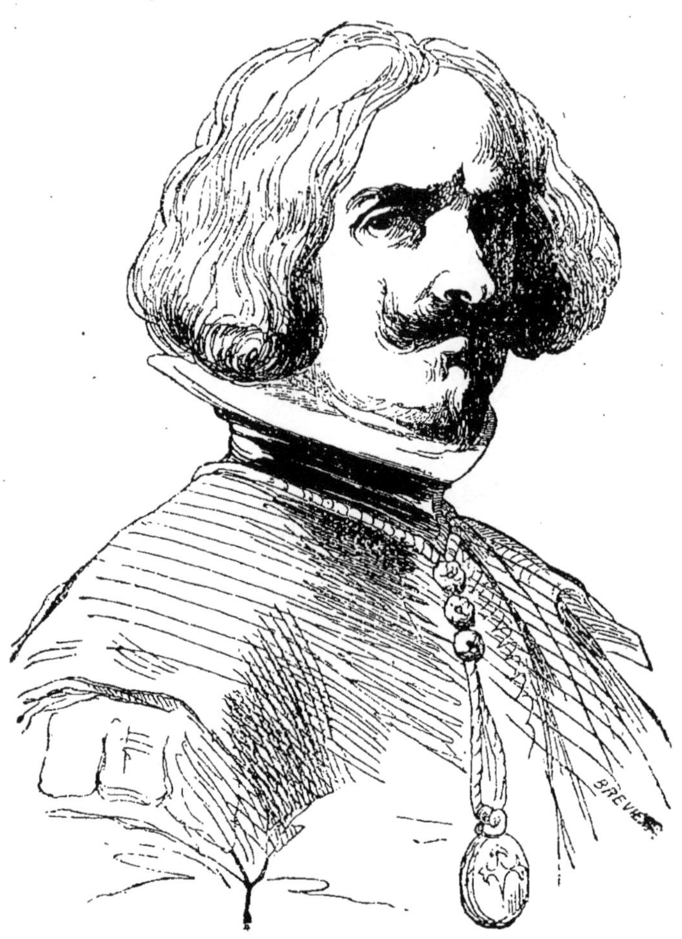

Velasquez (de Silvya), célèbre peintre espagnol, né en 1599
à Séville, mort en 1660.

faisait dessiner une vue de Constantinople pour le magnifique ouvrage qu'il a publié ; son dessinateur y avait
introduit beaucoup de petites figures. Un vieux Turc, qui
considérait depuis quelque temps ce dessin, s'écria
tout d'un coup en s'adressant avec indignation au pein-

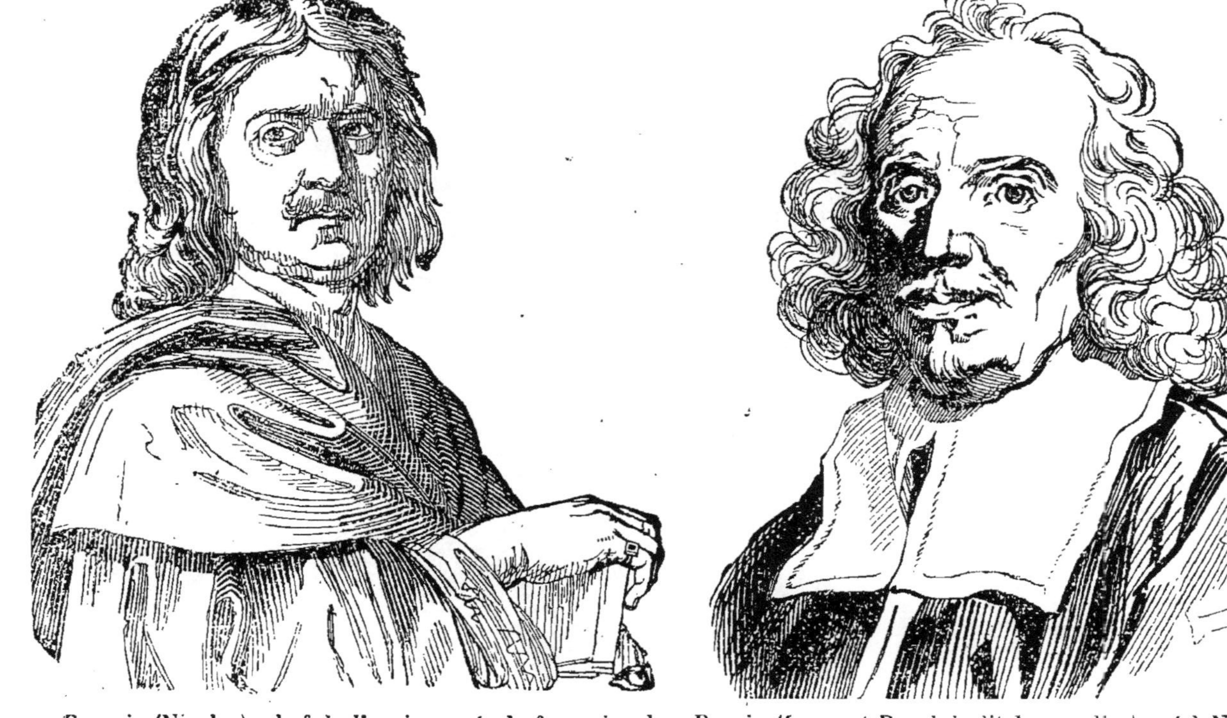

Poussin (Nicolas), chef de l'ancienne école française de peinture, né en 1594, mort à Rome en 1665.

Bernin (Laurent Bernini, dit *le cavalier*), né à Naples en 1598, mort en 1680, peintre, statuaire et architecte.

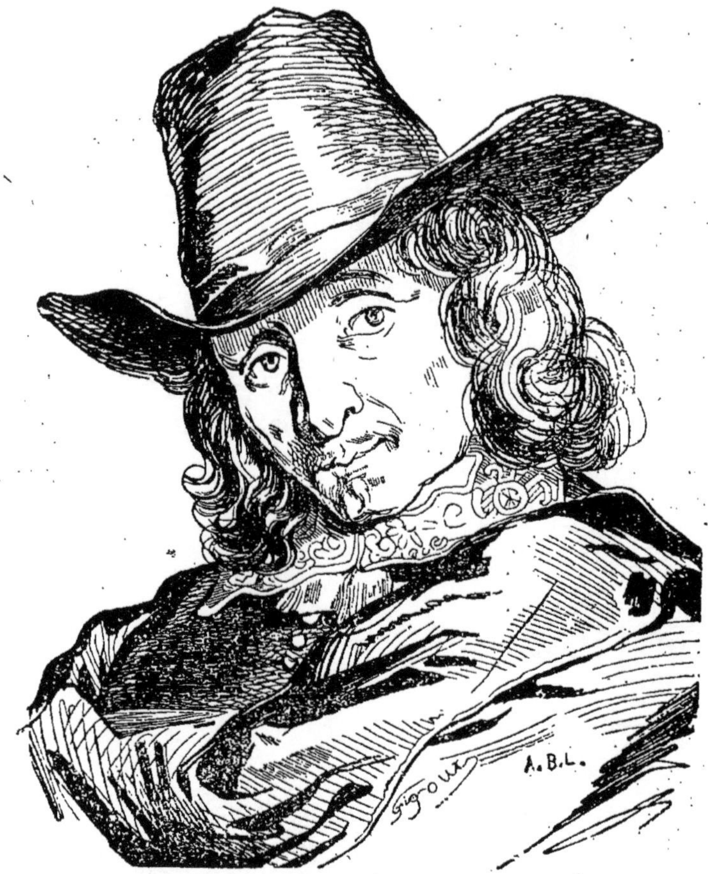

Adrien Van Ostade, né à Lubeck en 1610, mort à Amsterdam.

tre : « que répondras-tu, malheureux, au jour du jugement
dernier, lorsque ces figures que tu fais viendront te
demander leurs ames ? » On faisait voir à un voyageur
deux tableaux regardés comme des chefs-d'œuvre à
Constantinople : ils représentaient les exploits d'Hassan-
Pacha, la surprise des Russes à Lemnos, et le bombarde-
ment d'Acre. Tout y était peint avec la plus grande
fidélité, les vaisseaux, les batteries, les boulets fendant

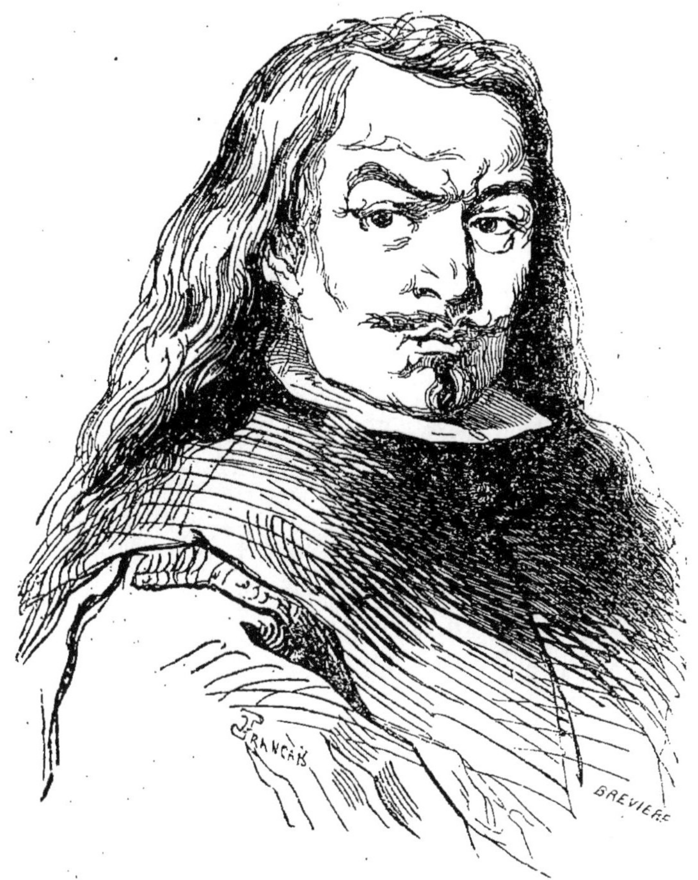

Murillo (Barthélemi Esteban), célèbre peintre espagnol, né à
Séville en 1648, mort en 1682.

l'air, les bombes écrasant les maisons et y portant la
ruine et l'incendie; une seule chose y manquait: les
combattants. L'officier turc qui servait de cicerone au
voyageur, fut tellement flatté de sa surprise, qu'il prit
pour de l'admiration, que, l'embrassant avec effusion, il
lui dit : « vous êtes le seul chrétien de bon sens que j'aie
jamais rencontré. »

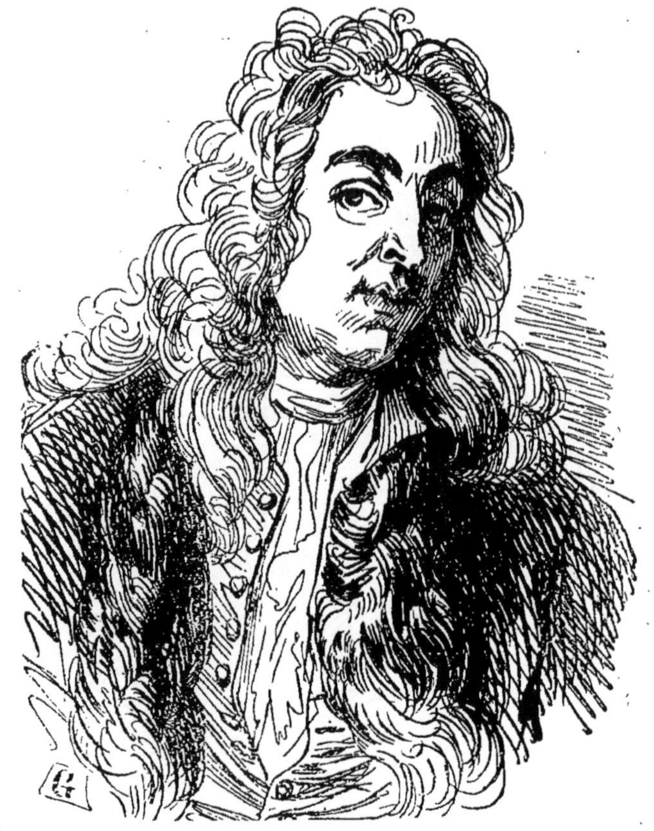

Watteau (Antoine), né en 1684 à Valenciennes, mort en 1721,
peintre français.

Revenons en Europe , et arrêtons-nous à l'époque de
la renaissance, marquée par le règne de François 1er. Les
différentes écoles de peinture commencèrent alors à se
dessiner ; en Italie, brillent les noms de Léonard de Vinci,
de Raphaël, du Titien, des Carraches, du Guide et d'une
foule d'autres peintres célèbres.

Avant cette époque si glorieuse pour les arts , Jean
Van Eyck , surnommé Jean de Bruges , avait découvert

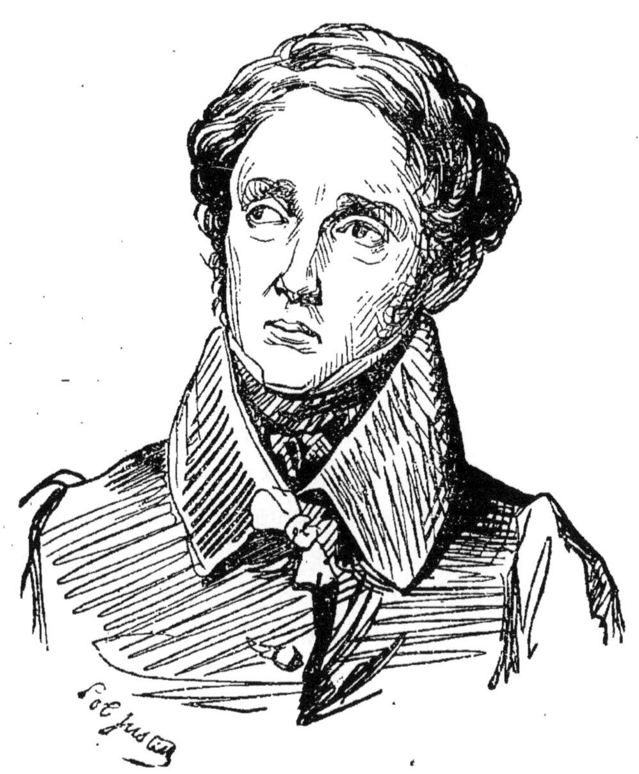

Léopold Robert, peintre célèbre, né en Suisse en 1794, mort
à Venise en 1835.

la peinture à l'huile, invention qui contribua singulièrement au progrès de cet art.

C'est une belle et touchante histoire que celle des
frères Van Eyck. Leur union fraternelle, leurs travaux
communs, le caractère religieux de leurs ouvrages,
rappellent l'exemple des frères Bellini, les fondateurs de
l'école vénitienne. Hubert, né, dit-on, en 1366, était
l'aîné ; Jean survécut longtemps à son frère, qui mourut
dès l'année 1426. Après la mort d'Hubert, Jean se fixa

dans la ville de Bruges, d'où lui vint son nom de « Jean de Bruges » sous lequel il est plus connu. La renommée de son talent parvint en Italie; Frédéric, duc d'Urbin, et Laurent de Médicis lui commandèrent des tableaux. Des marchands de Florence en achetèrent un, dont ils firent présent à Alphonse, roi de Naples. Antoniello de Messine le vit, et aussitôt il quitta tout pour venir à Bruges, où il parvint, dit-on, à force d'instances et grâce au don de quelques dessins d'Italie, à obtenir de Van Eyck le secret de la peinture à l'huile. C'est à Gand, dans la cathédrale, que se trouve le tableau le plus remarquable des frères Van Eyck : *Les vieillards et les vierges de l'Apocalypse adorant l'Agneau.* Ce merveilleux chef-d'œuvre renferme plus de trois cents figures de 12 à 14 pouces de proportion, dont aucune ne ressemble aux autres. On vénéra la mémoire d'Hubert Van Eyck, on combla d'honneurs son frère Jean qui mourut à Bruges, en 1440.

Environ un siècle après celui de François 1er, brille dans tout son éclat l'école flamande. Parmi le nombre infini de peintres célèbres qu'elle produisit, nous citerons Rubens, Van Dyck, Rembrandt, Gérard Dow, Miéris, Van Ostade, Wouvermans, Teniers, etc., etc.

Le 29 juin 1577, naissait à Siegen (Prusse, province de Westphalie) et non à Cologne, comme on l'a cru longtemps, Pierre-Paul Rubens, appelé à devenir l'un des plus illustres peintres de l'école flamande. Il fut comblé d'honneurs par l'archiduc Albert, et employé à diverses missions diplomatiques. Il excellait dans tous les genres, et peignait avec un égal succès l'histoire, le portrait, le paysage, les fleurs, les animaux. Cependant ses principaux ouvrages sont dans le genre de l'histoire

et représentent des sujets religieux. Sa *Descente de croix*
est regardée généralement comme un des chefs-d'œuvre
de la peinture. Il mourut le 30 mai 1640 ; sa veuve lui
fit ériger un magnifique mausolée dans l'église de Saint-
Jacques à Anvers, et cette ville lui a élevé une statue il y
à quelques années. Le nombre des ouvrages de Rubens,
reproduits par la gravure, est de plus de 1500.

Antoine Van Dyck, un des plus célèbres peintre de
l'école flamande, naquit à Anvers le 22 mars 1599.
Après huit années passées chez Van Balen, il entra en
1622 chez Rubens qui le prit en affection et le fit partir
pour l'Italie, où il travailla trois ans. Il passa en Angleterre en 1629, après avoir parcouru le France et la
Hollande. Charles Ier l'accueillit et le combla de faveurs.
Il mourut à Londres en 1641 exténué par le double
excès du travail et des plaisirs, laissant un nombre considérable d'excellents ouvrages ; on connaît de lui plus
de 70 tableaux d'histoire : pour ses portraits, le nombre
en est infini. Le musée du Louvre possède plusieurs
toiles de ce maître ; on voit dans l'église de Saventhem,
près Bruxelles, une de ses œuvres capitales, la *charité
de saint Martin*, tableau auquel se rattachent des
souvenirs historiques de la jeunesse du peintre.

Rembrandt, dont le vrai nom est Paul Gerretz,
né en 1606 près de Leyde, mort à Amsterdam en
1674, s'est fait une grande réputation comme peintre
de portraits et comme graveur ; il manquait de goût et
de grâce, mais il compensait largement ces défauts par la
magie des couleurs et la vigueur de l'expression. Parmi
ses productions extrêmement nombreuses on vante surtout : *Tobie et sa famille; le Samaritain; la Ronde de*

nuit ; la *Leçon d'anatomie.* Les élèves qui lui firent le plus d'honneur sont Gérard Dow, Flinck et Eeckhout.

David Teniers *le jeune,* né à Anvers en 1610, d'un père artiste et peintre, surpassa son père par son goût et par ses talents ; les sujets ordinaires de ses tableaux sont des scènes réjouissantes, ses ciels sont très-bien rendus, et d'une couleur gaie et lumineuse. Il peignait les arbres avec une grande légèreté, donnait à ses petites figures une ame, une expression et un caractère admirable. On estime particulièrement ses petits tableaux. Il y en a qu'on appelle des *après-soupers ,* parce que ce peintre les commençait et les finissait le soir même. On ne doit pas oublier son talent d'imiter la manière des meilleurs maîtres, ce qui l'a fait surnommer le *Protée de la peinture.* Teniers mourut, plein de talent encore, en 1694, à Perck, entre Bruxelles et Malines, où il fut enterré.

L'école française et l'école espagnole eurent aussi bien leurs illustrations : Poussin, Lebrun et Lesueur, pour la première ; Murillo, Velasquez et l'Espagnolet, pour la seconde.

Nicolas Poussin, chef de l'ancienne école française de peinture, naquit aux Andelys en 1594, étudia à Rome jusqu'en 1640 qu'il rentra en France sur l'invitation de Louis XIII dont il fut le premier peintre ; las des tracasseries des peintres Vouet et Fouquière, il reprit la route de Rome en 1642 et y mourut en 1665. La plus grande partie de ses œuvres est en France. On admire surtout son *Déluge,* son *Et in Arcadiâ ego,* son *Triomphe de flore.*

Charles Lebrun, né à Paris en 1619, mort en 1690, alla se former à Rome où il eut Poussin pour maître ;

nommé en 1662 peintre du roi, directeur de l'académie de peinture, il fut pendant longtemps l'arbitre du goût en France. Ses principaux tableaux sont : la suite des *ba- tailles d'Alexandre*, la *Défaite de Maxence*, le *Christ aux anges*, la *Madeleine*. Il a fait les peintures de la grande galerie de Versailles. On trouve dans ses tableaux de la noblesse, mais on lui reproche de l'affectation et de la monotonie.

Lesueur, surnommé le *Raphaël français*, né à Paris en 1617, étudia sous Vouet et se fit de bonne heure remarquer du Poussin. Persécuté par des envieux et dégoûté du monde par la perte de sa femme, il se retira dans un cloître de chartreux et y mourut en 1655, n'étant âgé que de 38 ans. Il est le premier peintre de l'école française sous Louis XIV. Lebrun, son rival, est loin de l'égaler pour la grâce, la vigueur, la noblesse et l'art de disposer un sujet. La plupart de ses tableaux sont au musée de Paris.

La peinture continue à fleurir en France et en Belgibue, ainsi qu'on a pu en juger à l'exposition universelle en 1855.

Ingres et Horace Vernet occupèrent une salle entière ; venaient ensuite Decamps, Delacroix, Couture, Meissonnier Hamon, Isabey, Gudin ; puis Lehman, Rosa Bonheur, Cogniet, Le Poittevin, Luminais, Lansac, Manteuil, Abel de Pujol, Penguilly, Comte, Chasseriau, Flandrin, Bellel, etc., etc.

La Belgique aurait brillé à Paris si elle avait envoyé seulement les principales productions de ses artistes depuis 1830, seulement même celles que le gouvernement possède et qu'il aurait pu exhiber de son propre mouvement. Nous nous contentons d'indiquer ici l'*Abdication de Charles-Quint*, de Gallait, le *Patrocle* de Wiertz, la *Révolution de 1830* de Wappers, la *Bataille de Woeringen* de De Keyser, la *Belgique couronnant ses enfants* de Decaisne, le *Compromis des nobles* de De Biefve, etc., etc. Cependant les tableaux des peintres belges ont occupé un espace considérable dans le palais de l'exposition et cet espace a été dignement rempli, car l'exposition belge a mérité tous les suffrages. M. Leys a obtenu la grande médaille d'honneur, M. Willems une médaille de première classe. MM. Madou, Portaels, Robbe, les frères Stevens, Van Moer et Verlat ont été également reconnus dignes de la même distinction. Mentionnons encore comme ayant été remarqués, MM. Bossuet, Cermak, Clays, de Block, de Braekeleer, Degroux, de Knyff, Dillens, Dyckmans, Eeckhout, Fay, Fiers, Fourmois, Franck, Hamman, Jaquet, Kindermans, Kuytenbrouwer, Lehon, Musin, Robie, Stroobant, Thomas, Tschaggeny, Verboekhoven, etc. Tout annonce que l'école de peinture belge marche dans une voie de progrès qui la maintiendra au premier rang.

Nous ne terminerons pas cet article sans parler de la *peinture sur verre*, qui était si florissante du XIIIe au XVIe siècle, et dont nos églises de Belgique offrent de magnifiques spécimens.

Dans le XVIIIe siècle, cet art paraissait entièrement perdu, au grand regret des amis des arts et des personnes pieuses, qui trouvaient avec raison que le jour mystérieux que répandent dans le temple du Seigneur des vitraux peints, où sont retracés des sujets de dévotion, se prête bien mieux au recueillement des ames qu'une lumière éclatante.

Quoi qu'il en soit, cet art dont on croyait les procédés perdus, aidé par la chimie moderne, s'est relevé plus brillant que jamais. La Belgique, loin de rester en arrière dans ce progrès, ne comptera bientôt que très-peu de rivaux dans cet art. On a beaucoup admiré en 1855, à de Paris, de très-belles verrières de MM. Capronnier, de Bruxelles, et Pleys, de Malines.

Dans la peinture sur verre, on emploie des couleurs minérales, analogues à celles dont on se sert pour peindre sur porcelaine. Ces couleurs sont appliquées sur des plaques de verre blanc, suivant le sujet que le peintre veut représenter. Ces plaques sont ensuite exposées à une forte chaleur dans un four disposé exprès. La couleur se fond et s'identifie jusqu'à une certaine profondeur au verre. On réunit ensuite par des sertissures les diverses parties d'un sujet, ayant grand soin que les liens de plomb qui les forment ne traversent aucune partie essentielle et se perdent dans les contours et les plis des draperies.

LE PEINTRE D'ENSEIGNES.

Le peintre d'enseignes est ordinairement un pauvre diable qui, n'ayant pas réussi dans la carrière qu'il a audacieusement choisie, et qui, dénué du feu sacré qui fait les grands artistes, a fini, en désespoir de cause, par essayer de se faire peintre de portraits; mais dégoûté des exigences de ses rares pratiques, qui veulent avant tout un peu de ressemblance, il finit ordinairement par se livrer à la peinture des enseignes.

Tant qu'il ne s'agit que de représenter des attributs tels que des pains de sucre, sur la boutique d'un épicier; des jambons, saucisses et hures de sanglier chez le marchand de charcuterie ; chapeaux incroyables, bottes de tou-- tes couleurs, souliers vernis, sur celles du chapelier et du cordonnier, il obtient de beaux succès ; mais il veut s'élever plus haut ; il se souvient qu'étant à l'atelier, son rêve favori était de voir un jour ses tableaux, admis au salon d'exposition, attirer la foule, lui mériter le titre de grand peintre et faire pleuvoir sur lui les honneurs et l'argent. D'ailleurs il a à cœur de se venger des quolibets de ses anciens condisciples, en arrivant à une exposition encore plus publique que celles qu'ils ambitionnent pour eux-mêmes : celle de la rue. Il entreprend donc hardiment de peindre des sujets historiques sur les enseignes qu'on lui confiera ; mais, hélas ! la fortune ne sourit point à tant de courage.

En voici la preuve, par un fait que nous n'inventons

point. Un marchand d'habits, qui avait pour enseigne le grand saint Martin, proposa à un peintre d'enseignes de représenter ce saint donnant la moitié de son manteau à un pauvre ; mais notre rapin eut le malheur de faire ressembler le saint, qui était militaire, comme tout le monde le sait, à un gendarme ; de donner une mine si patibulaire au pauvre, et de si mal caractériser l'action charitable du saint, que les passants ébahis s'écriaient : tiens, tiens, ce gendarme qui se laisse dépouiller par un voleur! Ah ! la drôle d'enseigne ! Le marchand qui vit bien que le peintre n'en sortirait pas à son honneur, et qui avait à cœur de ne point se mettre mal avec la gendarmerie, interrompit le travail et renvoya le peintre en lui payant la moitié du prix convenu.

Un autre peintre, mais un grand et célèbre peintre, se fit un jour par occasion peintre d'enseignes à Bruxelles. Cet artiste était allé attendre un ami qui devait arriver par la diligence de Paris. Impatienté du retard de la voiture (à cette époque il n'y avait pas encore de chemins de fer), il se promenait de long en large dans la rue, lorsqu'il remarqua un peintre qui, juché en haut d'une échelle, cherchait à représenter sur l'enseigne d'un estaminet deux buveurs attablés et ayant devant eux un pot de faro. La scène se passait en plein air, et le barbouilleur s'imaginant sans doute que plus un ciel est bleu, plus il est beau, le surchargeait de couleur. David, car c'est de lui qu'il s'agit, révolté de voir un ciel gros bleu sur lequel se détachaient à peine de mauvaises figures, ne put s'empêcher de s'écrier : « trop de bleu, trop de bleu ! » Le peintre, absorbé par la contemplation de son chef-d'œuvre, ne fit point attention à ce soliloque et continua à charger son ciel. « Mais c'est trop fort ! dit alors David, quel barbouillage fait là cet homme ? » Le peintre s'émeut à ces mots; il descend de son échelle et dit à David : « monsieur le connaisseur, que manque-t-il donc à ce tableau? Je voudrais bien vous voir peindre un ciel sans y mettre de bleu. Sachez d'ailleurs que pour critiquer une peinture, il faut être peintre soi-même, et je doute que vous soyez capable d'en faire autant. » Comme David ne répondait pas: « tenez continua-t-il, prenez mes pinceaux et ma palette, montez à l'échelle, et nous vous verrons à l'œuvre. »

La voiture de Paris n'arrivait pas, et David qui avait le temps, monta en effet à l'échelle. D'une main prompte et hardie, il ébauche à grands coups de pinceaux une autre composition, en faisant disparaître ciel, arbres, table et buveurs. Le barbouilleur s'effraie à la vue de son travail anéanti. Il interpelle rudement David; il secoue l'échelle; mais celui-ci, sourd à ces plaintes, continue à peindre. En peu de moments il eut fait un ciel admirable de légèreté. Notre peintre d'enseignes, forcé de reconnaître l'infériorité du sien, dit : « oui, cela n'est pas mal ; j'avais peut-être mis trop de bleu, mais mes figures étaient bien et les voilà perdues! » David n'écoutait rien, il continuait à peindre. Sous son habile pinceau, buveurs, arbres et accessoires, tout reparut d'une manière splendide. Enfin le tableau est terminé aux applaudissements de la foule groupée autour de l'échelle. David allait s'échapper pour se soustraire à cette ovation et aux excuses du peintre, lorsqu'un anglais qui l'avait reconnu, s'écria : « ce tableau est à moi, j'en donne cent guinées ! » Le maître de l'estaminet, stupéfait et enchanté, accepte aussitôt cette offre, mais le barbouilleur s'oppose au marché, alléguant qu'il

doit fournir une enseigne et non un tableau de maître ;
qu'il fera une autre enseigne et profitera du tableau.
—Mais je l'ai payé d'avance, répond le cabaretier, donc il
est à moi. » La discussion devenait orageuse lorsque l'ami
de David, qui arriva sur ces entrefaites, fut pris pour arbitre et mit tout le monde d'accord, en prononçant que le
peintre partagerait les cent guinées avec le maître de
l'estaminet et qu'il ferait une autre enseigne, pour l'exécution de laquelle le barbouilleur se promit de s'inspirer du
génie de David.

LA GRAVURE, — LA PHOTOGRAPHIE.

Les anciens n'ont pas connu la gravure en taille-douce.
On attribue cette invention à Tommaso Finiguerra,
sculpteur et orfèvre de Florence, qui florissait vers
1452. Il excellait dans l'art de *nieller*, c'est-à-dire, de
fondre dans les traits burinés en creux, sur l'or ou sur
l'argent, un autre métal ou un émail formant un dessin.
Ce fut en tirant sur du papier l'empreinte d'une de ses
préparations au burin, dans laquelle il avait introduit du
noir à l'huile, qu'il conçut la pensée de graver des planches sur cuivre. On estime surtout son estampe du
Couronnement de la Vierge.

L'art de la gravure a rendu de grands services aux
arts et aux sciences : c'est par lui qu'on reproduit les
œuvres des peintres célèbres, les merveilles de la sculpture et de l'architecture ; presque toutes les sciences lui
doivent une partie de leurs progrès ; telles sont la
géographie, la botanique, la zoologie, la mécanique,

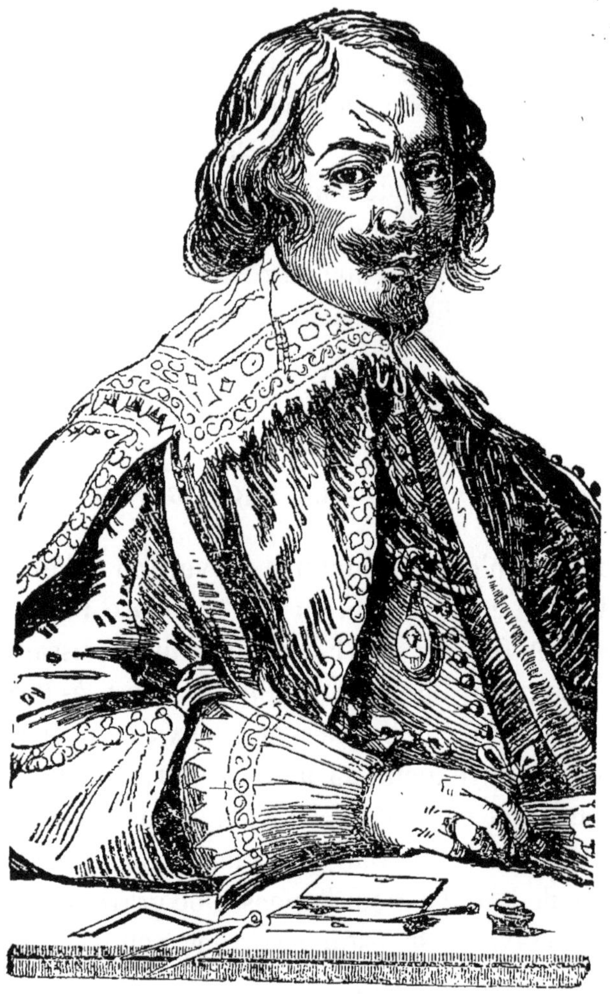

Callot (Jacques), célèbre graveur français, né à Nancy en 1593,
mort en 1635.

les applications de la science à l'industrie, etc., etc.
L'histoire lui doit la reproduction des traits des personnages illustres; et l'art typographique, les illustrations
qui ornent ses plus beaux produits.

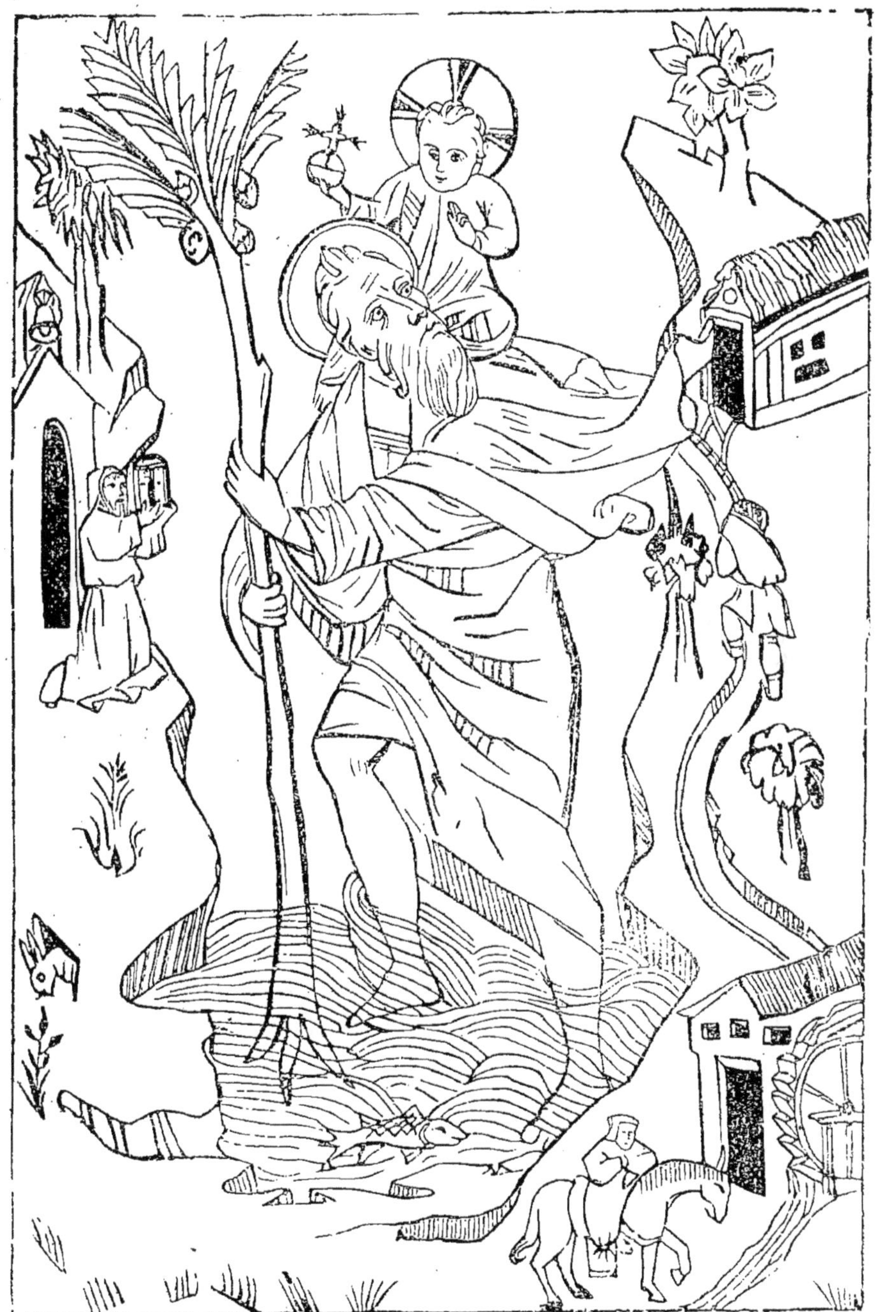

Fac-simile de la gravure en bois de 1423, conservée au cabinet des estampes de la bibliothèque royale.

Toutes les gravures en taille-douce étaient, il y a peu d'années encore , exécutées sur des planches de cuivre rouge. L'initiative de l'introduction de la gravure sur acier, qui donne jusqu'à 25,000 épreuves, tandis que le cuivre n'en fournit que 2,000 au plus , est due à un belge, M. E. Hocquart, de Tournai. Il fit , dès l'année 1817, ses premiers essais pour un ouvrage imprimé chez Moronval, de Paris , et il exécuta successivement, pour divers éditeurs et pour lui-même, un nombre infini de planches sur acier ; mais il eut à surmonter les préventions des imprimeurs en taille-douce et même celles des artistes qu'il s'adjoignit ; mais, malgré le pouvoir de l'habitude, la plupart préfèrent aujourd'hui l'acier au cuivre.

Outre la gravure en taille-douce, on grave en *manière noire*, genre introduit par les Anglais et à l'*aqua-tinta* qui imite la manière noire.

On imprime des estampes en couleur, en employant *quatre* planches gravées, soit à l'aqua-tinta , soit en manière noire. L'une est consacrée au bleu, une seconde au jaune, la troisième au rouge et la quatrième au jaune. On imprime successivement ces quatre planches, l'une sur l'autre , et du mélange de leurs couleurs , sur le papier, résultent toutes les nuances possibles. Le noir, qui s'imprime en dernier , fournit les ombres et les demi-teintes.

La gravure en taille-douce présente en creux tous les traits à reproduire par l'impression sur le papier ; dans la gravure en relief, soit qu'on l'exécute sur bois ou sur cuivre, les traits sont au contraire en saillie comme dans es caractères d'imprimerie ; aussi ces gravures peuvent s'imprimer en même temps que la typographie, ce qui donne la facilité de les placer dans le texte même, à côté du passage qui les concerne.

En outre, la gravure en bois fournit au tirage des nombres infinis, car, en la clichant, c'est-à-dire en en tirant une empreinte en plâtre fin dans laquelle on coule de la matière des caractères d'imprimerie, on obtient un double de la gravure, lequel supporte seul la fatigue du tirage et peut être remplacé à volonté par un autre. Les progrès que ce genre de gravure a faits depuis 20 ans sont immenses; c'est la gravure sur bois qui paraît avoir donné naissance à l'art de l'imprimerie. Elle produisait déjà, en 1423, d'assez jolies choses, à en juger par la gravure représéntant Jésus porté par saint Christophe. Cette planche si touchante de naïveté remonte à cette date reculée. Nos jeunes lecteurs verront avec plaisir ci-après la copie exacte de cette gravure antique; ils pourront en comparer l'exécution à celle des autres gravures sur bois dont notre volume est orné que nous n'avons point la prétention d'offrir comme des merveilles.

Nous ne terminerons pas sans dire un mot d'un art merveilleux, né de nos jours, à l'aide duquel on obtient sur des plaques métalliques, sur le verre, sur le papier et diverses autres substances, la représentation fidèle et fixe d'un objet quelconque, sans autre agent que les rayons lumineux émis par l'objet. La photographie sur plaque ou *daguerréotypie*, a été inventée par Daguerre; la photographie sur papier ou *talbotypie*, par l'anglais Talbot, et la photographie sur verre ou *niepçotypie*, par Niepce. Le gouvernement français a acheté en 1839, cette découverte, qui se perfectionne encore tous les jours.

TABLE DES MATIERES.

HABILLEMENTS.

MÉTIERS ET ARTS UTILES.

BEAUX-ARTS.

FIN DE LA TABLE.

Tournai, typ. de H. Casterman.

3
5
7
8
9
[illegible]
[illegible]
[illegible]
[illegible]

83
95
07
10

www.ingramcontent.com/pod-product-compliance
Ingram Content Group UK Ltd.
Pitfield, Milton Keynes, MK11 3LW, UK
UKHW021847070726
13613UKWH00001B/42